本书为全国教育科学规划教育部重点课题"指向核心素养的中学化学深度学习教学评价研究"（DHA210347）成果

广东省中小学"百千万人才培养工程"
初中理科名教师培养项目丛书

丛书总主编：于 慧 李晓娟

实践的模样
初中化学学科实践学习分析与应用

邱惠芬 著

暨南大学出版社
JINAN UNIVERSITY PRESS

中国·广州

图书在版编目（CIP）数据

实践的模样：初中化学学科实践学习分析与应用/邱惠芬著 . —广州：暨南大学出版社，2024.10

（广东省中小学"百千万人才培养工程"初中理科名教师培养项目丛书/于慧，李晓娟总主编）

ISBN 978 - 7 - 5668 - 3942 - 8

Ⅰ. ①实⋯ Ⅱ. ①邱⋯ Ⅲ. ①中学化学课—教学研究—初中 Ⅳ. ①G633.82

中国国家版本馆 CIP 数据核字（2024）第 103836 号

实践的模样：初中化学学科实践学习分析与应用
SHIJIAN DE MUYANG：CHUZHONG HUAXUE XUEKE SHIJIAN XUEXI FENXI YU YINGYONG
著　者：邱惠芬

....

出 版 人：阳　翼
统　　筹：黄　球　潘江曼
责任编辑：张学颖
责任校对：刘舜怡　陈慧妍　梁玮浈
责任印制：周一丹　郑玉婷

出版发行：暨南大学出版社（511434）
电　　话：总编室（8620）31105261
　　　　　营销部（8620）37331682　37331689
传　　真：（8620）31105289（办公室）　37331684（营销部）
网　　址：http://www.jnupress.com
排　　版：广州良弓广告有限公司
印　　刷：广州市金骏彩色印务有限公司
开　　本：787mm×1092mm　1/16
印　　张：15.25
字　　数：281 千
版　　次：2024 年 10 月第 1 版
印　　次：2024 年 10 月第 1 次
定　　价：69.80 元

（暨大版图书如有印装质量问题，请与出版社总编室联系调换）

目 录
CONTENTS

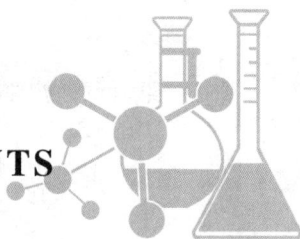

第一章 绪言

第一节 研究背景及目标

一、研究背景

教育涉及人民的福祉，是推动社会向前发展、提升民族活力的基础。它有助于人们的全方位成长，可以推动国民综合素质的整体提升。德才兼备的人才是国家最重要的战略资源，也是稀缺资源。各国在现代化进程中，都高度重视人才资源储备，以提高本国的国际竞争力，在经济全球化浪潮中迎接机遇和挑战。

（一）基于立德树人的要求，驱动教学方式的深层变革

二十大报告中提出："必须坚持科技是第一生产力、人才是第一资源、创新是第一动力，深入实施科教兴国战略、人才强国战略"，"全面提高人才自主培养质量，着力造就拔尖创新人才"。这为加快科技强国的建设、科技发展水平的提升指明了前进方向。

科学技术的发展与创新、国力的强盛都离不开科技发展"一体两翼"体系的建立，一体即"创新体系"，两翼是"科学普及"与"科技创新"。基础教育是科技发展的基础支撑，对于培养国民的科学基础知识、基本观念、核心素养和关键能力至关重要。它决定着创新人才培养的根基、方向与发展路径，并且深刻影响着我国科技产业创新体系建设的高度以及国家综合实力提升的幅度。

为满足科技发展要求下创新人才培养的需求，教育必须做出适合发展趋势的调整，把青少年科技创新人才的挖掘与培养作为创新人才培养体系的根底。培养并激发青少年的创新创造能力，是落实素质教育的重要抓手。通过多种教

育教学措施与配套课程体系的设置，可以培养学生的科学素养、批判性思维和解决问题的能力，激发青少年崇尚科学的热情、探索求真的渴求，让青少年感受到学习、应用科学知识的乐趣与价值，培塑青少年正确的科学观念、科学思维，引导青少年形成勇于探索、乐于探究的学习习惯。当青少年中涌现出大量有科学探索志向、有创新创造潜质的学生群体时，就能为高水平创新人才的培育、锻造奠定根基，为高新技术产业输送更多尖端人才，从而不断推动科技的进步和创新。

中国式现代化需要教育创新的有力支撑。教育创新是指不断实现教育理念、教学方法、学习环境和教育资源的利用等方面的创新，以提高教育质量和效果。2021年4月29日修订的《中华人民共和国教育法》第六条中强调："教育应当坚持立德树人，对受教育者加强社会主义核心价值观教育，增强受教育者的社会责任感、创新精神和实践能力。"这为教育事业的发展指明了方向。2016年9月9日，习近平总书记在北京市八一学校发表重要讲话中提出："教育改革与创新担当着全面推进中华民族伟大复兴的历史使命。基础教育要树立强烈的人才观，大力推进素质教育，鼓励学校办出特色，鼓励教师教出风格。"关注学生个性化、多元化的成长需要，强化课程的综合性和实践性，关注学生核心素养的发展，推动育人方式变革将是课程改革的新方向。

2021年6月25日，国务院印发的《全民科学素质行动规划纲要（2021—2035年）》中指明在"十四五"时期实施"青少年科学素质提升行动"，其中强调"提升基础教育阶段科学教育水平。引导变革教学方式，倡导启发式、探究式、开放式教学，保护学生好奇心，激发求知欲和想象力。完善初高中包括科学、数学、物理、化学、生物学、通用技术、信息技术等学科在内的学业水平考试和综合素质评价制度，引导有创新潜质的学生个性化发展"。实践活动是提升学生科学素养的重要途径。核心素养是人所具备的可以持续显现的、可用于应对社会生活实际的能力和素质。核心素养需要在实践过程中形成，只有在真实的问题解决场景中应用理论知识，使学生在面临实际问题的过程中不断感悟、行动、创新、创造，才能促成核心素养的形成，进而深化知识的创新和再造。这个过程中，仅有识记、理解、背诵等简单理解层面的学习，是无法达到促进素养形成的深度的。

2021年，教育部等六部门联合印发的《义务教育质量评价指南》中提出，学生发展评价需要包含劳动与社会实践等重点内容，"旨在促进学生德智体美劳全面发展，培养适应终身发展和社会发展需要的正确价值观、必备品格和关键能力"。教学评价在关注学业发展水平时，改变了过去依赖纸笔评价与知识技能评价的方式，更注重对学科思维、探究与实践能力、创新意识和解决问题的方法等关键性指标展开评价，实践活动的评价也有据可依。在评价需求上，要求树立科学成才观，促进学生全面发展，充分发挥实践育人的独特功能。

2023 年，教育部等十八部门联合发布的《关于加强新时代中小学科学教育工作的意见》要求改进学校教学与服务："推进基于探究实践的科学教育，激发中小学生好奇心、想象力和探求欲，培养学生科学兴趣，引导学生广泛参与探究实践，做到学思结合、寓教于乐，自觉获取科学知识、培养科学精神、提升科学素质、增强科技自信自立、厚植家国情怀，努力在孩子心中种下科学的种子，引导孩子编织当科学家的梦想。"2023 年 5 月，教育部办公厅印发了《基础教育课程教学改革深化行动方案》，把"教学方式变革行动""科学素养提升行动"作为重点任务，加强"聚焦核心素养导向的教学设计、学科实践（实验教学）、跨学科主题学习"，"加强科学教育实践活动"，"结合科学课程标准，设计相应的科学实践活动，组织学生在实践探究中学习"。学生创新精神与实践能力的锻造成了教学改革的重点领域。

习近平总书记于 2023 年 2 月 21 日在二十届中央政治局第三次集体学习时的讲话中指出："要优化基础学科建设布局，支持重点学科、新兴学科、冷门学科和薄弱学科发展，推进学科交叉融合和跨学科研究，构筑全面均衡的高质量学科体系。"强化跨学科综合教学，培养创新与跨学科复合型人才，成为教育提质增效的重要抓手。《义务教育课程方案（2022 年版）》要求："注重培养学生的创新精神和实践能力""突出学科思想方法和探究方式的学习""开展跨学科主题教学，强化课程协同育人功能"。《义务教育化学课程标准（2022 年版）》（以下简称"新课标"）提出学生必须具备"科学探究与实践"的核心素养，即能从化学视角对简单的跨学科问题进行探讨，能运用简单的技术与工程方法初步解决与化学有关的实际问题，完成社会实践活动[①]。强化"做中学""用中学""创中学"，促进学生全面而有个性地发展。在课程需求上，注重增强课程教学的综合性、实践性与选择性。学校的教学也从知识传授转向能力培育、从假设性问题的解决训练转向解决社会上真实发生的问题，重视思维的培养与训练，从单学科的系统学习变成多学科融合的学习。学科实践真正回归育人的本源，会对学生创新素养的形成带来深远影响。

国家从立德树人的高度和社会发展需求的角度，在各个层面对实践在育人

---

① 中华人民共和国教育部. 义务教育化学课程标准（2022 年版）[S]. 北京：北京师范大学出版社，2022：8.

中的重要作用进行了相关阐述（如图 1 - 1），明确了学科实践育人方式的重要意义。教育与实践相结合是我国基础教育改革的关键指引。

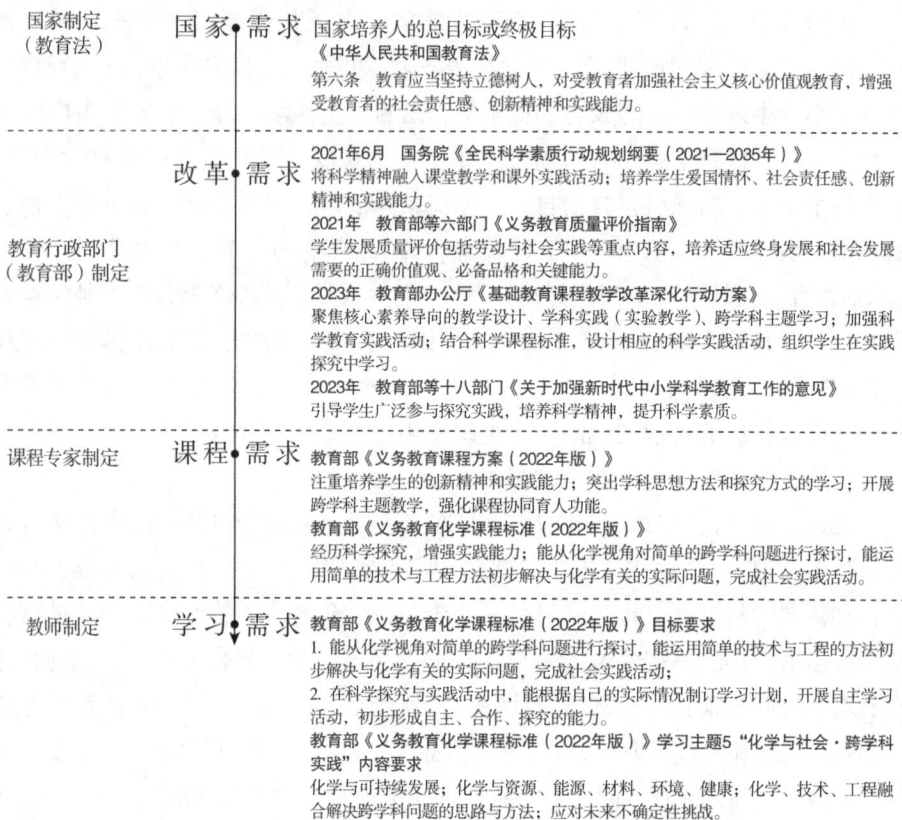

图 1 - 1 各个层面对实践的解读和要求

国家制定（教育法）	国家●需求	国家培养人的总目标或终极目标

国家制定
（教育法）

国家●需求

国家培养人的总目标或终极目标
《中华人民共和国教育法》
第六条　教育应当坚持立德树人，对受教育者加强社会主义核心价值观教育，增强受教育者的社会责任感、创新精神和实践能力。

改革●需求

2021年6月　国务院《全民科学素质行动规划纲要（2021—2035年）》
将科学精神融入课堂教学和课外实践活动；培养学生爱国情怀、社会责任感、创新精神和实践能力。
2021年　教育部等六部门《义务教育质量评价指南》
学生发展质量评价包括劳动与社会实践等重点内容，培养适应终身发展和社会发展需要的正确价值观、必备品格和关键能力。
2023年　教育部办公厅《基础教育课程教学改革深化行动方案》
聚焦核心素养导向的教学设计、学科实践（实验教学）、跨学科主题学习；加强科学教育实践活动；结合科学课程标准，设计相应的科学实践活动，组织学生在实践探究中学习。
2023年　教育部等十八部门《关于加强新时代中小学科学教育工作的意见》
引导学生广泛参与探究实践，培养科学精神，提升科学素质。

教育行政部门
（教育部）制定

课程●需求

教育部《义务教育课程方案（2022版）》
注重培养学生的创新精神和实践能力；突出学科思想方法和探究方式的学习；开展跨学科主题教学，强化课程协同育人功能。
教育部《义务教育化学课程标准（2022年版）》
经历科学探究，增强实践能力；能从化学视角对简单的跨学科问题进行探讨，能运用简单的技术与工程方法初步解决与化学有关的实际问题，完成社会实践活动。

课程专家制定

学习●需求

教育部《义务教育化学课程标准（2022年版）》目标要求
1. 能从化学视角对简单的跨学科问题进行探讨，能运用简单的技术与工程的方法初步解决与化学有关的实际问题，完成社会实践活动；
2. 在科学探究与实践活动中，能根据自己的实际情况制订学习计划，开展自主学习活动，初步形成自主、合作、探究的能力。
教育部《义务教育化学课程标准（2022年版）》学习主题5"化学与社会·跨学科实践"内容要求
化学与可持续发展；化学与资源、能源、材料、环境、健康；化学、技术、工程融合解决跨学科问题的思路与方法；应对未来不确定性挑战。

教师制定

图 1 - 1　各个层面对实践的解读和要求

（二）以课程改革为指导方向，凸显创新与实践的新型育人方式

从总体上看，我国基础教育课程仍以学科本位为根基。传统学科教学以识记、理解、练习、测试为主要教学落实方式。这种知识传授形式在组织方式上较为高效，有利于发挥教师在教学中的主导作用，但在教学实施的过程中逐渐出现了偏重知识与技能目标的倾向，忽视了解决问题的方法和思路的培养及情感态度和价值观的构建。这种教学方式较大地限制了我国创新型人才的培养，逐渐不能满足我国日益增长的新型人才培养需要。

教育部在 2001 年颁布了《基础教育课程改革纲要（试行）》，教育改革迎来了新的高潮，从注重知识、技能目标向强调"过程与方法"目标转变。在

学习方式上，倡导"自主、合作、探究"的教学理念。理念的更新极大地推动了基础教育化学课堂的转型，改变了过去"满堂灌"的授课模式，提升了学生主动参与、积极探索新课堂学习场景的能力。在学习过程、学习方法上有了更广的延伸和突破，在教学改革长期进行的过程中积累了许多宝贵经验。但在实践过程中也发现了较为突出的问题：如在课堂教学中学习目标不清晰，学业质量无法界定与保证，教学过程过于注重形式而无法真正落实问题解决能力的培养。这些问题的有效解决是提升青少年创新意识和创新动力的根本保障。要真正地形成"以学生科学素养为本"的教学理念，发挥实践育人的独特功能，落实立德树人的根本目标，教学方式仍需要进一步变革与创新。

2022 年 3 月，教育部新修订的《义务教育课程方案（2022 年版）》和新课标中指明，要深化教学改革，探索与学科核心素养目标、学习内容相匹配的教学方式，强化学科实践，建立学业质量标准，体现全面育人的发展性评价导向。

在满足学生的学习需求方面，现代教育观念强调将理论知识与实际操作相融合，构建一个能引导学生积极参与的实践教育场景，以培养学生掌握和应用知识的态度和能力。新课标的目标要求中提出，"能从化学视角对常见的生活现象、简单的跨学科问题进行探讨，能运用简单的技术与工程的方法初步解决与化学有关的实际问题，完成社会实践活动"；"在科学探究与实践活动中，能根据自己的实际情况制订学习计划，开展自主学习活动，能与同学合作、分享，善于听取他人的合理建议，评价、反思、改进学习过程与结果，初步形成自主、合作、探究的能力"。新课标学习主题 5"化学与社会·跨学科实践"中的内容要求包含"化学与可持续发展；化学与资源、能源、材料、环境、健康；化学、技术、工程融合解决跨学科问题的思路与方法；应对未来不确定性挑战"，促进学生建立与自然、社会、生活的联系，形成科学的思维和责任感。义务教育化学课程的学科实践需侧重落实"科学态度与责任"素养的发展，帮助学生建构化学与可持续发展大概念，建立新时代中国特色社会主义核心价值观；重视培养学生运用化学、技术和工程知识来解决跨学科问题的能力，同时也培养其团队协作和创新思维的能力。

学科实践在传统的知识传授和探究式学习的学习方式基础上，兼顾学科性和实践性，强调在实践的过程中获取、理解、运用知识，并在实践中巩固、创新学科知识。学科实践必须以学科的知识框架为主线，让认识在实践的过程中得到纠正、提高、深化、创新，并以新的认识结果指导与推进实践。学科实践是基于学科立场的实践活动，其宗旨是实现学科独特的育人价值。

　　学科实践学习能够充分激发学生的学习兴趣与对自然现象的好奇心，提升学生自主学习、与同伴协作探究的能力，培养学生形成适应终身学习和未来社会发展所需的价值观和关键技能，为我国面对世界百年未有之大变局，为第二个百年奋斗目标培养具有科学精神、创新能力、批判性思维和全球竞争力的高素质创新型人才。

二、研究目标

（一）培养学生的实践能力、学科思维和创新精神

　　初中化学学科实践学习的首要目标是培养学生的实践能力。学生通过参与考察调研、学科实验、跨学科实践等活动，培养主动探究问题、动手解决问题的能力，并逐步提高实践技能。

　　初中化学学科实践学习的另一个重要目标是培养学生的学科思维。在实践学习中，学生需要通过观察、分析、推理等思维活动来解决问题。这种思维方式有助于培养学生的逻辑思维、归纳总结和推理能力，使他们能够从实验现象中发现规律，理解化学知识的本质和内在联系。

　　初中化学学科实践旨在培养学生的创新精神。通过实践活动，学生可以自主思考、探索未知领域，并提出新的观点和解决方案。这种创新精神的培养有助于激发学生的求知欲和好奇心，培养他们对科学的热爱和追求，为创新性应对未来的不确定性挑战奠定基础。

（二）建构初中化学学科实践学习理论分析框架

　　初中化学学科实践是学科课程学习的重要途径和渠道，是解决多元真实化学问题过程中表现出来的综合品质，它关乎学生如何应对生活中的复杂化学问题和不确定性挑战。发展学生的学科实践能力已成为素养视域下初中化学教育改革面临的关键问题。《基础教育课程教学改革深化行动方案》明确学科实践（实验教学）、跨学科主题学习等教学改革重难点。新课标提出跨学科实践活动之后，人们对跨学科实践活动的认识还停留在表面，过于重视"跨学科立场"，甚至是"去学科化"，没有充分分析学科立场和跨学科立场的关系，两者不应是对立的，而是融合共生的。本研究提出初中化学学科实践是学科立场下的化学实验和跨学科立场下的跨学科实践活动双融合的学习方式，并基于可见的学习理论，对初中化学学科实践的学习进行量化分析与应用，体现教学论

三要素（知识、教师、学生）的统一和课程四要素［目标（统领）、知识（内容）、教学（过程）、评价（证据）］的关联。首次建构目标（为什么学⇌为什么教）、知识（学什么⇌教什么）、活动（怎么学⇌怎么教）、评价（学到什么程度⇌教到什么程度）可见的实践学习四要素分析框架。

（三）为一线教师提供实践教学参考

通过对初中化学学科实践活动的研究，可以获取开展学科实践活动的有效经验和策略，从而为一线化学教师提供教学实践的参考。首先，探讨学科实践活动对学生综合能力、创新思维等方面的影响，帮助教师了解实践活动对学生的具体作用，从而更好地引导学生参与实践活动。其次，深入分析实践活动的设计和组织过程，包括选择实践主题、制定实践任务、安排实践环节、进行实践指导、开展实践反思等方面，为教师在实践活动中合理设计和组织各个环节提供指导，确保教学目标的达成。再次，总结和分享实践活动中的成功案例和教学经验。通过搜集和整理教师在学科实践活动和跨学科实践活动中的成功经验，为一线化学教师提供宝贵的借鉴和参考，帮助他们在实践活动中取得更好的效果。最后，对实践活动的评价和改进提出建议。通过对实践活动的评估和反思，可以发现其中存在的问题和不足之处，并提出相应的改进措施。这将为一线化学教师提供指导，帮助他们改进和优化实践活动的设计和实施过程。

第二节 初中化学学科实践学习的意义

一、研究意义

（一）学科实践视域下的意义

初中化学学科实践学习能够提高学习效果。通过亲身参与实践活动，学生能够更深入地理解化学原理和概念，加深对知识的记忆和理解。实践学习还能够帮助学生将抽象的知识转化为具体的实践操作，提高学习的可操作性和实用性。

初中化学学科实践学习对于提升学生的实践操作能力和实验技能至关重要。学生通过实际的实验操作，能够更好地掌握化学实验的基本技巧和操作规范，提高他们的实验技能水平。这种实践能力的培养不仅对于学生未来从事科学研究和工程技术研究具有重要意义，也有助于他们培养良好的实验习惯和安全意识。

初中化学学科实践学习有助于培养学生的科学素养和科学态度。在实践活动中，学生需要进行观察、记录、分析和总结等科学活动，逐渐形成科学思维方式和科学态度。这种科学素养和科学态度的培养对于学生终身学习和发展具有重要意义，使他们能够运用科学方法解决实际问题，形成科学的世界观和价值观。

初中化学学科实践学习还有助于培养学生的团队合作精神。在实践活动中，学生需要与同伴分工合作共同完成实验任务。这种团队合作能力的培养有助于提高学生的人际交往和沟通能力，使他们能够有效地与他人合作，共同解决问题。

（二）跨学科实践视域下的意义

近年来，随着教育改革的不断推进，跨学科教育成为教育界关注的热点。在初中阶段，化学作为一门基础学科，具有丰富的内容和应用领域，可以与其他学科进行有机结合，开展跨学科实践活动。

化学跨学科实践活动不仅仅是单纯地学习化学知识，更重要的是培养学生的综合能力。在跨学科实践中，学生需要运用数学知识进行数据处理和分析；结合物理知识探究化学原理、认识物质的性质；结合生物学知识研究化学对生命体的影响；运用信息技术中工程、互联网、数据采集与处理等知识，实现化学技术的创新性运用。在跨学科实践活动中可增进对知识融合的理解，增强解决问题的能力，发挥跨学科实践活动的全面育人价值。

通过跨学科实践活动，学生能够将抽象的化学概念与其他学科联系起来，加深对化学知识的理解。例如，在研究环境污染问题时，学生需要了解化学物质的性质、分布和对环境的影响，同时还需要了解地理和生物学等学科的知识。这样一来，学生能够更好地理解化学在现实生活中的应用，提高对化学学科的兴趣和学习动力。

跨学科实践活动可以激发学生的创新思维。跨学科实践活动要求将不同学科的知识进行整合，学生需要思考如何将不同学科的概念、原理和方法相结合，提出新的解决方案。这种创新思维的培养有助于学生形成独立思考和解决问题的能力，培养未来的科学家和工程师。

化学作为一门应用广泛的学科，与多个领域密切相关。通过参与跨学科实践活动，学生可以更好地了解不同领域对化学专业人才的需求，拓宽自己的职业发展方向。无论是从事环境保护、医药研发还是材料科学等领域的工作，都离不开对化学知识的掌握和应用。

(三) 促进教师专业化发展

首先，通过开展学科实践和跨学科实践活动的研究，教师能够深入了解和掌握学科教学的理论和实践知识，提高自身的专业素养和能力。这将有助于教师更好地指导学生参与学科实践活动，提升教学质量。其次，研究学科实践和跨学科实践活动能够帮助教师探索新的教学方法和策略。通过研究实践活动对学生综合能力、创新思维等方面的影响，教师可以获取到一些有效的教学经验和教学策略，从而提高自己的教学水平和教学效果。第三，研究学科实践和跨学科实践活动还能够促进教师对化学学科本质和学科大概念的理解，促进教师学科交叉融合和跨学科思维的培养。在实践活动中，教师需要整合多个学科的知识，培养学生的跨学科思维能力。通过探索跨学科实践活动，教师能够加深对不同学科间关系和互动的理解。同时，研究跨学科实践活动有助于教师的专业成长，并能拓宽其职业发展的路径。跨学科实践活动的开展需要教师具备跨学科知识和能力，因此，掌握和应用跨学科实践活动的教师将更具竞争力和发展潜力，可以在教育领域中获得更多的机会和发展空间。

二、创新之处

(一) 突出实践能力培养，强调科学思维和创新精神培养

本章明确指出初中化学学科实践学习的首要目标是培养学生的实践能力。这一观点突破了传统教育中以理论为主导的模式，强调通过亲身参与实验、观察现象等活动来提高学生的实践技能。这种注重实践能力培养的创新思路，有助于学生更好地理解和应用化学知识，深入理解化学知识的本质和内在联系，激发探究欲望。通过自主思考、探索未知领域，学生可以提出新的观点和问题解决方案。这种创新精神的培养有助于激发学生的求知欲和好奇心，培养他们对科学的热爱和追求。这一创新思路突破了传统教育中注重知识灌输而忽视学生创新能力培养的弊端。

(二) 创新突破学科实践四要素可见

化学学科实践四要素是指目标、内容、过程和评价。这四个要素相互关

联，共同构成了一个完整的学科实践体系。

创新"可见的实践学习"目标体系。目标是学科实践的核心，它明确了学生需要达到的预期结果。目标既可以是知识的掌握和应用，也可以是技能的培养和发展，甚至还可以包括情感态度和价值观的塑造。目标需要具有明确性、可操作性和适应性，以便指导学科实践的开展。

创新"可见的实践学习"内容结构。内容是学科实践的基础，它包括了所需的知识、技能和素养。内容应当与目标相匹配，并且具有针对性和实用性。通过有机地组织和整合内容，学生可以在实践中获得全面而深入的学习体验，提高自己的学科素养。

创新"可见的实践学习"过程范式。过程是学科实践的实施路径，它涉及学生参与实践活动的各个环节和阶段。过程应当具有启发性、互动性和合作性，鼓励学生主动思考和实践，培养其创新能力和解决问题的能力。过程还可以通过多样化的教学方法和活动设计，激发学生的学习兴趣和动力。

创新"可见的实践学习"评价量化结果。评价是对学科实践的反馈和总结，它用于衡量学生在实践中的表现和成果。评价应当全面、客观和公正，既要考查学生对目标和内容的掌握程度，也要关注学生的思维能力和创新能力的发展情况。评价结果可以为学生提供指导性的反馈，促使其不断改进和提高。

本研究中化学学科实践四要素相互依存、相互作用，共同构建一个有机的学科实践体系。在这个体系的指导下，学科实践能真正发挥其育人功能，培养学生的综合素质和创新能力。

第三节　研究设计与方法

一、研究实施构想与设计

初中化学学科实践是学科课程学习的重要途径和渠道，是解决多元真实化学问题过程中表现出来的综合品质，它关乎学生如何应对生活中的复杂化学议题和不确定性挑战。发展学生的学科实践能力已成为素养视域下初中化学教育改革面临的关键问题。《基础教育课程教学改革深化行动方案》明确提出，要聚焦核心素养导向的教学设计、学科实践（实验教学）、跨学科主题学习、作业设计、考试命题、综合素质评价等教学改革重点难点问题。新课标更是将

"科学探究与实践"作为核心素养的一部分提出具体的学习要求"认识实验是科学探究的重要形式和学习化学的重要途径","从化学的角度探讨常见生活现象和简单的跨学科问题,运用基础的技术和工程方法初步解决与化学相关的实际问题,并完成社会实践活动",以及需要形成的关键能力"通过独立学习、与他人的合作与分享、反思和评价等方式,初步塑造自主性、协作和探究的能力"。科学探究一直是教学改革的重点,从旧课标的科学探究到新课标的科学探究与实践,可见新课标要改变以讲代做的现象,真正让学生亲身经历实践过程,将学科实践落到实处。然而新课标提出跨学科实践活动之后,人们对跨学科实践活动的认识仅停留在表面,过于重视"跨学科立场",甚至是"去学科化",没有充分分析学科立场和跨学科立场的关系,没有认识到两者不是对立而是融合共生的。经过大量文献调研发现,目前学界关于跨学科实践学习内涵和特征的研究较多,对学科实践的学理研究相对较少,对化学实验与跨学科实践活动双融合的学习方式研究更是处于空白。

"可见的学习"理论是新西兰教育家约翰·哈蒂(John Hattie)提出的。"可见"首先是指让学生的学对教师可见,确保教师能够明确辨析出对学生学习产生显著作用的因素,也确保学校中所有人(包括学生、教师和学校领导)都能够清晰地知道他们对学习的影响;其次是指教学对学生可见,从而使学生学会成为自己的教师——这是终身学习或自我调节的核心属性,也是热爱学习的核心属性[1]。哈蒂教授将138个因素进行量化分析并纳入学生、家庭、学校、教师、课程和教学六个范畴。因此本研究实施的构想与设计是围绕可见的实践学习,在化学实验和跨学科实践活动双融合学习方式的建构和实践层面进行探索,分析学科实践学习的内在机制,缩短知识与实践的距离,使学习真正发生。总体构想与设计为:初中化学学科实践是学科立场下的化学实验和跨学科立场下的跨学科实践活动双融合的学习方式,并基于可见的学习理论,对初中化学学科实践的学习进行量化分析与应用,体现教学论三要素(知识、教师、学生)的统一和课程四要素[目标(统领)、知识(内容)、教学(过程)、评价(证据)]的关联。首次建构目标(为什么学⇌为什么教)、知识(学什么⇌教什么)、活动(怎么学⇌怎么教)、评价(学到什么程度⇌教到什么程度)可见的实践学习四要素分析框架,实现初中化学学科实践学习的目标体系、内容结构、过程范式和评价样态的"可见",具体研究实施构想与设

---

① 哈蒂. 可见的学习:最大程度地促进学习[M]. 金莺莲,洪超,斐新宁,译. 北京:教育科学出版社,2015:79.

计见图 1 - 2。

研究实施框架		研究基本内容	拟解决的问题
第一部分	研究初中化学学科实践学习理论分析框架	1.初中化学学科实践学习理论分析框架一般概述 2.可见的实践学习分析框架内容阐述	在理论上，如何建构"可见的实践学习"四要素分析框架？ 在实践上，如何实现"可见的实践学习"下的目标、内容、过程、证据可见？ 在技术上，如何设计证据收集程序、开发初中化学学科实践评价平台，实现大数据和人工智能评价？
第二部分	基于学业质量体系，显现可见的实践学习目标分析框架	1.细化初中化学学科实践学习具体表现指标 2.PTA量表法细化初中化学实验操作指标 3.初中化学学科实践学习目标分析应用案例	
第三部分	重构学习主题内容，呈现可见的实践学习内容分析框架	1.初中化学学科实践学习内容体系分析框架 2.初中化学学科实践学习内容融合体系 3.初中化学学科实践学习内容分析应用案例	
第四部分	开展学习实践活动，体现可见的实践学习过程分析框架	1.初中化学学科实践学习活动表征 2.初中化学学科实践学习动态融合分析框架 3.初中化学学科实践学习活动分析应用案例	
第五部分	构建多元评价样态，展现可见的实践学习证据分析框架	1.初中化学学科实践学习证据分析框架 2.在过程性评价中，实施初中化学学科实践能力表现评价 3.在终结性评价中，实施初中化学学科实践学业成就评价	

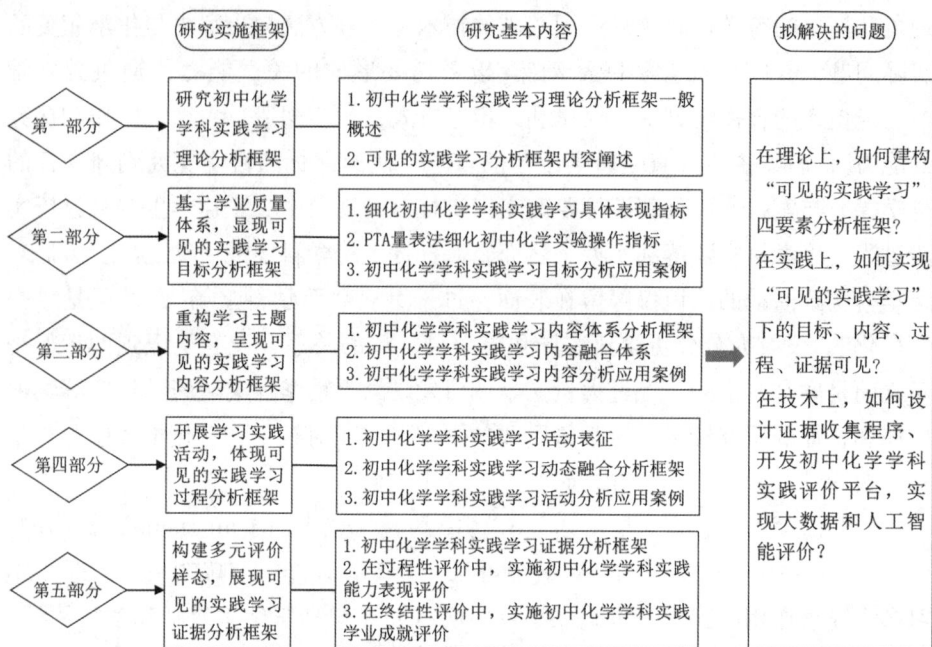

图 1 - 2　研究实施构想与设计

二、研究实施过程与方法

本研究在不同的实施过程采用不同的研究方法。文献研究法主要包括收集、鉴定、组织文献，然后通过对这些文献的研究获得科学事实的认知。本研究的第一阶段主要运用文献研究来构建"可见的实践学习"四要素分析框架。通过研读专著，如可见的学习理论、教学论和课程论，国家和教育部等有关教育政策文件，以及查阅知网、万方数据库等，以"学科实践""学业质量""跨学科实践"等为主题进行检索，查阅文献，了解国内外跨学科教学研究现状，为学科实践学习研究提供理论支撑和研究锚点。通过大量的理论阅读，创新地提出可见的实践学习四要素分析框架。第二阶段主要采用实证研究，分为"基于学业质量体系，显现学习目标分析框架"，"重构学习主题内容，呈现学习内容分析框架"，"开展学习实践活动，体现学习过程分析框架"，"构建多元评价样态，展现学习证据分析框架"四个部分，对初中化学学科实践学习进行分析与应用。实证研究法是一种探索客观事物，为人们提供切实、有益、稳定和准确知识的研究方法，它主要关注"现象本身是什么"的问题，这种方法往往只专注于揭示客观现象的内部组成及其普遍关联，从而总结现象的核心及其运作规则。依据可见的学习理论，首先开展化学实践学习现状调查。通过问卷和访谈，对初中化学学科实践学习的困难和障碍成因、跨学科了解情况、假期活动等进行调查研究和分析；其次根据可见的目标、内容、过程、证据分析框架进行量化评价分析，可达到学生亲身经历实践提升素养水平以应对未来不确定性挑战与问题的目的。在学生实践过程中，应用实践教学平台和人工智能、诊断试题库、过程和作品评价量表等对学生学习的多模态数据进行采集和分析，呈现量化结果。第三阶段主要运用反馈数据分析法对学科实践学习数据进行系统分析。反馈数据分析法是指利用大量的量化数据刻画学生的学习过程或学业质量成就的表现情况。在第二阶段的实践学习过程已经呈现了大量的过程性、阶段性和终结性量化数据，教师需要利用反馈数据分析法破解评价难题：根据过程性量化数据为学生学科实践学习画像；用终结性量化数据刻画学生的学业质量成就表现。具体实施过程与方法如图 1-3 所示。

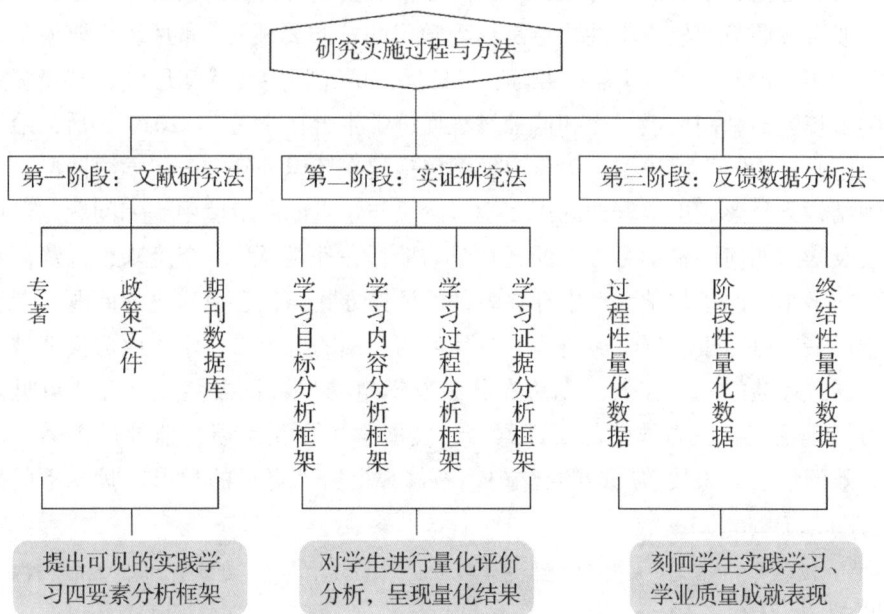

图 1-3　研究实施过程与方法

第二章　可见的学习理论下初中化学学科实践学习理论研究

第一节　关于可见的学习理论

"可见的学习"理论是哈蒂提出的。"可见"首先是指让学生的学对教师可见，确保教师能够明确辨析出对学生学习产生显著作用的因素，也确保学校中所有人（包括学生、教师和学校领导）都能够清晰地知道他们对学习的影响；其次是指教学对学生可见，从而使学生学会成为自己的教师——这是终身学习或自我调节的核心属性，也是热爱学习的核心属性①。邱月认为要使学生成为"可见的学习者"，需要明确学习目标，培养学生元认知思维、教授多元化学习技能、利用反馈过程和监控过程促进学生合作学习②。2014 年后，哈蒂提出了修订后的学习模型，该学习模型包括建立知识基础的表层学习阶段、使知识结构化、形成思维框架的深度学习阶段与学生能从情境中提炼问题、形成假设及知道如何调整学习方向的迁移学习阶段三个阶段③。李茂森、祝蕾蕾认为当前中小学课堂教学互动中存在教师的反馈方式僵化、模式化的问题，课堂教学反馈仅停留于表层学习阶段，学生参与反馈的机会少，学生内部反馈被忽视，导致反馈的效率较低，无法充分激发学生的学习积极性。落实"可见的学习"理论需要提高教师的反馈素养，发展学生自我反馈与监控的能力，设计有效的情景成为教学反馈的支撑④。石修银提出"可见的学习"理念下的教

① 哈蒂. 可见的学习：最大程度地促进学习 [M]. 金莺莲，洪超，斐新宁，译. 北京：教育科学出版社，2015：79.

② 邱月. 提升自主学习能力与深度学习水平的有效策略：评《可见的学习与深度学习》[J]. 化学教育（中英文），2023，44（13）：129.

③ 哈蒂. 可见的学习：最大程度地促进学习 [M]. 金莺莲，洪超，斐新宁，译. 北京：教育科学出版社，2015：79.

④ 李茂森，祝蕾蕾. 中小学课堂教学反馈的现实困境与改进路径：基于哈蒂"可见的学习"的视角 [J]. 教育发展研究，2022，42（20）：77－84.

学重构，需要先设定清晰的教学目标，教学设计要达到表层理解、深层理解与概念理解的平衡，再审视学生的认知现状，确认学生的知识基础与认知情况，并设定课后可完成的挑战性任务①。伍绍杨、彭正梅理清了将反馈融入教与学的基本方法，注重反馈时机的选择，认为准备阶段、任务过程中与任务结束后都需要进行及时反馈。反馈是互动进行的，应关注师生与同伴间的反馈，也要重视依托于数字技术的反馈媒介新样态②。

综上所述，想要实现"可见的学习"理论，需要达成教师的教与学生的学的相互统一，从两个维度共同促进学习活动的有效发生。教师需要掌握从学生的视角去理解和规划学习活动的技巧，即设立明确的学习目标，设计有效的学习步骤，让学生主动参与，并获取有意义的学习反馈，这四个核心环节至关重要。教师需要调研学情与学生的学习需求，挖掘化学核心知识所承载的学科核心素养，帮助学生确定学习主题与学习目标，寻找承载化学核心知识的实际问题或任务，系统规划设计活动，并通过课堂学习反馈有效性的提升从而使学生学习的过程可见。不少学者对"可见的学习"下的教学模式、教学策略与学习反馈进行了探索，但如何应用"可见的学习"理论开展实践教育的研究仍为空白。

第二节　学科实践与学科实践学习

义务教育化学课程是一门引导学生以化学的视角观察和认识物质世界的兼具启蒙性、实践性与发展性的基础学科，与小学阶段的科学课程、高中阶段的化学课程相互衔接，与初中阶段的物理、生物等课程相互关联。义务教育化学课程学习的过程是学生初步形成化学观念，提升应用化学基本概念和认识解决问题能力，体会化学学科的应用性，增强基础科学素养的重要环节。

义务教育化学课程是以实验为基础的学科，是化学教育的启蒙阶段，需要为学生的终身发展、适应未来生活提供所需的最核心的、可以广泛延伸与应用的知识，同时需要帮助学生在科学探究活动和化学实验教学中认识和理解相关自然现象，搭建客观事实的感性认知与科学认知之间的联系，构建科学思维。

① 石修银. 基于"可见的学习"理论的语文教学设计、过程及评价［J］. 课程·教材·教法，2021，41（8）：83−89.
② 伍绍杨，彭正梅. 迈向更有效的反馈：哈蒂"可见的学习"的模式［J］. 开放教育研究，2021，27（4）：27−40.

引导学生逐步认识物质的组成、物质的变化，通过化学的视角来理解世界、处理问题，协助学生获取应对未来生活难题的能力，为学生的全面发展奠定知识与能力基础。这不仅是达成培育学生品质及塑造人性的主要目标的集体显示，也是增强学生核心能力的重要途径。

义务教育化学课程要培养的学生核心素养包括"化学观念""科学思维""科学探究与实践""科学态度与责任"四个方面。对应核心素养的四个方面，新课标提出相应的课程目标——"形成化学观念，解决实际问题""发展科学思维，强化创新意识""经历科学探究，增强实践能力"和"养成科学态度，具有责任担当"。课程目标反映出学生核心素养发展的进阶，从基础知识和概念的掌握到化学理念、科学思维的塑造，再到科学探索能力的提升以及科学态度和价值观的成长。教师利用学科实践活动启发学生思考，通过科学探究活动培养学生的综合能力，在知识学习中融入科学思维、化学观念与化学史的学习，落实立足于人的全面发展的素质教育。

一、学科实践

（一）学科实践的内涵

学科实践是具有学科内涵，融合社会实际，运用该学科的概念、思想与工具，促使学习者在行动过程中学习的实践活动。在学科实践的过程中，需运用学科的核心知识、思维与方法，在真实情境中解决问题。学科实践是知行合一的学习方式，让学习者可以"像学科专家一样思考和实践"。

在具体的操作中，学科实践活动课程是指为落实学科核心素养，在学科的学习过程中，以学科核心知识为框架设计的，具有实践性、探究性与创新性的，逐步形成知识、技能与价值观的综合性课程。学科实践活动课程通常以某一学科内容为主题，也可以综合各相关学科开展。学科实践强调以活动经验为中心，根据学生的兴趣与需要设计各项学科实践学习活动，注重让学生在实践活动中发展实践能力和创新精神。在完成学科实践活动的过程中，需要学生有意识地运用一个或多个学科的知识和方法综合探究和解决实际问题，强调学科之间的融合互通，促使学生掌握综合性学习方法，形成解决问题的综合能力。学科实践活动的优点是超越了封闭的学科知识架构和教学场所的时空限制，使学习内容、学习方法、评价方式具有开放性和综合性。

（二）义务教育化学课程学科实践的内涵

化学是一门以实验为基础的科学，这就确定了化学实验在化学教育中有无法取代的重要性。化学实践能力是化学核心素养中的"科学研究与实践"在应用方面的表现。

化学学科实践是在新课标的指导下，以科学探究与实践为手段，以发展学生的必备品格和关键能力为目标，以实验探究为主要学习方式，让学生参与社会调查、借助信息技术工具收集和处理相关信息，然后整合成适合的自学材料，运用简单技术、工程方法，制作作品或初步制定问题解决的策略，再与他人合作，解决现实问题的综合学习活动。化学学科实践活动的形式包含实验探究活动、调查交流实践活动、项目式学习活动等类别。实验探究活动主要有基础实验和家庭小实验两种实验组织方式；调查交流实践活动需要在交流讨论中让学生体会和感悟化学的社会价值，学会用化学的视角看问题；项目式学习活动以项目驱动性问题为出发点，通过完成任务来形成相应的化学观念和发展科学思维，并全面提高学生解决实际问题的综合能力。

化学学科实践主要从以实验教学为主的学科实践活动和跨学科实践活动两个维度展开。其中，化学实验教学着力于培养科学探究、问题解决和科学思维等关键能力。科学探究能力包含一般科学探究能力（提出问题、猜想假设等）和特定实验探究能力（实验类别、探究角度、活动程序与认知方式等）两类。针对跨学科实践活动学习，新课标中学习主题5"化学与社会·跨学科实践"对学习要求的界定是：通过实践活动，初步形成应用元素观、变化观等化学观念和科学探究方法解决问题的思路；认识在解决实际问题时，需要综合运用各学科知识，采用合适的方法和工具，以及系统规划和实施；体会有效使用科学技术，以及合作、协同创新解决问题的重要性[①]。化学学科实践可以帮助学生从静态、被动的接受式学习向主动参与学习过程转变，从表层学习向深度认知迈进，从知识获得向素养提升深入。

---

① 义务教育化学课程标准修订组. 义务教育化学课程标准（2022 年版）解读 [M]. 北京：高等教育出版社，2022：206.

二、学科实践学习

（一）实践学习

实践学习是一种教育方法，它强调通过参与具体的、实际的任务或活动来获取和应用知识。这种学习方式认为，人们通过亲身经历或做事可更好地理解和掌握学习内容。实践学习可以包括实验、实地考察、实习工作、项目设计等多种形式。这与著名教育家杜威提出的"做中学"有共通之处。

"做中学"是一种以经验为基础的教育理论，也被称为实践学习或经验学习。这种学习方法强调通过实际行动和反思来获取新知识，而不仅仅是通过传统的书本学习。杜威认为，真正的学习并非仅仅是获取信息，而是通过活动和经验来理解和内化信息。他提出，教育应该是一个持续的重构经验的过程，从而使个体更好地适应环境。

（二）学科实践学习

在化学实践学习过程中，学生可能会进行各种各样的实验活动，比如检验氧气，观察酸碱中和反应过程中的颜色变化，进行气体制取等实验。这些实验活动可以帮助学生直接了解化学反应过程，并能更好地将理论知识与实际应用相结合，从而提高学生的批判性思维能力、问题解决能力和团队协作能力，因为活动过程中往往需要学生们设计实验、解释实验结果，并与同伴交流分析。

综上所述，初中化学学科实践学习，是指在初中化学课程中开展以实验教学为主的学科实践活动和跨学科实践活动，学生通过动手操作，直观地观察化学反应等现象来理解并掌握化学知识，而非仅依赖于课堂讲解或书本阅读。

三、关于学科实践的已有研究概述

崔允漷等指出，学科教育必须走向"核心素养观"的培养，使学生在学科实践过程中将知识、技能转化为能力。在获取活动经验、学科创新的过程中发展核心素养[①]。刘艳指出学科实践作为一种学科学习方式，学科问题链与学

---

① 崔允漷，张紫红，郭洪瑞. 溯源与解读：学科实践即学习方式变革的新方向 [J]. 教育研究，2021，42（12）：55-63.

科活动链是学科实践学习样态的核心。通过将多种学科思维、多学科知识在复杂情境中交织构建成开放式的问题链与学习活动链，让学习者在跟随结构化问题解决的过程中建立个体认知，促进学科思维构建，形成学科的独特价值观念[①]。余文森指出：学科实践需要注重让学生亲身经历实践的过程，提倡在真实情境、项目中参与学习，感受学科的价值和知识的现实意义，发展学以致用的能力。学科实践必须充分体现学科的本质，不能偏离学科的育人价值[②]。

综上所述，学科实践需要把理论知识应用于实际操作或活动的过程。这种实践通常涉及解决实际问题、进行实验或研究、创造新的作品等任务，使学生在实践过程中发展核心素养。而在实践过程中，如果我们把学科问题、学科活动有机串联在一起，让学生在过程中逐步解决问题的话，就能更好地锻炼学生思维，从而实现发展核心素养的目标。所以，学科实践是学习过程中的关键工具，能帮助学生在理解和运用知识解决问题的过程中，深化对学科本质的认识，使学生的学科思维在实践的过程中、在真实世界中能触类旁通，使学生的能力与思维都能得到螺旋式上升发展。

第三节　学科实践的学科立场及跨学科立场

"学科"与"跨学科"是科学发展的两种不同话语方式[③]。"学科"是科学发展的现代性诉求，具有知识分类的功能；"跨学科"是科学发展的内在诉求，并在信息化社会中得以充分彰显。有必要将学科实践置于这两种话语体系之中。跨学科主题教学是指以一门学科为中心，在学科中选取一个中心主题，围绕该中心主题，运用不同学科的知识和方法，开展对所指向的共同问题进行讨论和解决而设计的教学活动[④]。

---

① 刘艳. 学科实践：作为一种学科学习方式 [J]. 教育研究与实验，2022（1）：57－63.

② 余文森. 以核心素养为导向：建立与义务教育新课标相适应的新型教学 [J]. 中国教育学刊，2022（5）：17－22.

③ 安涛. "学科"与"跨学科"：教育技术学的双重视野 [D]. 南京：南京师范大学，2014.

④ 支瑶，陈颖，等. 新版课程标准解析与教学指导：初中化学 [M]. 北京：北京师范大学出版社，2022：245.

一、学科立场

学科立场的化学学科实践指的是在教学活动中主要通过化学实验的探究，强调化学知识的深层理解和应用，以及化学方法和思维方式的培养。很多专家学者对此提出了建议。

学科实践的开展需要体现学科性——既包括该学科独有的部分，如学科内容、学科核心观念、学科思想方法等，也会在实践中突破本学科的边界，涉及与其他学科的关联、跨学科共通的范式和概念等①。王和认为，提高实验教学质量的方法包括教师深度挖掘课本上的活动探究、引导学生对课本中的实验进行改造和鼓励学生自己设计实验方案②。孙佳林、郑长龙认为，教师可以利用化学实验史发展学生的科学本质观；通过引导学生对化学实验现象进行观察和基于实验事实证据进行推理发展学生的科学思维，通过开展化学实验探究发展学生的科学探究能力，通过化学实验评价发展学生的科学态度与价值观③。黄恭福等认为，实验教学评价的基本功能包括导向功能、诊断功能、发展功能。开展中学化学实验教学评价应遵循全员评价、全程评价、全面评价、全局评价等基本原则④。邱荣等依据学生在化学实验活动中的外显行为表现，按照两大实验类型（验证性实验、探究性实验）分别编制具体的评价量规⑤。

二、跨学科立场

跨学科性是跨学科实践的突出特点，因此，在学习目标的制定、学习主题与内容的选取、学习过程落实路径的选择与学业质量和评价等方面都要坚持跨学科立场，同时体现多学科融合的特点。

---

① 崔允漷，张紫红，郭洪瑞. 溯源与解读：学科实践即学习方式变革的新方向 [J]. 教育研究，2021，42（12）：55–63.

② 王和. 基于发展学科核心素养的高中化学实验教学实践与思考 [J]. 西部素质教育，2016，2（20）：162.

③ 孙佳林，郑长龙. 发展学生化学学科核心素养离不开化学实验 [J]. 化学教育（中英文），2019，40（5）：59–63.

④ 黄恭福，邹海龙，黄利华. 基于学生发展的高中化学实验教学评价研究 [J]. 实验教学与仪器，2019，36（5）：7–11.

⑤ 邱荣，方云，徐雯馥，等. 中学化学实验教学评价量规及应用 [J]. 化学教与学，2021（14）：88–92.

1964 年，美国科学课程首次提出了跨学科的概念。美国 NGSS 提出了从幼儿园到 12 年级（即 K – 12）不同学段的学生在学习跨学科概念时应达到的水平。每个跨学科概念在 K – 12 的不同阶段都有不同的要求。对跨学科概念的学习也体现了学习进阶的理念，学习要求、概念理解、应用深度和复杂程度随着学段的升高而上升[①]。

我国学者针对跨学科学习也展开了多领域的研究。刘仲林认为，跨学科有三层含义：一是打破学科壁垒进行涉及两门或两门以上学科的科研或教学活动统称为"跨学科"，二是包含众多交叉学科的学科群统称为"交叉学科"，三是指一门以研究跨学科规律与方法为基本内容的新型学科，通常称为"跨学科"[②]。在我国的一些地区推广了基于多学科融合的 STEM 教学，强调跨学科的知识整合：需要按问题或项目的逻辑将学科知识进行跨学科重组，但又要确保设计的活动项目对所包含学科的基础性知识框架有全面的覆盖[③]。义务教育课程中提倡的跨学科实践以学科实践为基础，是对具有学科特征的各类学科实践的整合，致力于用跨学科的方式解决真实问题或现实任务，这意味着跨学科实践的学习途径更加多样化[④]。我国素养本位的学业质量标准在研制时提出了学科内容重构的两条原则：①以（跨）学科大观念统整课程内容，关注学科知识技能的结构化；②凸显学科实践，强调学科思维方式和探究模式的渗透[⑤]。

所以说，跨学科立场的化学学科实践强调的是如何将化学知识和技能与其他学科领域相结合，以达到更全面、深入的理解和应用。通过发展跨学科的方式，学生可以更好地理解化学在现实生活和社会问题中的应用，提高他们的创新思维和问题解决能力。

目前，指向学科立场的学科实践的研究较为丰富，研究者对学科实践的能力评价的学理研究较为深入，对于跨学科实践的研究更多是停留在理论研究层面，且目前跨学科实践的案例不多，而跨学科实践需要以学科实践为基础，因此学科实践既要有学科立场，又需要有跨学科立场，两者相辅相成。在"可见的学习"理论下，希望两者能互相融合，使化学学科实践学习过程中的学习目标制定、学习内容选择、学习过程分析和学习证据收集得以有效实施。

---

①　李瑞雪，王健. 美国科学课程中的跨学科概念：演进、实践及启示 [J]. 外国教育研究，2021，48（4）：102 – 117.

②　刘仲林. 跨学科学导论 [M]. 杭州：浙江教育出版社，1990：235.

③　张屹，赵亚萍，何玲，等. 基于 STEM 的跨学科教学设计与实践 [J]. 现代远程教育研究，2017（6）：75 – 84.

④　安桂清. 论义务教育课程的综合性与实践性 [J]. 全球教育展望，2022，51（5）：14 – 26.

⑤　杨向东. 素养本位学业质量的内涵及意义 [J]. 全球教育展望，2022，51（5）：79 – 93.

第四节　基于可见的学习理论的初中化学
学科实践分析框架

一、基于可见的学习的初中化学学科实践概述

　　研究者对学科实践与跨学科实践的内涵和内容进行分析，呈现出一些共性：无论是学科实践与跨学科实践都指向学科立场与跨学科立场的融合，都需以学科知识为依托。跨学科学习打破了学科间的隔阂，整合相关学科知识并进行全面的创新，加深了学习者对复杂的现实问题的科学性认知与实践性理解，在学科背景与真实情境中迁移、运用知识，搭建了问题解决的思维框架。跨学科主题学习只是把隐含在学科教学中实践和综合的特性，以鲜明的方式表达出来，带动学科教学自觉实现综合化、实践化。而新课标明确跨学科实践活动不是一定要打破分科，而是在维持分科课程设置的基础上，从课程要求来推动学科间的整合，以更好地实现分科课程的实践转化。无论是从国际国内的科学教育发展变化趋势，还是化学学科教学的内在需要，抑或是学生未来所需的"适应社会的必备品格与关键能力"的素养培养视角，都倒逼化学教育工作者要高度重视"实践"在化学教学中的重要作用，初中化学学科实践模型也就应运而生了。

　　新课标关注人的全面发展，指明需重点突破教学改革难点，强调素养导向的学习方式的转变，强化学科实践在育人模式中的核心地位，推动学习内容和学习方式的深层变革，落实立德树人根本任务。对新课标进行词云分析的结果（如图 2 - 1），体现了学科课程性质，以学生为学习主体的活动、实验、探究的实践性。义务教育化学核心素养包括"化学观念、科学思维、科学探究与实践、科学态度与责任"，并在化学实验的基础上，增加十个跨学科实践活动，以此推动化学学科实践学习方式的落地。

图 2-1　新课标词云分析结果图

　　学科实践是初中化学学科课程学习的重要途径和渠道。学生在解决多元真实化学问题过程中表现出来的综合性品质，关乎学生如何应对生活中的复杂化学议题和不确定性挑战。发展学生的学科实践能力已成为素养视域下初中化学教育改革面临的关键问题。《基础教育课程教学改革深化行动方案》明确了学科实践（实验教学）、跨学科主题学习等教学改革重难点。新课标提出跨学科实践活动之后，人们对跨学科实践活动的认识还停留在表面，过于重视"跨学科立场"，甚至是"去学科化"，没有充分分析学科立场和跨学科立场的关系，未认识到两者不是对立而是融合共生的。在纷繁复杂的课改中，在新课标的引领下，要坚守学科立场，就要重新厘清学科实践与跨学科实践活动的关系。学科实践是以学科为路向，基于主题内容大概念、多元问题情境下解决问题的综合性学习活动，以实现学生对学科知识的深度理解和灵活运用，以及跨学科解决问题的实践活动。如初中化学学科在原来的化学学科实践（实验教学）基础之上增加十个跨学科实践活动，这十个跨学科实践活动以学生必做实验为基础，引导学生通过主动的实践活动，在真实多元情境下有意识地应用化学、技术、工程及其他学科知识解决问题，提升学生从多角度分析和处理实际问题的能力，达到学科实践与学科特色的深度结合。基于此，本研究提出初中化学学科实践是学科立场下的化学实验和跨学科立场下的跨学科实践活动双融合的学习方式，并基于可见的学习理论，对初中化学学科实践的学习进行量化分析，以期为初中化学学习的提质增效寻找新的路径。

　　"可见的学习"是约翰·哈蒂和他的团队在对 20 世纪 80 年代至今的 900多个元分析研究进行了综合评估后，基于众多数据和引证文献提出的理论。该理念主张教师的授课应是基于证据的行为，并为教育研究者提供了一个全新的研究视野——以事实为根据，用数据来阐述观点。"可见"有两个方面的解读：首先，是让学生的学习对教师可见，以便教师能够清楚地识别出哪些因素对学生学习有显著影响，并确保学校所有人员都明白它们对学习的效果；其次，是让教导过程对学生可见，让学生学会成为自己的引导者——这是终身学习或自我调整的关键特质。可见的学习理论将影响学业成就的因素归类为学生、家庭、学校、教师、课程和教学六个范畴。其中，影响学业成就的最重要因素为教师，在传授知识时，教师应思考并监控学生如何熟练掌握和理解这些新信息，以及如何建立这种认知和理解的概念。这意味着教师需要从学生的视角来看待学习，同时学生要从教师的角度来审视自己的学习。这与"教—学—评"一体化不谋而合。

从课程四要素［目标（统领）、知识（内容）、教学（过程）、评价（证据）］出发，基于可见的学习理论，建构了目标（为什么学⇌为什么教）、知识（学什么⇌教什么）、活动（怎么学⇌怎么教）、评价（学到什么程度⇌教到什么程度）的学科实践学习四要素分析框架（如图2-2），使教师的教对学生可见，学生的学对教师可见，从而使"教"（为什么教—教什么—怎么教—教到什么程度）和"学"（学会什么—学什么—怎么学—学到什么程度）更清晰，真正达到目标统领下的"教—学—评"一体化和一致性。

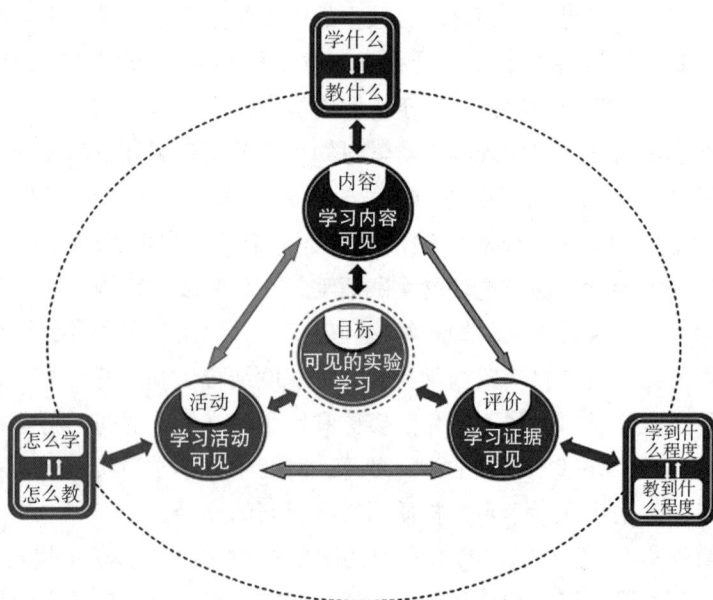

图2-2 化学学科实践学习四要素分析框架

二、基于可见的学习"四要素"的学科实践分析框架

（一）基于学业要求和质量，确立可见的学习目标分析框架

学习目标是对学生学习发展结果的预期，是组织学习内容、设计学习活动和评价学习活动的基本依据。学科实践取向的学业质量观与学科特质和学科问题紧密关联。2022年版的课程标准中，义务教育化学课程学业质量标准是以化学课程对核心素养的目标要求为依据，结合课程内容对学生学业成就的具体表现特征进行的整体刻画。它可反映课程目标的实现程度，并对化学教学和评估有着重要的引导意义。"学业质量"与学习主题的"内容要求""教学提示""学业要求"具有一致性。从学生学的角度，"内容要求"对应"学什么"——学习核心知识和活动经验，为学科实践活动提供内容基础；"教学提示"对应"怎么学"——在学习的过程中，需要学生经历哪些实践活动，让课程内容真正在学生实践活动中"活"起来、"动"起来；"学业要求"对应"学到什么程度"——在具体的学习过程中，结合学习内容需要达到的素养目标。依据2022年版课标不同层次、不同角度的学习要求，建立可见的学习目标分析框架（如表2-1）为："核心素养→学业质量评价指标→学业要求→学习主题→实践类型→教材所在位置→实践内容→核心知识和核心活动经验→具体学习表现指标→预期学习水平→指标编码"，形成基于学业质量的学习目标指标系统。以"土壤酸碱性对植物生长的影响"为例，如表2-1所示，对学业质量和具体学习表现指标进行编码，为后续的量化分析提供框架。

表 2-1　"土壤酸碱性对植物生长的影响"学习目标分析框架

核心素养	学业质量评价指标	学业要求	学习主题	实践类型	教材所在位置	实践内容	核心知识	核心活动经验	具体学习表现指标	预期学习水平	指标编码
科学探究与实践	N11：感受物质的多样性，体会物质的性质及应用与日常生活、科技发展的密切联系，认识化学科学对解决实际问题的重要意义	主题二：能通过实验说明酸和碱的主要性质	物质的性质与应用	基础实验	下册第60页	实验10-1 向溶液中加入酸碱指示剂	学会用酸碱指示剂	观察酸碱指示剂在不同溶液中的颜色变化	能根据酸碱指示剂的变色情况判断物质的酸碱性	学习理解	A
		主题二：能检验溶液的酸碱性		基础实验	下册第62页	实验10-3 用pH试纸测定生活中一些物质的pH	pH试纸检验溶液酸碱性	使用pH试纸等检测生活中常见溶液的酸碱性	能建立酸碱指示剂变色与溶液酸碱性的关系，能通过pH判断溶液的酸碱性	学习理解	A
				基础实验	下册第66页	实验10-4 盐酸、硫酸的颜色、状态、气味及挥发性	酸的物理性质	通过实验探究认识酸的主要性质和用途	能说出盐酸、硫酸、氢氧化钠、氢氧化钙的物理性质及主要用途、腐蚀性及安全使用规定，知道酸碱性对人体健康和农作物生长的影响	学习理解	A
		主题二：初步预测常见的金属、酸和碱的主要性质，设计实验方案，分析、解释有关的实验现象		探究实验	下册第74页	实验10-10 向氢氧化钠溶液中滴加稀盐酸	中和反应	检验溶液的酸碱性	能用指示剂变色等实验事实推导酸和碱发生了中和反应	学习理解	A
								依据中和反应初步判断常见酸和碱的主要性质	能利用酸和碱的性质和反应规律预测酸碱反应的产物	应用实践	B

（续上表）

核心素养	学业质量评价指标	学业要求	学习主题	实践类型	教材所在位置	实践内容	核心知识	核心活动经验	具体学习表现指标	预期学习水平	指标编码
科学探究与实践	N24：将化学知识与生产生活实际相结合，主动关注有关土壤资源保护实际问题，并参与讨论 N25：能根据科学、技术、社会、环境的相互关系，辩证分析与化学相关的简单的社会性科学议题，尝试提出自己的见解和建议，作出合理价值判断	主题五：能体会实验在化学科学发展、解决与物质转化及应用相关实际问题中的重要作用，意识到协同创新对解决跨学科复杂问题的重要性	化学与社会·跨学科实践	跨学科实践活动	下册第75页	酸碱中和滴定在改良酸性土壤中的运用：实践内容包括借助传感器用饱和澄清石灰水进行酸碱中和滴定	中和反应	探究土壤酸碱性对植物生长的影响	设计方案解决环境问题，利用酸碱性质调节土壤的酸碱性	应用实践	B
						土壤四维改良法：实践内容包括植物生长调节素、抗逆性水稻、要素物联网系统、土壤定向调节剂	土壤酸碱性对农作物生长的影响	探究土壤酸碱性对植物生长的影响	应用物质性质及其变化，提出解决环境问题的创意方案	迁移创新	C

注：教材版本为人教版九年级《化学》，N 表示学业质量中的指标数目。

（二）重构学习主题，建构可见的学习内容分析框架

实践育人的学习内容重构原则是凸显学科实践，强调学科思维和实践方式的分析与应用，从学习内容的选择、组织与呈现方式进行重构。学科立场与跨学科立场是科学发展的两种不同话语体系，对任何一个学科的考察都必须置于这两种体系之中。学科立场是科学发展的学科内在诉求，具有知识分类的功能。跨学科立场是科学发展的社会诉求，具有解决社会现实问题的功能。从初中化学学科立场（化学实验：基础实验、探究实验和课外实验）和跨学科立场（跨学科实践活动）重构学习内容体系，并赋予学习理解、应用实践和迁移创新三个内容表征水平，如图 2-3 所示。

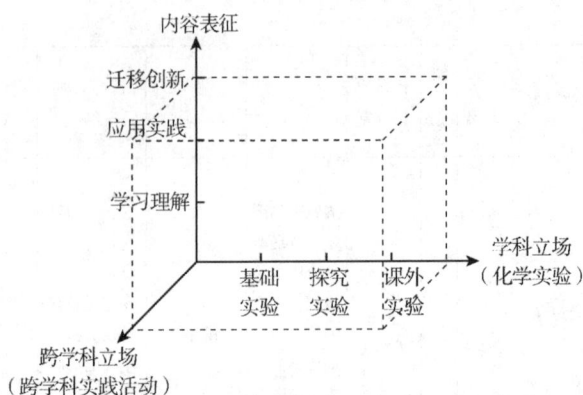

图 2 - 3　学科实践学习内容分析框架

　　化学实验根据内容可分为实验基本操作，物质的检验与推断，物质的分离与提纯，常见气体制备、干燥与收集，重要化学物质的性质、检验。化学实验根据学习方式不同，可分为学科立场的基础实验、探究实验、课外实验。而跨学科实践活动则是基于化学实验的跨学科、综合性学习实践活动。体现学科特质（化学实验）与实践活动深度融合的初中化学学科实践学习内容体系如表 2 -2 所示。如二氧化碳的实验室制取与性质，在学科立场的实验教学中既有探究实验"实验室里制取二氧化碳的装置"，也有基础实验"二氧化碳的实验室制取与性质"。跨学科实践活动"基于碳中和理念设计低碳行动方案"则是在化学实验教学的基础上，从二氧化碳组成、制备、性质、用途的物质认识模型来重构学习内容，从跨学科视角吸收或转化利用二氧化碳，如化学学科中的侯氏制碱法、碱液吸收、碳酸盐分解等；生物学学科中的光合作用；地理学科中的海洋吸收、钟乳石的形成等。这充分体现了学科知识是发展跨学科活动的必备知识，是跨学科实践活动学习知识的逻辑起点，充分运用已有的学科知识体系、融合其他学科知识来解决真实情境下的社会问题，这样可避免跨学科实践活动"为跨而跨"或者变成各学科的情境素材的堆砌导致知识综合的浅表化。

表2-2 初中化学学科实践学习内容体系

化学实验	学科立场（化学实验）			跨学科立场
	基础实验	探究实验	课外实验	跨学科实践活动
物质检验、物质分离	粗盐中难溶性杂质的去除	人体吸入的空气与呼出的气体有什么不同；初步区分常用的氮肥、磷肥和钾肥的方法	自制净水器	水质检测及自制净水器；海洋资源的综合利用与制盐
物质制备、物质性质	氧气的实验室制取与性质；二氧化碳的实验室制取与性质；一定质量分数的氯化钠水溶液的配制	实验室里制取二氧化碳的装置；溶解时的吸热与放热现象；自制酸碱指示剂	石墨导电实验；生成炭黑实验；自制白糖晶体；淬火和回火	基于特定需求设计和制作简易供氧器；基于碳中和理念设计低碳行动方案
物质性质、物质检验	常见金属的物理性质和化学性质；常见酸、碱的化学性质	过氧化氢分解制取氧气的反应中二氧化锰的作用；金属与盐酸、稀硫酸的反应；酸的化学性质；碱的化学性质；某些酸、碱、盐之间是否发生反应	鲜花变色；制作"叶脉书签"；自制汽水；有关保鲜膜的实验	微型空气质量"检测站"的组装与使用；垃圾的分类与回收利用；探究土壤酸碱性对植物生长的影响；调查我国航天科技领域中新型材料、新型能源的应用
物质反应规律	燃烧条件的探究	反应前后物质的质量关系；灭火的原理；金属活动性顺序；铁制品锈蚀的条件	鸡蛋壳与醋酸的反应	调查家用燃料的变迁与合理使用
物质组成	水的组成及变化探究	分子运动现象；水的组成	红墨水分别在热水和冷水中的扩散	制作模型并展示科学家探索物质组成与结构的历程

基于学科实践学习内容分析框架重构教学内容，有利于删减细节知识，凸显学科知识、思维和价值的内在关系及学科知识的逻辑关系和学习进阶，促进学科实践内容的结构化，从而克服教学中知识点的"点状传输"或单个实验技能的训练，增强教学的关联性和实践性，进而发展学生的学科实践能力。将此分析框架应用于"土壤酸碱性对植物生长的影响"实践活动，如表2-3所示。

表2-3　"土壤酸碱性对植物生长的影响"内容分析框架

实践表征	学科立场			跨学科立场
	基础实验	探究实验	课外实验	跨学科实践活动
学习理解	过滤；测定溶液 pH 值	配制不同酸碱度的土壤	测定土壤样品的 pH 值	不同酸碱度的土壤对绿豆芽生长的影响
应用实践	配制溶液；测定溶液 pH 值	控制变量探究	在不同 pH 值的土壤中种植水稻	运用控制变量法探究土壤酸碱性对水稻生长的影响
迁移创新	配制溶液；酸碱中和反应	借助 pH 传感器判断酸碱中和反应的程度	调节家中土壤酸碱度，以适应植物生长	酸碱中和反应在改良酸性土壤中的运用

(三) 开展学科实践活动，应用学习过程分析框架

在素养目标导向下，结合学科实践学习进阶和"教—学—评"一体化要求，紧紧围绕"整合内容→问题情境→实践活动→活动评价"开展学科实践活动，并将实践表征分为学习理解、应用实践、迁移创新三个水平。通过三个水平构建教师的教（明确主题→创设情境→活动支架→证据反馈）和学生的学（运用知识→问题探索→实践学习→成果评价）动态融合分析框架，实现可见的学习过程教与学的高度统一，动态生成学习评价，促进学习过程的深化、迭代，如图2-4所示。关注实践表征在学生实践活动过程中的呈现方式，设计有梯度的学科实践活动，实现知识的深度理解和运用知识解决真实情境问题。

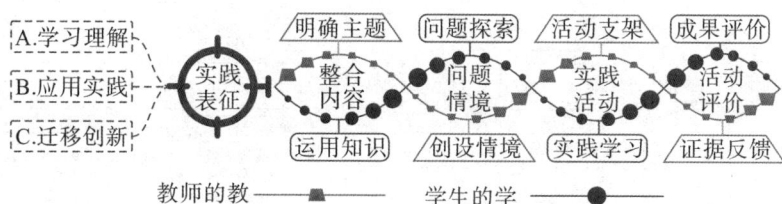

图2-4　学科实践学习过程分析框架

如在"土壤酸碱性对植物生长的影响"实践活动中，通过实践表征水平进阶开展四个实践活动（如图2-5）：基于学习理解水平设计"物质酸碱性检验"和"酸碱性与植物生长的关系"活动；基于应用实践水平设计"中和反应的综合应用"活动；基于迁移创新水平设计"酸碱盐的综合应用"活动。例如，在基于应用实践水平设计的"中和反应的综合应用"活动开展的过程中，教师明确实践主题为中和反应的综合应用，学生需要运用在生活生产中合理使用酸碱盐溶液与使用 pH 计测量中和酸性土壤过程中的 pH 变化的知识来解决综合的生产实际问题。教师创设调查我国土壤酸化情况的活动情境，引导学生探索我国土壤酸化的原因和改良措施，并搭建探究中和酸性土壤过程中 pH 变化过程的活动支架，使学生参与到使用 pH 计测量中和酸性土壤过程中的 pH 变化、计算土壤改良剂用量的实践活动中，促进学生科学思维的形成。为了对学生实践活动进行过程性评价，在"物质酸碱性检验"活动中利用化学实验基本操作的基本要素分析量表（PTA 量表）对学生的实验基本操作技能进行评价；通过科学探究思路量化表对学生种植水稻和豆芽的成长记录进行评价，在真实问题情境中观测学生的学习发展水平；在"中和反应的综合应用"实践活动中，通过收集学生的探究实验报告、用定性定量探究量化表评价学生实验探究能力表现，记录学生在"参与实验探究与实践"方面的学业成就；在"酸碱盐的综合应用"实践活动中，用综合解决问题能力量化表评价学生在"探索问题解决与应用"方面的学业成就表现。

实践表征	A.学习理解		B.应用实践	C.迁移创新
整合内容 (师)明确主题	物质酸碱性检验	酸碱性与植物生长的关系	中和反应的综合应用	酸碱盐的综合应用
整合内容 (生)运用知识	学会使用酸碱指示剂和pH试纸检验溶液的酸碱性	了解土壤的酸碱性和植物生长的关系	学会在生活生产中合理使用酸碱盐溶液，学会使用pH计测量中和酸性土壤过程中的pH变化	认识盐碱地四维改良法
问题情境 (师)创设情境	我国丰富的土壤资源"五色土"	探究土壤酸碱性对植物生长的影响	我国土壤酸化调查	我国盐碱地状况
问题情境 (生)问题探索	为何盐碱地寸草不生？	如何通过控制变量探究土壤酸碱性对植物生长的影响？	土壤酸化的原因和改良措施是什么？	盐碱地有哪些改良措施？
实践活动 (师)活动支架	测定土壤浸出液的酸碱性	在不同pH的土壤中种植水稻和豆芽	使用pH计测量中和酸性土壤过程中的pH变化	调查我国盐碱地的概况及四维改良法的应用
实践活动 (生)实践学习	用pH试纸测定土壤浸出液的pH	合作探究种植实践	测量中和酸性土壤过程中的pH变化，并计算土壤改良剂用量	制作手抄报呈现盐碱地概况及工程设计流程图
活动评价 (师)成果评价	PTA量表	科学探究思路量化表	定性定量探究量化表	综合解决问题能力量化表
活动评价 (生)证据反馈	基本的化学实验操作展示	种植水稻、豆芽成长记录	定性定量探究实验报告	四维改良法、工程设计流程图

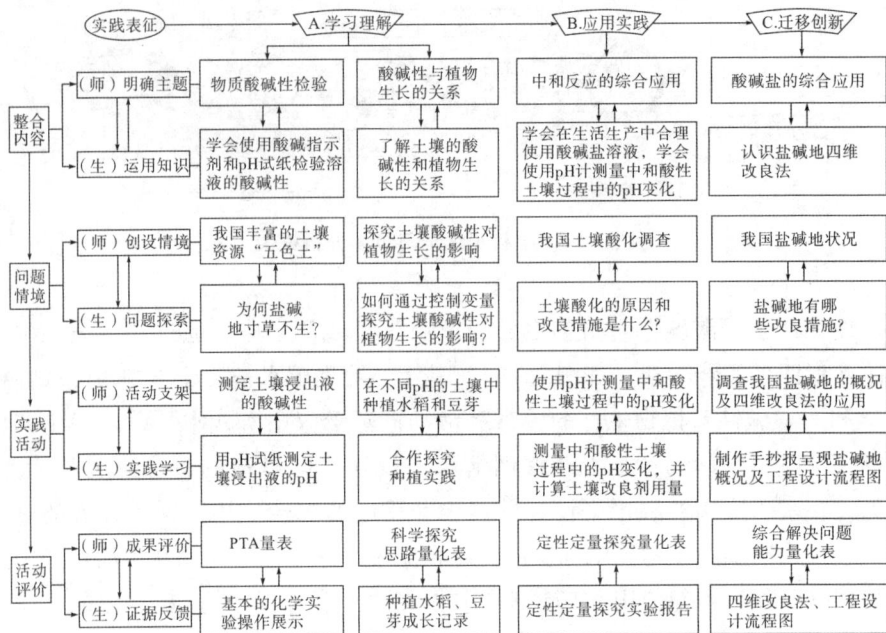

图2-5　学科实践学习流程图——以"土壤酸碱性对植物生长的影响"为例

（四）构建多元评价样态，展现学习证据分析框架

实践活动的学习评价注重表现性评价和形成性评价。收集学生的学习成果作为反映学习效果的依据，精确掌握学习目标的实现程度，借此反馈和调整教育步骤，推动学习目标的实现。学业质量是评价学生在完成学科实践活动后是否达到预期目标的重要依据。学业质量中的情境分为"认识物质组成、性质及分析相关实际问题的情境""探索化学变化规律及解决实际问题的情境""实验探究情境和实践活动"和"常见的生产生活和社会情境"四类。这四类情境正是学生在初中化学学科实践学习中需要解决的多元问题情境，这也决定了实践问题具有综合性，指向学生在情境意义中的动态生成和多元问题解决。情境也为学生形成个人理解能力、发展实践能力提供评价载体。学习证据分析框架围绕核心知识、实践活动表现或成果，应用学科实践教学平台和人工智能技术、诊断试题库、过程评价表和作品评价表等，对学生学习的多模态数据进行采集和分析，聚焦发展的过程性评价、增值评价。

评价实践活动的教学设计是否有效，要关注学生是否加深对多重价值涉入的化学学科本质的认识，能否提升学科理解能力。在过程性评价中，要确定能够在实践活动中被观察与测量的内容，结合信息技术开发"初中化学学科实践学习平台"（如图 2 - 6）进行循证研究，实现课堂上的多模态数据采集分析，从而开展过程性评价，可见地修正教师的教与学生的学，最大限度地促进学习。如在"土壤酸碱性对植物生长的影响"实践活动中，根据实践活动指标表征设置实践学习活动捕捉学生的实践证据，对学生的实践过程进行及时评价，实现评价"注重结果"转向"注重过程"；应用大数据和人工智能技术，使评价贯穿实践活动全程，实现数据即时采集、评价反馈与实践活动同步、评价结果动态呈现，使学生的实践过程可见、评价过程可见，对学生学习起到诊断、预测、导向与激励的作用。

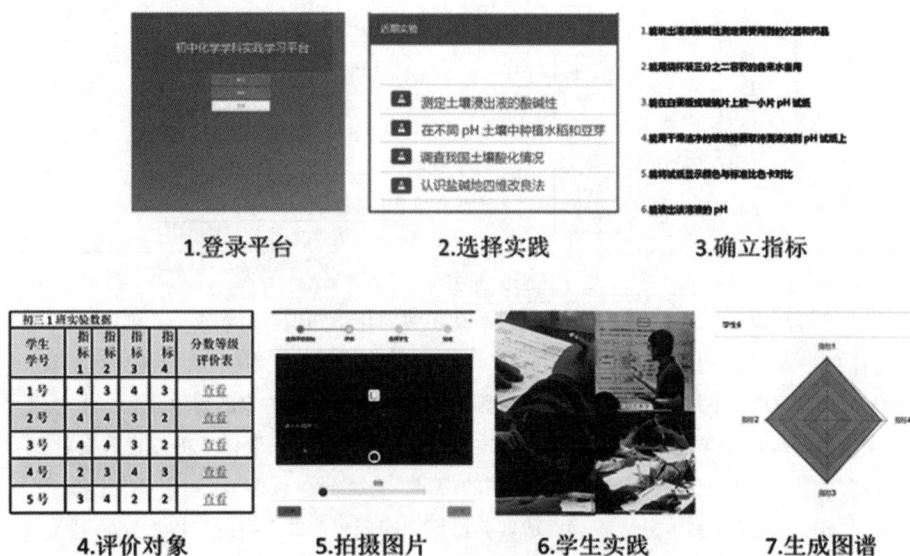

图 2 - 6　初中化学学科实践学习过程分析框架
——以"土壤酸碱性对植物生长的影响"为例

如在"认识盐碱地四维改良法"实践活动中以改良碱性土壤种植山茶花的问题为驱动，促使学生重构多学科知识，根据客观证据和全面信息解决实际问题，引导学生逐步掌握核心知识与技能、显化科学思维与解决问题能力并对学生表现进行量化评价。图 2 - 7 是该环节的具体内容与评分标准。评价结果统计表明，约有 92% 的学生掌握了核心知识；33% 的学生初步完成了问题解决方案的设计；有 52% 的学生根据具体要求较好地完成了解决问题的方案设计；有 74% 的学生顺利完成了实验探究，并取得预期结果。此环节作为学习活动的深化与综合检验，收集学生实践证据形成数据库，为学生学习行为的改变提供及时反馈，帮助教师对学生的素养表现作客观而科学的判断，促进了"教—学—评"一体化。过程性量化数据对学生学科实践能力表现进行刻画，结果可以分数、等级、学生实践能力雷达图等形式呈现，进而为增值评价提供更多证据支撑。

　　现需要用一份碱性泥土来种植山茶花，请查找信息，结合所提供的药品设计使用化肥改良该土壤的科学方案，并实施实验。

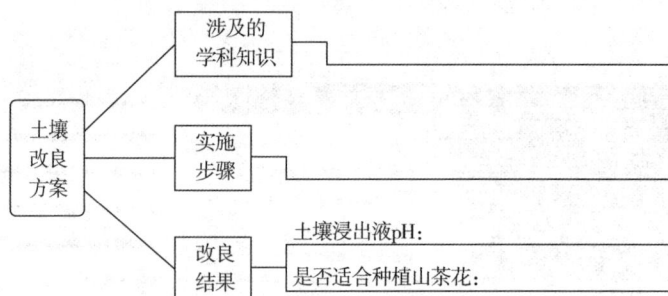

【学习评价】得分：＿＿＿＿＿＿＿＿＿　（满分4分）

（1）［核心知识］（共1分）能写出与该活动相关的化学知识，得0.5分；列举出其他学科的相关知识，得0.5分。

（2）［问题解决］（共2分）根据相关学科知识设计土壤改良方案的简单步骤，未考虑如何监控反应进程与药品的用量，得1分；根据相关学科知识设计土壤改良方案的具体步骤，能考虑如何监控反应进程与药品的用量，得2分。

（3）［实验探究］（共1分）正确完成实验操作，实现土壤改良目的，得1分。

　　　　　　　　　　　正确完成实验操作，未实现改良目的，得0.5分。

　　　　　　　　　　　无法正确完成实验操作，得0分。

图2-7　学科实践活动的评价框架——以"认识盐碱地四维改良法"活动为例

三、基于可见的学习的学科实践分析框架应用效果

（一）分析框架为"教—学—评"一体化提供了清晰的路径，促进素养导向的教学实施

　　基于化学学科的基本立场，整合科学、技术、工程和数学等学科，提出可见的学习视域下初中化学学科实践分析框架，从课程四要素（目标、知识、教学、评价）重构和丰富初中化学学科实践内涵，为"教—学—评"一体化

设计提供了清晰的路径。教师依据分析框架"课标→教材→学科能力"等进行系统分析使学科实践目标可见，避免了目标的虚化、浅层化；可见的知识图谱解释了学科和跨学科之间的关系，在可见的结构化知识视域下进行学科实践活动，将实践活动与知识建构有机融合；实践活动以学生可见的学习设计路径面向真实多元复杂情境、提出与解决问题，让实践活动与学生生活相连并将可见的实践评价贯穿其中，教师"可见"自己的教，也从学生"可见"的学习评价反馈中，及时调整和改进自己的教学。

如学生展示"土壤酸碱性对植物根系发育的影响"的模拟实验活动成果，第一次实验：在5个烧杯中，倒入 pH 依次为5、6、7、8、9的溶液50mL，并放入大小一致的8颗绿豆，空间上平均分布，在接下来的一周内观察绿豆芽长势，观察实录如图2-8所示。根据实验结果，学生得出初步结论：土壤酸碱性会影响植物根系发育，其中 pH =7 和 pH =8 时绿豆芽根系发育较好。

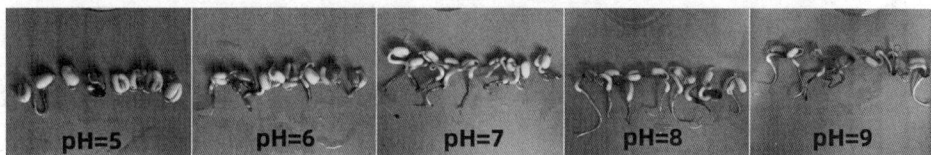

图2-8 "土壤酸碱性对植物根系发育的影响"第一次实验结果

教师和学生对实验结论进行评价，师生提出了以下几点疑问：第一，实验采用培养液培育豆芽，培养脱离土壤，并不能真实地反映土壤酸碱性对植物根系发育的影响；第二，植物的根系在生长过程中，具有垂直向下生长的趋势，沉在烧杯底部的绿豆由于无法垂直向下生根，会导致其发芽率降低，根系发育缓慢，根系弯曲发育而难以准确测量其长度；第三，根系是植物全部根的总称，植物的主根发育到一定程度后，会产生一些分枝，从而形成侧根，共同构成植物根系，而第一次探究实验中脱离土壤培育，由于主根发育受限，绿豆芽侧根也无法发育，不能够很好地反映植物根系发育的特点。

综合上述疑问，师生讨论后共同确立了用不同 pH 值的培养土培养绿豆的方案，进行第二次实验：在5个烧杯中分别放入调节好 pH 值（pH 依次为5、6、7、8、9）的培养土，用镊子将大小相似的4颗绿豆紧贴烧杯内壁埋入土中并浇水，在接下来的一周内观察绿豆芽长势，观察实录如图2-9所示。实验结果显示，当 pH 为5、8、9时，绿豆因土壤酸碱性过强发黑而无法发芽，pH 为7时，绿豆根系发育明显优于 pH 为6时，学生得出结论：土壤酸碱性对植物的根系发育有影响，土壤 pH 为 7 时，植物根系最发达。

图2-9   "土壤酸碱性对植物根系发育的影响"第二次实验结果

（二）分析框架为学生的反思性学习提供了支架，促进了学生课程核心素养的提升

"可见的学习"要求教学对学生可见，从而使学生学会成为自己的教师，即通过可见的学习让学生监控、反思和调整自己的学习——这是终身学习或元认知的核心属性。如在"从定性和定量的视角认识土壤酸化的应对措施"实践活动中，根据该实践活动的学习目标获得学习支架，如图2-10所示。在每个学习环节中，学生根据与学习目标配套的实践表征对自我的学习表现进行即时评价与反思，实现教师、学生对学习证据与学习进程的实时捕捉与监控，使学生的学习过程可见。在多维分析环节，学生多维度整合与土壤酸化问题相关的信息，构建土壤改良的化学核心知识网络。学生可以通过得分评价自己对酸、碱、盐知识的掌握和应用，及时查漏补缺。在实验探究环节，学生在实验过程中出现的问题如下：有些小组不了解中和反应的特点，饱和澄清石灰水用量多了，没办法中和到 pH＝7；有些小组缺乏对改良酸性土壤过程中的定量认识，待测土壤浸出液的用量、饱和澄清石灰水用量均未测量，导致在实际应用中没办法计算。评价可以清晰反馈学生是否具备定量思维，能否应用定量思维解决真实问题，帮助学生及时调整活动方案：学生用带刻度的注射器吸取一定量的饱和澄清石灰水，滴入 50mL 酸性土壤浸出液中（从 20g 土壤样品浸出），当 pH 传感器的示数稳定在 7.0 左右时，记录所用饱和澄清石灰水的量，提高改良成功率。在科学论证环节，要求学生结合化学（土壤酸碱性的调节、土壤保护和环境问题）、生物（改良稻谷品种）、地理（盐碱地成因、分布区

域)、工程(灌溉系统与工程的设置)、经济(种植成本与经济效益)等学科的知识与跨学科知识、实验证据以及该议题的社会属性对四维改良法可行性进行判断和评估。评价中部分学生发现自己仅能从感性认识得出简单结论或只能结合单薄的证据展开片面的论证,通过评价反思促进学生进行深度学习、系统分析各种改良土壤的方法并进行总结。在知识整合环节,学生需要通过知识综合、实验设计、实验实施、分析与总结等步骤完成山茶花土壤改良的现实问题,对本活动前置环节习得的知识、实验等进行整合运用。部分学生只能对前几个环节的化学知识与实验进行简单模仿,部分学生能自主思考、简单设计实验,但未能根据山茶花种植的实际情况调整实验设计,或不能正确完成实验实施过程以致实验失败。通过评价可以清晰反馈学生是否形成对知识、实验等的认识,从而促进对学习活动的整体反思。最后教师对学生学习表现进行综合评价并在系统自动生成自我评价雷达图,如图 2-10 所示,学生可以通过雷达图看到自己的整体学习评价、学习的突出优势和不足,从而反思学习,雷达图也为教师的实践活动设计优化提供指向和依据,真正体现"教—学—评"一体化。

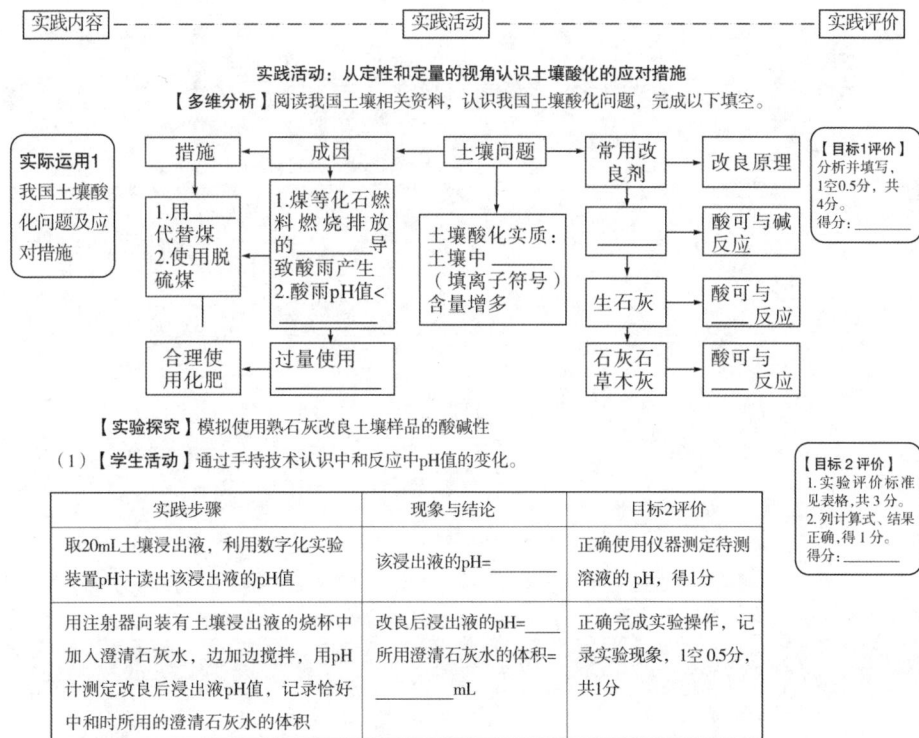

实践内容 ————————— 实践活动 ————————— 实践评价

实践活动:从定性和定量的视角认识土壤酸化的应对措施
【多维分析】阅读我国土壤相关资料,认识我国土壤酸化问题,完成以下填空。

实际运用1
我国土壤酸化问题及应对措施

【目标1评价】
分析并填写,1空0.5分,共4分。
得分:___

【实验探究】模拟使用熟石灰改良土壤样品的酸碱性

(1)【学生活动】通过手持技术认识中和反应中pH值的变化。

实践步骤	现象与结论	目标2评价
取20mL土壤浸出液,利用数字化实验装置pH计读出该浸出液的pH值	该浸出液的pH=___	正确使用仪器测定待测溶液的 pH,得1分
用注射器向装有土壤浸出液的烧杯中加入澄清石灰水,边加边搅拌,用pH计测定改良后浸出液pH值,记录恰好中和时所用的澄清石灰水的体积	改良后浸出液的pH=___所用澄清石灰水的体积=___mL	正确完成实验操作,记录实验现象,1空0.5分,共1分

【目标2评价】
1.实验评价标准见表格,共3分。
2.列计算式、结果正确,得1分。
得分:___

（2）【**实际应用**】现有一亩该土地（20cm 厚度耕层土壤，含土量约为2×10⁴kg），不考虑其他因素影响，若连施两年熟石灰将其土壤调成中性，一年需要撒熟石灰_____kg。

【**科学论证**】请分析运用四维改良法改良土壤中各种方法的可行性（任选2种方法即可）。

① _____法可行性：_____；② _____法可行性：_____。

【**知识整合**】现需要用一份碱性泥土来种植山茶花，请查找信息，结合所提供的药品设计使用化肥改良该土壤的科学方案，并动手实验，完成土壤改良过程。

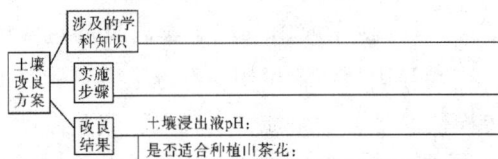

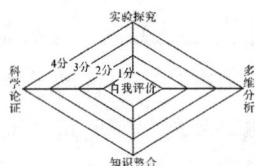

【**自我评价雷达图**】请在各指标分数层级上描点表示你在该指标的得分。

图 2-10　学科实践活动的学习支架
——以"从定性和定量的视角认识土壤酸化的应对措施"为例

第三章 基于学业质量体系，确立可见的实践学习目标分析框架

第一节 初中化学学科实践学习具体表现指标

学习目标是对学生学习发展结果的期待，是组织学习内容、设计学习活动和评价活动的基本依据。可见的初中化学学科实践学习课程四要素目标（统领）、知识（内容）、教学（过程）、评价（证据）的关联中，目标是统领，目标的内涵是指：为什么学？为什么教？

新课标研制了学业质量标准。学业质量内涵是指：学生在完成课程学习后的学业成就表现，反映了核心素养的培养要求。义务教育化学课程学业质量标准是以化学课程对核心素养的目标要求为依据，结合课程内容对学生学业成就的具体表现特征进行的整体刻画，用于反映课程目标的达成程度。学业质量标准是化学学业水平考试命题的重要依据，对化学教材编写、教学和评价实施具有重要的指导作用。

新课标在学业质量描述中明确指出初中化学实践活动的要求：在实验探究情境和实践活动中，能根据解决与化学相关的简单问题的需要，运用混合物分离、常见物质制备、物质检验和性质探究等实验探究的一般思路与方法，设计简单的实验探究方案；能根据实验目的选择必要的试剂、常见的实验仪器和装置，运用实验基本操作技能和条件控制的方法，安全、顺利地实施实验研究计划；能分析和处理观察到的实验现象和记录的数据，解读和推理实验数据，并得出恰当的结论；能用规范的语言阐述探究成果，并和他人进行交流和探讨；能基于物质及其反应的规律和跨学科知识，运用实验等手段，完成简单的作品制作、社会调查等跨学科实践活动；能体会实验在化学科学发展、解决与物质转化及应用相关实际问题中的重要作用，意识到协同创新对解决跨学科复杂问

题的重要性。由此可见，初中化学学科实践取向的学业质量观蕴含着新的学习观、知识观和评价观。其中包括：基础知识与概念掌握，培养学生对化学基本概念、原理和规律的理解和掌握；科学方法和实证思维，培养学生运用科学方法进行观察、实验和分析，培养他们的实证思维和科学推理能力。

　　本研究提出初中化学学科实践是学科立场下的化学实验和跨学科立场下的跨学科实践活动双融合的学习方式，并基于可见的学习理论，对初中化学学科实践的学习进行量化分析，为此，初中化学学科实践学习具体表现指标分为实践活动学业质量评价指标系统及初中化学实验操作评价指标系统。

一、实践活动学业质量评价指标系统

　　以学业质量衡量学生的学习成果，可提供有效的教学和支持，进一步促进学生的学术发展和个人成长。基于学业质量体系，结合教材实践活动内容分析，建构实践活动指标系统，细化每一个实践活动内容的学习指标，其分析框架为：核心素养→学习主题→学业质量评价指标→学业要求→教材所在位置→实践内容→核心知识或核心活动经验→指标编码→具体学习表现指标→预期学习水平（如表3－1）。

　　指标具体形成过程为：主要是围绕科学探究与实践这个核心素养，将学业质量对学科实践活动内容的要求编排成评价指标（Nx），再根据教材实验内容的核心活动经验及学习主题中对实践活动的学业要求进行匹配，解构核心内容主题对应的学科实践思想（认识方式），确立核心活动经验，并建立核心活动经验与学科实践思想（认识方式）的关系，结合认识活动和问题解决活动的行为动词，形成具体的学习表现指标并编码，编码的依据是学科能力表现要素的三个水平：学习理解（A）、应用实践（B）、迁移创新（C）。

　　根据课程标准学习主题，对应人教版教材内容，形成了学科实践活动学业质量评价指标，如表3－1至表3－5所示：

表 3 - 1　学科实践活动学业质量评价指标（1）

核心素养	学习主题	学业质量评价指标	学业要求	教材所在位置	实践内容	核心知识或核心活动经验	指标编码	具体学习表现指标	预期学习水平（学习理解、应用实践、迁移创新）
科学探究与实践	主题一：科学探究与化学实验	N10：能利用溶解性的差异进行物质的分离、提纯	主题一：能正确选取实验试剂和仪器	上册第87页	实验 4－2 过滤	基本实验操作	A	能说明过滤的基本操作	学习理解
							B	能解释实验方案中利用过滤的方法分离物质的原因	应用实践
							C	分析仪器装置、操作在陌生复杂情境中的作用	迁移创新
		N11：感受物质的多样性，体会物质的性质及应用与日常生活、科技发展的密切联系，认识化学科学对解决实际问题的重要意义	主题一：能正确选取实验试剂和仪器	上册第91页	实验 4－4 氢气在空气里燃烧	探究水的组成及其变化		能说出氢气燃烧的主要现象	学习理解
			主题一：能设计简单的实验方案或实践活动方案	上册第133页	实验 6－2 用木炭还原氧化铜	基本实验操作	B	对于任务类型熟悉、实验目的清晰的实验，分析或评价实验目的、操作、现象、结论间的合理性	应用实践
			主题一：结合物质的组成及变化等相关知识，分析解决真实情境中的简单实验问题	下册第5页	实验 8－1 比较合金和纯金属的硬度	金属的物理性质和某些化学性质	A	能通过互相刻画等实验手段，比较常见金属和合金的硬度	学习理解
		N18：能根据解决与化学相关的简单问题的需要，运用混合物分离、常见物质制备、物质检验和性质探究等实验探究的一般思路与方法，设计简单的实验探究方案	主题一：能设计简单的实验方案或实践活动方案	下册第12页	金属活动性顺序	金属的物理性质和某些化学性质	B	能根据金属与盐溶液的实验现象判断金属活动性强弱	应用实践
			主题一：结合物质的组成及变化等相关知识，分析解决真实情境中的简单实验问题		用肥皂水区分软水和硬水	基本实验操作	A	知道基本操作的要点及其功能	学习理解

（续上表）

核心素养	学习主题	学业质量评价指标	学业要求	教材所在位置	实践内容	核心知识或核心活动经验	指标编码	具体学习表现指标	预期学习水平（学习理解、应用实践、迁移创新）
科学探究与实践	主题一：科学探究与化学实验	N18：能根据解决与化学相关的简单问题的需要，运用混合物分离、常见物质制备、物质检验和性质探究等实验探究的一般思路与方法，设计简单的实验探究方案	主题一：能设计简单的实验方案或实践活动方案	上册第43页	实验2-5高锰酸钾分解制取氧气	氧气的实验室制取及性质	A	记得实验室可以用加热高锰酸钾的方式制备氧气	学习理解
							B	能分析解释简单变式气体制备实验或与气体相关的实验操作程序和实验现象	应用实践
							C	设计创新装置或实验方案制备气体物质	迁移创新
			主题一：能设计简单的实验方案或实践活动方案	上册第146页	实验室里制取二氧化碳的装置	二氧化碳的实验室制取	A	能系统说明实验室制取二氧化碳的原理选择、制气、收集、验满的方法和装置选择的合理性	学习理解
							B	选择仪器，设计简单变式的二氧化碳制备、收集装置	应用实践
							C	设计创新装置或实验方案制备物质	迁移创新
			主题一：能设计简单的实验方案或实践活动方案	上册第45页	过氧化氢分解制取氧气的反应中二氧化锰的作用	氧气的实验室制取及性质	A	能说明用过氧化氢制取氧气时二氧化锰是催化剂的证据	学习理解
							B	能对观察和记录的实验现象和数据进行处理	应用实践

（续上表）

核心素养	学习主题	学业质量评价指标	学业要求	教材所在位置	实践内容	核心知识或核心活动经验	指标编码	具体学习表现指标	预期学习水平（学习理解、应用实践、迁移创新）
科学探究与实践	主题一：科学探究与化学实验	N19：能根据实验目的选择必要的试剂、常见的实验仪器和装置，运用实验基本操作技能和条件控制的方法，安全、顺利地实施实验探究方案	主题一：能正确选取实验试剂和仪器	上册第12页	实验1-2氧气与二氧化碳的性质	二氧化碳性质的探究	A	能根据实验说出氧气、二氧化碳的性质	学习理解
			主题一：能设计简单的实验方案或实践活动方案	上册第21页	观察和描述——对蜡烛及其燃烧的探究	一般探究的思路与基本方法	A	能辨识原型科学探究活动的基本要素	学习理解
							B	能对观察和记录的实验现象和数据进行处理	应用实践
			主题一：能设计简单的实验方案或实践活动方案		人体吸入的空气与呼出的气体有什么不同	一般探究的思路与基本方法	A	能结合具体探究活动说明原型科学探究活动中的各要素及其关系	学习理解
							B	能对观察和记录的实验现象和数据进行处理	应用实践
				上册第16页	实验1-3固体药品的取用	基本实验操作	A	知道常见仪器的基本功能和使用规范；能正确使用仪器	学习理解
			主题一：能正确选取实验试剂和仪器	上册第18页	实验1-4液体药品的取用	基本实验操作	A	知道常见仪器的基本功能和使用规范；能正确使用仪器	学习理解
					酒精灯的使用方法	基本实验操作	A	知道常见仪器的基本功能和使用规范；能正确使用仪器	学习理解

（续上表）

核心素养	学习主题	学业质量评价指标	学业要求	教材所在位置	实践内容	核心知识或核心活动经验	指标编码	具体学习表现指标	预期学习水平（学习理解、应用实践、迁移创新）
科学探究与实践	主题一：科学探究与学习实验	N19：能根据实验目的选择必要的试剂、常见的实验仪器和装置，运用实验基本操作技能和条件控制的方法，安全、顺利地实施实验探究方案	主题一：能正确选取实验试剂和仪器	上册第19页	实验1-5给物质加热	基本实验操作	A	知道基本操作的要点及其功能	学习理解
					连接仪器装置	基本实验操作	A	知道基本操作的要点及其功能	学习理解
				上册第21页	实验1-6洗涤玻璃仪器	基本实验操作	A	知道基本操作的要点及其功能	学习理解
				上册第91页	实验4-4水的组成	探究水的组成及其变化	B	能说出水电解过程中的主要现象	应用实践
			主题一：能设计简单的实验方案或实践活动方案	上册第160页	灭火的原理	探究燃烧的条件	A	能论证燃烧条件探究活动中的变量控制、自变量调节、对比实验设计、实验现象与实验结论的关系	学习理解
							B	分析自变量清楚、因变量观测指标明确、每一步实验操作针对单一变量调控的简单陌生的反应规律探究中变量控制与对比实验的价值	应用实践
							C	分析解释多变量化学反应规律探究活动，说明探究任务、探究过程与探究结论的关系	迁移创新

（续上表）

核心素养	学习主题	学业质量评价指标	学业要求	教材所在位置	实践内容	核心知识或核心活动经验	指标编码	具体学习表现指标	预期学习水平（学习理解、应用实践、迁移创新）
科学探究与实践	主题一：科学探究与实验	N19：能根据实验目的选择必要的试剂、常见的实验仪器和装置，运用实验基本操作技能和条件控制的方法，安全、顺利地实施实验探究方案	主题一：能设计简单的实验方案或实践活动方案	下册第11页	金属与盐酸、稀硫酸的反应	金属的物理性质和某些化学性质	A	能根据实验现象比较不同金属与酸反应的难易程度、剧烈程度	学习理解
							B	分析自变量清楚、因变量观测指标明确、每一步实验操作针对单一变量调控的简单陌生的反应规律探究中变量控制与对比实验的价值	应用实践
							C	分析解释多变量化学反应规律探究活动，说明探究任务、探究过程与探究结论的关系	迁移创新
		N23：能初步运用化学观念解释与化学相关的现象和事实，参与相关的简单的实践活动	主题一：结合物质的组成及变化等相关知识，分析解决真实情境中的简单实验问题	上册第135页	石墨导电实验	基本实验操作	A	知道基本操作的要点及其功能	学习理解
			主题一：结合物质的组成及变化等相关知识，分析解决真实情境中的简单实验问题		钢针的淬火与回火	金属的物理性质和某些化学性质	A	能通过互相刻画等实验手段，比较常见金属和合金的硬度	学习理解

表3-2　学科实践活动学业质量评价指标（2）

核心素养	学习主题	学业质量评价指标	学业要求	教材所在位置	实践内容	核心知识或核心活动经验	指标编码	具体学习表现指标	预期学习水平（学习理解、应用实践、迁移创新）
科学探究与实践	主题二：物质的性质与应用	N4：能从元素与分子视角辨识常见物质，结合实例区分混合物与纯净物、单质与化合物	主题二：能通过实验说明氧气、二氧化碳，以及常见的金属、酸和碱的主要性质，并能用化学方程式表示	上册第31页	空气中氧气含量的测定	空气、氧气	A	能识记空气的组成、氧气的组成和构成	学习理解
							B	能设计空气中氧气含量测定实验的简单变式	应用实践
							C	能利用陌生物质、创新装置进行空气中氧气含量的测定	迁移创新
		N8：能用质量分数表示混合物体系中物质的成分	主题二：能进行溶质质量分数的简单计算，能根据需要配制一定溶质质量分数的溶液	下册第46页	实验9-7三种浓稀不同的硫酸铜溶液	水和溶液	A	能计算溶质的质量分数，建立溶质、溶剂、溶液质量的关联	学习理解
			主题二：能进行溶质质量分数的简单计算，能根据需要配制一定溶质质量分数的溶液	下册第47页	实验9-8配制两种质量分数不同的氯化钠溶液	水和溶液	A	能计算溶质的质量分数，建立溶质、溶剂、溶液质量的关联	学习理解
		N9：能通过溶解度和溶解度曲线描述物质的溶解程度	主题二：能从定性和定量的视角，说明饱和溶液、溶解度和溶质质量分数的含义	下册第30页	实验9-1蔗糖溶解	水和溶液	A	能识记溶液的形成、概念及特点	学习理解
				下册第32页	实验9-3乙醇能溶解在水中				
				下册第37页	实验9-5氯化钠在水中的溶解				
				下册第38页	实验9-6硝酸钾在水中的溶解				

（续上表）

核心素养	学习主题	学业质量评价指标	学业要求	教材所在位置	实践内容	核心知识或核心活动经验	指标编码	具体学习表现指标	预期学习水平（学习理解、应用实践、迁移创新）
科学探究与实践	主题二：物的性质与应用	N10：能利用溶解性的差异进行物质的分离、提纯	主题二：能利用物质的溶解性，设计粗盐提纯、水的净化等物质分离的方案	上册第86页	实验4-1明矾净水	水和溶液	A	能列举常用净水方法：吸附、沉降、过滤和蒸馏	学习理解
				上册第88页	实验4-3制取蒸馏水		A	能列举常用净水方法：吸附、沉降、过滤和蒸馏	学习理解
				上册第130页	实验6-1木炭的吸附作用		A	能列举常用净水方法：吸附、沉降、过滤和蒸馏	学习理解
				下册第56页	粗盐中难溶性杂质的去除		B	根据实验目的设计实验方案，利用过滤或蒸发方法完成难溶性物质分离	应用实践
		N11：感受物质的多样性，体会物质的性质及应用与日常生活、科技发展的密切联系，认识化学科学对解决实际问题的重要意义	主题二：能通过实验说明氧气、二氧化碳，以及常见的金属、酸和碱的主要性质，并能用化学方程式表示	上册第39页	实验2-3硫分别在空气与氧气中燃烧	空气、氧气	A	能识别氧气与铁、磷、硫、碳、汞及氢气等物质发生的反应及现象，能说出氧气的物理性质	学习理解
				上册第40页	实验2-4铁丝在氧气中燃烧	空气、氧气	A		学习理解
				上册第136页	实验6-3二氧化碳的性质	二氧化碳	A	能建立二氧化碳的性质和典型实验的关联	学习理解
				上册第136页	实验6-4二氧化碳的溶解性实验	二氧化碳	A		学习理解
				上册第137页	实验6-5二氧化碳与水反应	二氧化碳	A	能建立二氧化碳的性质和典型实验的关联	学习理解
							B	物质性质探究的近变式活动中，能根据物质性质探究的基本思路方法，补全探究方案	应用实践
				上册第171页	实验7-4甲烷在空气里燃烧	空气、氧气	A	能用实验事实等论证氧气能发生的化学反应	学习理解

（续上表）

核心素养	学习主题	学业质量评价指标	学业要求	教材所在位置	实践内容	核心知识或核心活动经验	指标编码	具体学习表现指标	预期学习水平（学习理解、应用实践、迁移创新）
科学探究与实践	主题二：物质的性质与应用	N11：感受物质的多样性，体会物质的性质及应用与日常生活、科技发展的密切联系，认识化学科学对解决实际问题的重要意义	主题二：能从定性和定量的视角，说明饱和溶液、溶解度和溶质质量分数的含义	下册第34页	乳浊液的形成和乳化现象	水和溶液	A	能识记溶液的形成、概念及特点	学习理解
			主题二：能通过实验说明氧气、二氧化碳，以及常见的金属、酸和碱的主要性质，并能用化学方程式表示	下册第70页	实验10-7试验物质的导电性	水和溶液	B	能基于溶液性质，推断溶液中微粒的分布规律	应用实践
			主题二：能检验溶液的酸碱性	下册第61页	实验10-2 pH和溶液的酸碱性	酸、碱的化学性质	A	能正确使用pH试纸测定溶液的酸碱度	学习理解
							B	能利用酸和碱的性质和反应规律预测酸碱反应的产物	应用实践
			主题二：能检验溶液的酸碱性	下册第62页	实验10-3用pH试纸测定生活中一些物质的pH	常见的酸、碱	A	能建立酸碱指示剂变色与溶液酸碱性的关系，能通过pH判断溶液的酸碱性	学习理解
			主题二：初步预测常见的金属、酸和碱的主要性质，设计实验方案，分析、解释有关的实验现象	下册第81页	实验10-12碳酸钠与澄清石灰水反应	盐	A	能建立盐的化学性质与反应类型的关联	学习理解
							B	能设计实验证明陌生碳酸盐的性质	应用实践
			主题二：能通过实验说明氧气、二氧化碳，以及常见的金属、酸和碱的主要性质，并能用化学方程式表示	下册第60页	实验10-1向溶液中加入酸碱指示剂	酸性、碱性物质的化学性质	A	能根据酸碱指示剂的变色情况判断物质的酸碱性	学习理解

（续上表）

核心素养	学习主题	学业质量评价指标	学业要求	教材所在位置	实践内容	核心知识或核心活动经验	指标编码	具体学习表现指标	预期学习水平（学习理解、应用实践、迁移创新）
科学探究与实践	主题二：物质的性质与应用	N11：感受物质的多样性，体会物质的性质及应用与日常生活、科技发展的密切联系，认识化学科学对解决实际问题的重要意义	主题二：能通过实验说明氧气、二氧化碳，以及常见的金属、酸和碱的主要性质，并能用化学方程式表示	下册第66页	实验10-4盐酸、硫酸的颜色、状态、气味及挥发性	常见的酸、碱	A	能说出盐酸、硫酸、氢氧化钠、氢氧化钙的物理性质及主要用途、腐蚀性及安全使用规定，知道酸碱性对人体健康和农作物生长的影响	学习理解
			主题二：能通过实验说明氧气、二氧化碳，以及常见的金属、酸和碱的主要性质，并能用化学方程式表示	下册第67页	实验10-5浓硫酸的腐蚀性	常见的酸、碱	A	能说出盐酸、硫酸、氢氧化钠、氢氧化钙的物理性质及主要用途、腐蚀性及安全使用规定，知道酸碱性对人体健康和农作物生长的影响	学习理解
			主题二：初步预测常见的金属、酸和碱的主要性质，设计实验方案，分析、解释有关的实验现象	下册第67页	实验10-6浓硫酸的稀释	酸、碱的化学性质	B	能正确进行稀释浓硫酸的操作	应用实践
			主题二：能通过实验说明氧气、二氧化碳，以及常见的金属、酸和碱的主要性质，并能用化学方程式表示	下册第71页	实验10-8氢氧化钠的潮解现象	常见的酸、碱	A	能说出盐酸、硫酸、氢氧化钠、氢氧化钙的物理性质及主要用途、腐蚀性及安全使用规定，知道酸碱性对人体健康和农作物生长的影响	学习理解
			主题二：能通过实验说明氧气、二氧化碳，以及常见的金属、酸和碱的主要性质，并能用化学方程式表示	下册第72页	实验10-9氢氧化钙的性质	常见的酸、碱	A	能说出盐酸、硫酸、氢氧化钠、氢氧化钙的物理性质及主要用途、腐蚀性及安全使用规定，知道酸碱性对人体健康和农作物生长的影响	学习理解

（续上表）

核心素养	学习主题	学业质量评价指标	学业要求	教材所在位置	实践内容	核心知识或核心活动经验	指标编码	具体学习表现指标	预期学习水平（学习理解、应用实践、迁移创新）
科学探究与实践	主题二：物质的性质与应用	N11：感受物质的多样性，体会物质的性质及应用与日常生活、科技发展的密切联系，认识化学科学对解决实际问题的重要意义	主题二：初步预测常见的金属、酸和碱的主要性质，设计实验方案，分析、解释有关的实验现象	下册第74页	实验10-10向氢氧化钠溶液中滴加稀盐酸	常见的酸、碱	A	能用指示剂变色等实验事实推导酸和碱发生了中和反应	学习理解
							B	能利用酸和碱的性质和反应规律预测酸碱反应的产物	应用实践
			主题二：初步预测常见的金属、酸和碱的主要性质，设计实验方案，分析、解释有关的实验现象	下册第80页	实验10-11碳酸钠与稀盐酸反应	盐	A	能概括碳酸盐的通性	学习理解
							B	能设计实验证明陌生碳酸盐的性质	应用实践
			主题二：初步预测常见的金属、酸和碱的主要性质，设计实验方案，分析、解释有关的实验现象	下册第81页	实验10-13复分解反应发生的条件	盐	A	能用复分解反应发生的条件（反应产物）论证典型盐的性质	学习理解
							B	能利用盐的性质推论预测陌生反应	应用实践
							C	能通过探究，系统分析不同盐的性质，并进行选择和评价	迁移创新
			主题二：能通过实验说明氧气、二氧化碳，以及常见的金属、酸和碱的主要性质，并能用化学方程式表示	上册第38页	实验2-1氧气使带火星木条复燃	空气、氧气	B	能设计空气中氧气含量测定实验的简单变式	应用实践
							C	能利用陌生物质、创新装置用于空气中氧气含量的测定	迁移创新
							B	能利用空气、氧气性质设计气体的检验和鉴别方法	应用实践

（续上表）

核心素养	学习主题	学业质量评价指标	学业要求	教材所在位置	实践内容	核心知识或核心活动经验	指标编码	具体学习表现指标	预期学习水平（学习理解、应用实践、迁移创新）
科学探究与实践	主题二：物质的性质与应用	N11：感受物质的多样性，体会物质的性质及应用与日常生活、科技发展的密切联系，认识化学科学对解决实际问题的重要意义	主题二：能通过实验说明氧气、二氧化碳，以及常见的金属、酸和碱的主要性质，并能用化学方程式表示	上册第39页	实验2-3硫分别在空气与氧气中燃烧	空气、氧气	A	能识别氧气与铁、磷、硫、碳、氢气等物质发生的反应及现象，能说出氧气的物理性质	学习理解
			主题二：能通过实验说明氧气、二氧化碳，以及常见的金属、酸和碱的主要性质，并能用化学方程式表示	上册第40页	实验2-4铁丝在氧气中燃烧	空气、氧气	A	能识别氧气与铁、磷、硫、碳、氢气等物质发生的反应及现象，能说出氧气的物理性质	学习理解
			主题二：能通过实验说明氧气、二氧化碳，以及常见的金属、酸和碱的主要性质，并能用化学方程式表示	上册第136页	实验6-3二氧化碳的性质	二氧化碳	A	能建立二氧化碳的性质和典型实验的关联	学习理解
			主题二：能通过实验说明氧气、二氧化碳，以及常见的金属、酸和碱的主要性质，并能用化学方程式表示	上册第136页	实验6-4二氧化碳的溶解性实验	二氧化碳	A	能建立二氧化碳的性质和典型实验的关联	学习理解
			主题二：能通过实验说明氧气、二氧化碳，以及常见的金属、酸和碱的主要性质，并能用化学方程式表示	上册第137页	实验6-5二氧化碳与水反应	二氧化碳	A	能建立二氧化碳的性质和典型实验的关联	学习理解

（续上表）

核心素养	学习主题	学业质量评价指标	学业要求	教材所在位置	实践内容	核心知识或核心活动经验	指标编码	具体学习表现指标	预期学习水平（学习理解、应用实践、迁移创新）
科学探究与实践	主题二：物质的性质与应用	N11：感受物质的多样性，体会物质的性质及应用与日常生活、科技发展的密切联系，认识化学科学对解决实际问题的重要意义	主题二：能从定性和定量的视角，说明饱和溶液、溶解度和溶质质量分数的含义	下册第31页	实验9－2碘和高锰酸钾的溶解性比较	水和溶液	A	能识记溶液的形成、概念及特点	学习理解
		N15：能结合简单的实例说明反应条件对物质变化的影响，初步形成条件控制的意识	主题二：能基于真实问题情境，依据常见物质的性质，初步分析和解决相关的综合问题	上册第179页	粉尘爆炸实验	空气、氧气	B	分析自变量清楚、因变量观测指标明确、每一步实验操作针对单一变量调控的简单陌生的反应规律探究中变量控制与对比实验的价值	应用实践
							B	能用氧气的性质分析解释缓慢氧化、燃烧和爆炸的本质	应用实践
		N18：能根据解决与化学相关的简单问题的需要，运用混合物分离、常见物质制备、物质检验和性质探究等实验探究的一般思路与方法，设计简单的实验探究方案	主题二：初步预测常见的金属、酸和碱的主要性质，设计实验方案，分析、解释有关的实验现象	下册第72页	碱的化学性质	常见的酸、碱	A	能概括盐酸、硫酸共性或氢氧化钠、氢氧化钙共性	学习理解

（续上表）

核心素养	学习主题	学业质量评价指标	学业要求	教材所在位置	实践内容	核心知识或核心活动经验	指标编码	具体学习表现指标	预期学习水平（学习理解、应用实践、迁移创新）
科学探究与实践	主题二：物质的性质与应用	N18：能根据解决与化学相关的简单问题的需要，运用混合物分离、常见物质制备、物质检验和性质探究等实验探究的一般思路与方法，设计简单的实验探究方案	主题二：初步预测常见的金属、酸和碱的主要性质，设计实验方案，分析、解释有关的实验现象	下册第19页	铁钉生锈的条件	金属	A	能通过实验论证金属腐蚀条件	学习理解
							B	分析自变量清楚、因变量观测指标明确、每一步实验操作针对单一变量调控的简单陌生的反应规律探究中变量控制与对比实验的价值	应用实践
							C	能设计实验证明陌生金属的腐蚀条件	迁移创新
			主题二：能检验溶液的酸碱性	下册第65页	自制酸碱指示剂	常见的酸、碱	A	能建立酸碱指示剂变色与溶液酸碱性的关系，能通过pH判断溶液的酸碱性	学习理解
			主题二：初步预测常见的金属、酸和碱的主要性质，设计实验方案，分析、解释有关的实验现象	下册第69页	酸的化学性质	常见的酸、碱	A	能概括盐酸、硫酸共性或氢氧化钠、氢氧化钙共性	学习理解

（续上表）

核心素养	学习主题	学业质量评价指标	学业要求	教材所在位置	实践内容	核心知识或核心活动经验	指标编码	具体学习表现指标	预期学习水平（学习理解、应用实践、迁移创新）
科学探究与实践	主题二：物质的性质与应用	N18：能根据解决与化学相关的简单问题的需要，运用混合物分离、常见物质制备、物质检验和性质探究等实验探究的一般思路与方法，设计简单的实验探究方案	主题二：能利用常见物质的性质，分析、解释一些简单的化学现象和事实	下册第33页	实验9-4溶解时的吸热与放热现象	水和溶液	B	分析自变量清楚、因变量观测指标明确、每一步实验操作针对单一变量调控的简单陌生的反应规律探究中变量控制与对比实验的价值	应用实践
							C	能设计实验证明陌生金属的腐蚀条件	迁移创新
							A	能识记溶液的形成、概念及特点	学习理解
		N19：能根据实验目的选择必要的试剂、常见的实验仪器和装置，运用实验基本操作技能和条件控制的方法，安全、顺利地实施实验探究方案	主题二：能基于真实问题情境，依据常见物质的性质，初步分析和解决相关的综合问题		初步区分常用的氮肥、磷肥和钾肥的方法	盐	B	能用复分解反应的发生条件解释实验事实	应用实践
							C	基于复分解反应设计酸、碱、盐之间的转化实验	迁移创新
							B	能利用盐的性质判断常见物质	应用实践
		N21：运用实验等手段，完成简单的作品制作、社会调查等跨学科实践活动	主题二：能基于真实问题情境，依据常见物质的性质，初步分析和解决相关的综合问题		制作"叶脉书签"	常见的酸、碱	C	能依据酸、碱的性质，创新设计实验，解决实际应用问题	迁移创新

（续上表）

核心素养	学习主题	学业质量评价指标	学业要求	教材所在位置	实践内容	核心知识或核心活动经验	指标编码	具体学习表现指标	预期学习水平（学习理解、应用实践、迁移创新）
科学探究与实践	主题二：物质的性质与应用	N23：能初步运用化学观念解释与化学相关的现象和事实，参与相关的简单的实践活动	主题二：能基于真实问题情境，依据常见物质的性质，初步分析和解决相关的综合问题		自制白糖晶体	水和溶液	A	能识别结晶现象，知道溶液饱和性和溶解度的定义	学习理解
			主题二：能基于真实问题情境，依据常见物质的性质，初步分析和解决相关的综合问题	下册第50页	自制汽水	二氧化碳	B	能利用二氧化碳和其他含碳物质的相互转化，解释生产生活问题	应用实践
			主题二：能基于真实问题情境，依据常见物质的性质，初步分析和解决相关的综合问题		鲜花变色	常见的酸、碱	C	能依据酸、碱的性质，创新设计实验，解决实际应用问题	迁移创新
			主题二：能基于真实问题情境，依据常见物质的性质，初步分析和解决相关的综合问题	上册第108页	水质检测及自制净水器	水和溶液	A	能列举常用净水方法：吸附、沉降、过滤和蒸馏	学习理解
							C	能依据盐的性质，创新实验设计，解决实际应用问题	迁移创新
			主题二：能基于真实问题情境，依据常见物质的性质，初步分析和解决相关的综合问题		推测鸡蛋壳中的物质种类	盐	B	能利用盐的性质验证常见物质	应用实践

表3-3 学科实践活动学业质量评价指标（3）

核心素养	学习主题	学业质量评价指标	学业要求	教材所在位置	实践内容	核心知识或核心活动经验	指标编码	具体学习表现指标	预期学习水平（学习理解、应用实践、迁移创新）
科学探究与实践	主题三：物质的组成与结构	N3：能用分子的观点解释生活中的某些变化或现象	主题三：能基于真实情境，从元素、原子、分子的视角分析有关物质及其变化的简单问题，并作出合理的解释和判断	上册第56页	实验3-1品红在水中扩散	微观粒子（分子、原子及离子）	B	能分析解释简单变式气体制备实验或与气体相关的实验的操作程序和实验现象	应用实践
							C	设计创新装置或实验方案制备气体物质	迁移创新
							A	能用实验事实列举微粒的性质	学习理解
		N19：能根据实验目的选择必要的试剂、常见的实验仪器和装置，运用实验基本操作技能和条件控制的方法，安全、顺利地实施实验探究方案	主题三：能基于真实情境，从元素、原子、分子的视角分析有关物质及其变化的简单问题，并作出合理的解释和判断	上册第58页	分子运动现象	微观粒子（分子、原子及离子）	A	能用实验事实列举微粒的性质	学习理解

表 3 - 4　学科实践活动学业质量评价指标（4）

核心素养	学习主题	学业质量评价指标	学业要求	教材所在位置	实践内容	核心知识或核心活动经验	指标编码	具体学习表现指标	预期学习水平（学习理解、应用实践、迁移创新）
科学探究与实践	主题四：物的变化与化学反应	N11：感受物质的多样性，体会物质的性质及应用与日常生活、科技发展的密切联系，认识化学科学对解决实际问题的重要意义	主题四：能选取实验证据说明质量守恒定律，并阐释其微观本质	上册第113页	实验5-1盐酸与碳酸钠反应及质量的测定	质量守恒定律	A	能结合实验事实论证质量守恒定律	学习理解
			主题四：能基于化学变化中元素种类不变、有新物质生成且伴随着能量变化的特征，从宏观、微观、符号相结合的视角说明物质变化的现象和本质	上册第166页	实验7-1生石灰与水反应	物理变化和化学变化	B	依据物质的物理（化学）性质预测实验或生产生活中的现象等	应用实践
		N14：能依据质量守恒定律，用化学方程式表征简单的化学反应，结合真实情境中物质的转化进行简单计算	主题四：能选取实验证据说明质量守恒定律，并阐释其微观本质	上册第113页	实验5-2镁条燃烧前质量的测定	质量守恒定律	A	能结合实验事实论证质量守恒定律	学习理解
				上册第110页	化学反应前后物质的质量关系	质量守恒定律	A	能基于实验数据分析概括化学反应前后物质总质量关系，并能对某一具体的化学反应进行描述	学习理解
		N15：能结合简单的实例说明反应条件对物质变化的影响，初步形成条件控制的意识	主题四：能运用变量控制思想设计燃烧条件等实验探究方案	上册第159页	燃烧的条件	燃烧的条件	A	能论证燃烧条件探究活动中的变量控制、自变量调节、对比实验设计、实验现象与实验结论的关系	学习理解
							B	分析自变量清楚、因变量观测指标明确、每一步实验操作针对单一变量调控的简单陌生的反应规律探究中变量控制与对比实验的价值	应用实践

（续上表）

核心素养	学习主题	学业质量评价指标	学业要求	教材所在位置	实践内容	核心知识或核心活动经验	指标编码	具体学习表现指标	预期学习水平（学习理解、应用实践、迁移创新）
科学探究与实践	主题四：物质的变化与化学反应	N18：能根据解决与化学相关的简单问题的需要，运用混合物分离、常见物质制备、物质检验和性质探究等实验探究的一般思路与方法，设计简单的实验探究方案	主题四：能辨别常见的化合反应、分解反应、置换反应和复分解反应	下册第81页	实验10-13 某些酸、碱、盐之间是否发生反应	化学反应基本类型	A	用实验事实说明论证复分解反应发生条件	学习理解
							B	能用复分解反应的发生条件解释实验事实	应用实践
							C	基于复分解反应设计酸、碱、盐之间的转化	迁移创新
		N19：能根据实验目的选择必要的试剂、常见的实验仪器和装置，运用实验基本操作技能和条件控制的方法，安全、顺利地实施实验探究方案	主题四：能选取实验证据说明质量守恒定律，并阐释其微观本质	上册第8页	实验1-1 化学变化和物理变化	物理变化和化学变化	A	能辨识典型的物理变化和化学变化	学习理解
		N23：能初步运用化学观念解释与化学相关的现象和事实，参与相关的简单的实践活动	主题四：能举例说明化学变化在自然界和生产生活中的重要应用价值	上册第135页	生成炭黑的实验	燃烧的条件	B	基于燃烧的条件分析解释实际或实验现象	应用实践

表 3 - 5 学科实践活动学业质量评价指标 (5)

核心素养	学习主题	学业质量评价指标	学业要求	教材所在位置	实践内容	核心知识或核心活动经验	指标编码	具体学习表现指标	预期学习水平（学习理解、应用实践、迁移创新）
科学探究与实践	主题五：化学与社会·跨学科实践	N24：能将化学知识与生产生活实际相结合，主动关注有关空气和水资源保护、资源回收再利用、健康安全、化学品妥善保存与合理使用等实际问题，并参与讨论	主题五：能列举生活中常见的能源和资源、金属材料和有机合成材料及其应用		比较塑料、铁片、木片在潮湿土壤中的变化	环境	A	建立环境问题与物质性质的关联（例如：土壤重金属污染——重金属有毒；白色污染——塑料难降解等）	学习理解
					比较分析保鲜膜保鲜的原因	材料	B	分析解释材料性能、使用等方面的具体问题	应用实践

以上指标的制定结合了 2011 年人教版九年级《化学》教材，通过对应的指标数量，我们可以发现现有教材的学科实践着重在科学探究与化学实验及物质的组成与结构这两方面，而涉及跨学科实践的则比较少。为此，在新课标推行的当下，除了学科实践外，我们需要更多地推行跨学科实践，推广并创建一个多样化、开放的学习氛围，使学生能将化学知识与其他领域的知识相互连接，以促进他们全面而深入地理解和掌握化学。同时，频繁的跨学科实践活动，可以培养学生的创新思维、问题解决和团队合作能力，提高他们的综合素质，为他们的未来学习和职业生涯打下坚实的基础。

二、初中化学实验操作评价指标系统

（一）初中化学实验操作评价现状

化学实验能真实、有效、及时地获得学生多方面的信息，为全面评价学生提供实践途径。化学实验评价需要定性评价与定量评价、纸笔测试和活动表现评价等多种评价方法相结合。实验教学评价调查结果见表 3 - 6。

表3-6　实验教学评价调查结果

问题	选项			
	A	B	C	D
通过化学实验教学，您认为化学实验教学目标能否实现？	完全实现 12.5%	基本实现 80.3%	未能实现 4.7%	说不清楚 2.5%
您通常采取哪些方法来提高学生的化学实验成绩？	多讲实验 10.3%	多做实验 50.8%	多做练习题 25.0%	其他 13.9%
在学期末，您对学生化学实验成绩如何进行评价？	以期末考试分数为准	以考试为主，综合考虑学生平时测验分数	实验操作考查	综合考虑学生各次考试分数和实验表现
学校对您的实验教学工作的评价主要侧重于哪方面？	主要看学生考试成绩和竞赛获奖情况	重点看学生实验开课情况	综合考虑各种情况	不清楚
纸笔考试涉及的实验内容能否考查学生的科学探究能力？	能够 50.83%	不能，原因是_____ 49.17%		

　　化学实验评价是以化学实验教学目标为依据，对教学进行全面检查，并予以价值上的判断。教师对通过化学实验提高学生科学素养给予肯定，认为经过化学实验教学，基本能够实现化学实验教学目标。目前，初中化学教学评价以考试为主，学生学业评价以纸笔考试为主。纸笔考试有简单、节省时间的特点。实验设计和动手操作考试很少，或流于形式；考试内容或是根据教材中的探究活动设计评价试题，或只涉及实验仪器、步骤、现象、结果等实验知识要点，大部分考题将探究能力等同于某一技能名称或探究程序的描述或识别，学生只需回忆即可作答。教师为了提高学生化学实验成绩，甚至以"讲实验"代替学生"做实验"。这种考查，使得学生对科学方法技能的记忆重于科学思维方法的应用，该评价思想不仅不能实现新课程评价的改革目标，而且给教师教学和学生学习带来了很大的负面影响，造成学生做与不做实验成绩差不多的局面，出现"做实验不如讲实验"的现象也就不足为怪了。

　　化学是一门实验科学，化学课程肩负着培养和提升学生科学素养的任务，没有实验就谈不上对化学概念的建立和化学原理的探索。初中化学教学必须开展行之有效的实验教学，让学生学会赏析、学会批判、学会思考。建立科学评价机制，使评价可以让教育管理部门和学校加强对实验教学资源的建设和管理，使学校的实验室条件、实验仪器设备、实验材料、实验经费等实验教学的硬件条件得到改善，同时加强师资的配备和培训，加强实验教学"软件工程"建设，切实提高实验教学效益。建立科学的教学评价标准，改变以考试成绩作为评价教师工作的主要依据的做法，科学评价教师的教学，充分调动教师实验教学的内在动力，全面落实新课标的目标。

（二）PTA 量表法应用于评价实验操作

我国的部分学者已经开始尝试多种实验评价形式，其中最常用的是 PTA 量表法。PTA 量表法是英文 Primary Trait Analysis 的缩写，意思是：基本要素分析。它是美国教师沃尔弗德等人倡导的对学生作业，尤其是开放性作业的评分工具。PTA 量表法有助于建立一个清晰而明确的实验操作评分标准，有利于教师向学生讲解学习任务的具体目标和评价标准，有益于同伴之间的互评和互助，学生在目标的引导下能更有效地进行自主学习。在实验评估中的应用，有助于确保评估流程的统一性和公正性，节省评定时间，并为评价机构或单位提供参考准则。经查阅，将 PTA 量表法应用于初中化学实验教学评价的文献有13 篇（截至 2021 年）。

实验教学评价主要是通过实验来评价学生的知识掌握程度、技能获得和能力发展等情况。评价的目标不仅是公正客观地区分不同学生完成的实验的质量差异，更关键的是推动学生的成长和发展，鼓励学生重视对自身知识技能的锻炼。采用 PTA 量表法评估初中生在化学实验中的表现具有可操作性，能为教师和学生提供有用的反馈信息。教师可以准确地识别学生在特定方面的优势和弱点，并能全面了解学生的发展状况，以实现更高效的实验教学，同时使评估过程更加可信和公正。因此开展相关的研究，探索出符合大规模初中化学实验考试的指导理论，非常有必要。

（三）PTA 量表法确定初中化学实验操作基本要素

根据可见的学习理论，结合核心素养、学业质量对实践学习进行分析，通过 PTA 量表法对每项实验的基本要素进行量化分析，使实验评价具有可视性。制定 PTA 量表主要分为三个步骤。首先，确定评价过程中的重要基本要素。选择这些要素并非易事，需以学生的实验过程为参照，思考可能需要评价的方面。同时，增加教师间的交流与讨论，这对要素的确定大有裨益。其次，初步构建评估每个基本要素的量表。各要素通常被编制成包含各种水平的量表，并尽可能精确详细地用描述性语言说明每个表现水平。此外，教师还需依据每个单独要素的重要性赋予其恰当的权重。最后，运用量表并根据需要和必要性进行多次修改和调整，直到量表符合评分者需要达成一致的特定准则。PTA 量表法可以应用于评价学生的任何一个或是几个方面的总体表现。

　　化学实验评价的六个基本要素，即实验态度、实验仪器及药品、实验操作、实验安全与卫生、实验报告以及实验思考。如何对这些实验评价要素进行整合，充分考核学生的实验能力？根据初中生的具体执行水平及教师的意见，从化学实验评价的六个基本要素中选取实验仪器及药品、实验操作、实验安全与卫生三个要素设计 PTA 量表。根据各要素在实验评价中的重要性，给予各要素不同的权重，设定初步的等级评价标准和各级别的分数。教师可以依据量表上明确的级别评分标准，对学生在化学实验中的表现打分，从而掌握学生在每个要素上的得分状况。实验仪器及药品指的是学生对实验中使用的仪器和药品的理解，教师可以从仪器和药品的选择、仪器的使用、药品的用量等方面来描述这个要素。实验操作主要针对学生的实验执行阶段，制定该要素时，教师可以参考新课程标准。以实验步骤为中心进行分析，特别是要重点考虑那些在实验过程中容易被学生漏掉或出错但又非常关键的操作步骤。实验安全与卫生是指学生在实验过程中形成的防止事故发生、确保自己和他人安全的内在意识，这可以通过外部行为来展示。教师可以从规范操作实验仪器、药品的取用和清理、废液的处理等方面来定义这个要素。

（四）初中化学实验操作 PTA 量表的制定

　　结合上述实验仪器及药品、实验操作、实验安全与卫生三个实验基本要素，可以得知实验操作技能是核心内容，也符合实验操作可见的目标。所以，初中化学实验操作 PTA 量表（如表 3 - 7）是以实验基本操作为标准开发的，可以给教材中每个实验都制定详细的实验操作 PTA 量表。而每个实验活动的 PTA 量表，可根据实验活动内容，抽取需要的实验操作 PTA 量表进行整合而制定。

表 3 - 7 初中化学实验操作 PTA 量表

（一）固体药品的取用 PTA 量表				
一级要素	二级要素	水平	权重/分	评分
固体药品的取用	块状固体取用过程	清点、检查实验用品：试管、镊子	1	
		用镊子夹取	1	
		放入平放的试管	1	
		再将试管慢慢直立，使块状物轻轻滑落至底部	1	
	粉末状固体取用过程	清点、检查实验用品：试管、药匙（或纸槽）	1	
		先使试管倾斜	1	
		把盛有药品的药匙（或纸槽）送入试管底部	1	
		慢慢竖立试管，取出药匙（或纸槽）	1	
总分				

（二）液体药品的取用 PTA 量表				
一级要素	二级要素	水平	权重/分	评分
液体药品的取用	较少量液体取用方法	清点、检查实验用品：试管、胶头滴管、烧杯、水、待取液	1	
		用烧杯装 2/3 容积的水，放入干净的胶头滴管备用	1	
		打开盛放待取液的细口瓶，瓶盖倒放	1	
		正确握持滴管（用中指和无名指夹住玻璃管部分以保持稳定，用拇指和食指挤压胶头以控制试剂的吸入或滴加量），先挤出滴管中的空气，后吸取待测液	1	
		将胶头滴管垂直悬于试管上方，用拇指和食指挤压胶头滴加液体，注意胶头滴管不能接触容器，更不能伸入容器	1	
		滴完之后，胶头滴管不能倒置，也不能平放于桌面上，要立即用水洗净（多次吸水并挤到指定容器）	1	

（续上表）

（二）液体药品的取用 PTA 量表				
一级要素	二级要素	水平	权重/分	评分
液体药品的取用	大量液体取用方法	清点、检查实验用品：试管、待取液	1	
		用倾倒法，打开待取液的试剂瓶，瓶塞倒放	1	
		手握试剂瓶，标签对着手心	1	
		将试剂瓶口与试管口紧挨，缓慢倾倒液体	1	
		及时盖好试剂瓶塞放回原位，标签向外	1	
	取用一定量的液体药品	清点、检查实验用品：试管、胶头滴管、量筒、待取液	1	
		量筒应放平	1	
		先向量筒内倾倒液体，至接近所需刻度时，停止倾倒	1	
		改用胶头滴管滴加液体至所需刻度线	1	
		读数时，视线应与量筒内液体凹液面的最低处保持水平	1	
		将所取液体倒入指定容器如试管备用，及时清洗量筒	1	
总分				

（三）物质的加热 PTA 量表				
一级要素	二级要素	水平	权重/分	评分
物质的加热	固体的加热	清点、检查实验用品：试管、试管夹、酒精灯、火柴、待加热固体药品	1	
		按要求取固体于试管中	1	
		加热前，先把试管外壁的水擦干	1	

（续上表）

（三）物质的加热 PTA 量表				
一级要素	二级要素	水平	权重/分	评分
物质的加热	固体的加热	将试管夹从试管底部往上套，夹在试管的中上部	1	
		试管口要略向下倾斜	1	
		试管口不要对着自己或他人	1	
		手握试管夹的长柄部分，先给试管预热	1	
		受热均匀后再固定在药品部位加热	1	
		加热后的试管，不能立即接触冷水或用冷水冲洗，要放在试管架上冷却后再清洗	1	
	液体的加热	清点、检查实验用品：试管、试管夹、酒精灯、火柴、待加热药品	1	
		按要求取液体于试管中	1	
		加热前，先把玻璃容器外壁的水擦干	1	
		试管内液体的体积不超过试管容积的 1/3	1	
		将试管夹从试管底部往上套，夹在试管的中上部	1	
		试管要与桌面成 45°	1	
		手握试管夹的长柄部分，先给试管预热	1	
		试管口不要对着自己或他人	1	
		加热后的试管，不能立即接触冷水或用冷水冲洗，要放在试管架上冷却后再清洗	1	
总分				

（续上表）

（四）仪器的洗涤和干燥 PTA 量表				
一级要素	二级要素	水平	权重/分	评分
仪器的洗涤和干燥	检查实验仪器及药品	清点、检查实验用品：试管刷、待清洗仪器	1	
	仪器清洗过程	倒净仪器内的废液	1	
		注入半容器水，振荡，倒掉	1	
		再注入半容器水，振荡，倒掉，重复几次	1	
		如果还不干净，改用试管刷刷洗	1	
		将试管刷慢慢转动或上下移动进行刷洗，不能用力过猛，以防损坏仪器	1	
		仪器内壁附着的水既不聚成水滴，也不成股流下，即洗干净	1	
		将洗净的仪器倒放在指定地方，干燥	1	
总分				
（五）简单仪器的连接与装置的气密性检查 PTA 量表				
一级要素	二级要素	水平	权重/分	评分
简单仪器的连接与装置的气密性检查	检查实验仪器及药品	清点、检查实验用品：试管、玻璃导管若干、橡胶塞、橡胶管、烧杯、水	1	
	仪器连接过程	用烧杯装 2/3 容积的自来水，备用	1	
		把玻璃管插入带孔橡胶塞（先把玻璃管口用水润湿，然后对准橡胶塞的孔稍稍用力转动，将其插入）	1	
		连接玻璃管和橡胶管（先把玻璃管口用水润湿，然后稍稍用力即可把玻璃管插入橡胶管）	1	
		在试管口塞橡胶塞（慢慢转动橡胶塞，将其塞进试管口）	1	

（续上表）

（五）简单仪器的连接与装置的气密性检查 PTA 量表				
一级要素	二级要素	水平	权重/分	评分
简单仪器的连接与装置的气密性检查	装置的气密性检查	把连接好的装置的导管一端插入装有水的烧杯中	1	
		用双手紧握试管	1	
		观察水中的导管口有气泡冒出	1	
		待不再冒出气泡时放开手，继续观察	1	
		导管内形成一段水柱，说明装置不漏气	1	
		如果上述操作都没有明显现象，仔细找出原因，按正确操作重新再做一次	1	
		把烧杯的废液倒入指定容器，清洗烧杯，放回原处	1	
总分				

（六）pH 试纸的使用 PTA 量表				
一级要素	二级要素	水平	权重/分	评分
pH试纸的使用	检查实验仪器及药品	清点、检查实验用品：pH 试纸和比色卡、玻璃棒、烧杯若干、白瓷板或玻璃片、纯净水、待测液	1	
	pH 试纸的使用过程	用烧杯装 2/3 容积的自来水，备用	1	
		在白瓷板或玻璃片上放一小片 pH 试纸	1	
		用干燥洁净的玻璃棒蘸取待测液滴到 pH 试纸上	1	
		将试纸显示颜色与标准比色卡对比	1	
		读出该溶液的 pH 值	1	
		用烧杯里的自来水清洗玻璃棒，放回原处	1	
总分				

（续上表）

		（七）过滤 PTA 量表		
一级要素	二级要素	水平	权重/分	评分
实验操作	检查实验仪器及药品	清点、检查实验用品：铁架台、玻璃棒、烧杯、漏斗、待过滤液	1	
	制作过滤器	根据漏斗大小选择合适的滤纸	1	
		将滤纸对折，再对折	1	
		打开，一面一层，一面三层，成漏斗状；把滤纸尖朝下放入漏斗中，注意三层的一边与漏斗出口斜嘴短的一边对齐	1	
		用胶头滴管取水，润湿全部滤纸，滴管放回原位	1	
		用玻璃棒赶气泡，使滤纸与漏斗相贴合	1	
	过滤	在带有铁圈的铁架台上放一个洁净干燥的烧杯	1	
		根据烧杯高度调节铁圈高度，重新固定	1	
		把漏斗放在铁圈上，注意将漏斗出口斜嘴长的一侧贴紧烧杯内壁	1	
		玻璃棒轻轻靠在三层滤纸上	1	
		将盛有过滤液的烧杯移到漏斗上方，使杯嘴贴着玻璃棒，慢慢将烧杯倾斜，将上层清液慢慢沿玻璃棒倒入漏斗中	1	
		倾入的待过滤液的量一般只高至滤纸的 2/3，或低于滤纸上边缘约 5mm	1	
		停止倾倒时，沿玻璃棒将烧杯嘴向上提起，逐渐使烧杯直立，保持玻璃棒位置不动，此时不能让杯嘴离开玻璃棒，也不要沿杯嘴抽回玻璃棒，待最后一滴液体顺着玻璃棒流下后，将玻璃棒小心提起，放回原烧杯中	1	
		过滤后，检查滤液是否透明，如浑浊，先检查原因，并将第一次的滤液再重新过滤	1	
实验安全与卫生	清洗仪器，整理台面	把仪器洗干净，按原摆放顺序放好，并整理桌面，清洗抹布	1	
总分				

（续上表）

<table>
<tr><th colspan="5">（八）蒸发 PTA 量表</th></tr>
<tr><th>一级
要素</th><th>二级要素</th><th>水平</th><th>权重
/分</th><th>评分</th></tr>
<tr><td rowspan="9">实验操作</td><td>检查实验仪器及药品</td><td>清点、检查实验用品：酒精灯、蒸发皿、玻璃棒、铁架台、坩埚钳、石棉网、食盐水</td><td>1</td><td></td></tr>
<tr><td rowspan="3">组装装置</td><td>选取带铁圈的铁架台</td><td>1</td><td></td></tr>
<tr><td>将酒精灯放在铁架台台面上，根据酒精灯的高度，调整铁圈位置</td><td>1</td><td></td></tr>
<tr><td>把蒸发皿放在铁圈上，将食盐水倒入蒸发皿中，不能超过容积的2/3</td><td>1</td><td></td></tr>
<tr><td rowspan="5">蒸发浓缩</td><td>点燃酒精灯，用外焰对准蒸发皿进行加热</td><td>1</td><td></td></tr>
<tr><td>加热时使用玻璃棒不断搅拌</td><td>1</td><td></td></tr>
<tr><td>当析出较多晶体时，使用灯帽盖灭酒精灯，轻提一下，重新盖好灯帽</td><td>1</td><td></td></tr>
<tr><td>用坩埚钳夹住蒸发皿尖嘴对面（不能夹尖嘴），将蒸发皿放到石棉网上</td><td>1</td><td></td></tr>
<tr><td>将坩埚钳也放到石棉网上，坩埚钳尖朝上</td><td>1</td><td></td></tr>
<tr><td>实验安全与卫生</td><td>清洗仪器，整理台面</td><td>待蒸发皿冷却后，清洗仪器，按原摆放顺序放好，并整理桌面，清洗抹布</td><td>1</td><td></td></tr>
<tr><td colspan="2">总分</td><td></td><td></td><td></td></tr>
</table>

（续上表）

(九) 结晶 PTA 量表				
一级要素	二级要素	水平	权重/分	评分
实验操作	检查实验仪器及药品	清点、检查实验用品：酒精灯、蒸发皿、玻璃棒、铁架台（带铁圈）、坩埚钳、石棉网、待结晶的饱和溶液（饱和食盐水）	1	
	组装装置	选取带铁圈的铁架台	1	
		将酒精灯放在铁架台台面上，根据酒精灯的高度，调整铁圈位置	1	
		把蒸发皿放在铁圈上	1	
		将饱和食盐水倒入蒸发皿中，不能超过容积的2/3	1	
	蒸发结晶	点燃酒精灯，用外焰对准蒸发皿进行加热	1	
		加热时使用玻璃棒不断搅拌	1	
		当析出较多晶体时，使用灯帽盖灭酒精灯，轻提一下，重新盖好灯帽	1	
		继续搅拌直至晶体全部析出	1	
		用坩埚钳夹住蒸发皿尖嘴对面（不能夹尖嘴），将蒸发皿放到石棉网上	1	
		将坩埚钳也一起放到石棉网上，坩埚钳尖朝上	1	
		观察蒸发后析出的晶体	1	
实验安全与卫生	清洗仪器，整理台面	待蒸发皿冷却后，清洗仪器，按原摆放顺序放好，并整理桌面，清洗抹布	1	
总分				

（续上表）

（十）蒸馏 PTA 量表				
一级要素	二级要素	水平	权重/分	评分
蒸馏	实验室常用的蒸馏装置	清点、检查实验用品：铁架台、酒精灯、蒸馏烧瓶、冷凝管、锥形瓶、牛角管、温度计（带橡胶塞）、石棉网、自来水、碎瓷片	1	
		从下至上调节好蒸馏烧瓶高度	1	
		从左到右组装冷凝管仪器以及锥形瓶	1	
		在蒸馏烧瓶里加入自来水（大于烧瓶容积的 1/3，小于 2/3）	1	
		再加入一些碎瓷片，然后用插有温度计的橡胶塞塞紧（注意温度计水银球在蒸馏烧瓶支管的位置），给蒸馏烧瓶加热	1	
		冷凝管下端口进水，上端口出水	1	
		当水温达到约 100℃ 时，水沸腾，水蒸气经过冷凝管冷凝后，收集在锥形瓶中	1	
		把仪器洗干净，按原摆放顺序放好，并整理桌面，清洗抹布	1	
	简易装置	清点、检查实验用品：铁架台、酒精灯、蒸馏烧瓶、烧杯、试管、长导管、升降台、温度计（带橡胶塞）、石棉网、自来水、碎瓷片、火柴	1	
		从下至上调节好蒸馏烧瓶高度	1	
		从左到右组装导管、试管以及烧杯	1	
		铁圈上方放入石棉网	1	
		取下酒精灯灯帽，正放在桌面，用火柴点燃酒精灯，用过的火柴放在指定容器中	1	
		在蒸馏烧瓶里加入自来水至烧瓶容积的 1/3 左右	1	
		加入一些碎瓷片，然后用插有温度计的橡胶塞塞紧，给蒸馏烧瓶加热	1	
		当水温达到约 100℃ 时，水沸腾，水蒸气经过长导管冷凝后，收集在试管中	1	
		熄灭酒精灯，轻提灯帽，并重新盖好	1	
		把仪器洗干净，按原摆放顺序放好，并整理桌面，清洗抹布	1	
总分				

（续上表）

一级要素	二级要素	水平	权重/分	评分
失火的处理	碰翻燃着的酒精灯，酒精泼洒在桌面上着火	用湿抹布、石棉布或沙子盖灭	1	
		用灭火器扑灭	1	
	衣服着火	立即用湿布或石棉布盖灭	1	
		衣服的燃烧面积较大时，可躺在地上打滚使火熄灭	1	
	白磷失火	立即用沙土盖灭	1	
		用灭火器扑灭	1	
	电器失火	切断电源	1	
		使用二氧化碳灭火	1	
被强酸、强碱腐蚀的处理	被强酸腐蚀	立即用大量水冲洗	1	
		用3%～5%的碳酸氢钠溶液冲洗	1	
		再用水冲洗	1	
		涂抹可的松软膏或紫草油软膏及硫酸镁糊剂	1	
	被强碱腐蚀	立即用大量水冲洗	1	
		再用1%～2%醋酸溶液或1%～2%硼酸溶液冲洗	1	
		再用水冲洗	1	
		涂抹硼酸软膏	1	
	酸或碱溶液溅进眼睛	用手翻开眼睑	1	
		立即用水冲洗眼睛	1	
		必要时到医院接受治疗	1	
	生石灰弄进眼睛	用手翻开眼睑	1	
		用棉签清除残留的生石灰颗粒	1	
		再用大量的水冲洗	1	
		必要时到医院接受治疗	1	

表头：（十一）常见意外事故处理 PTA 量表

（续上表）

（十一）常见意外事故处理 PTA 量表				
一级要素	二级要素	水平	权重/分	评分
中毒的处理	吸入有毒气体	立即离开实验室	1	
		解开衣领和纽扣	1	
		转移到空气新鲜的地方	1	
		必要时送医院接受治疗	1	
	误吞毒物	先给中毒者服用催吐剂（如肥皂水、牛奶、鸡蛋白等）	1	
		用手指伸入喉部促使呕吐	1	
		必要时送医院接受治疗	1	
	有毒物质落在皮肤上	先用布轻轻擦掉毒物	1	
		再用大量的水冲洗	1	
割伤的处理	伤势较轻的情况下	及时挤出污血	1	
		伤口有玻璃碎屑的，先用消过毒的镊子取出玻璃碎屑	1	
		无玻璃碎屑的，用蒸馏水洗净伤口	1	
		在伤口上搽红药水或龙胆紫药水，再用创可贴或纱布包扎	1	
	伤势较重的情况下	先用绷带扎紧伤口上部，使伤口停止流血，再送医院治疗	1	
烫伤、烧伤的处理	一般烫伤	立即用大量的水冲淋或浸泡烫伤处 15～30 分钟，以降温止痛	1	
		适当涂抹烫伤膏	1	
		若起水泡，不宜挑破	1	
		伤势严重的，用消毒纱布包扎后送医院治疗	1	
	被磷灼伤	迅速清除残留的磷	1	
		用水清洗创面	1	
		用 2%～5% 的碳酸氢钠溶液冲洗或浸泡	1	
		用 1% 硫酸铜溶液轻涂患处	1	
		用 0.1% 高锰酸钾溶液湿敷伤处，再进行包扎	1	

（续上表）

（十一）常见意外事故处理 PTA 量表				
一级要素	二级要素	水平	权重/分	评分
触电的处理		关闭电源	1	
		用有绝缘性能的物件（如干木棍）挑开电线，使触电者脱离带电体	1	
		把触电者迅速转移到安全的地方，解开衣物，进行适当的急救措施；必要时送医院救治	1	
总分				

　　初中化学学科实践活动学业质量评价指标及初中化学实验操作 PTA 量表的制定，给教学提供了很强的导向性。教师在开展学科实践或者跨学科实践教学时，可以根据学习内容的需要，从指标系统内抽取个体指标进行组合，形成实践教学评价指标，使评价为导向的教学目标变得更清晰。在教师需要开展实验操作评价时，PTA 量表给予了清晰的指引，教师只需要根据要求进行准确和有效的评价即可。这样不仅可以帮助教师更好地评估学生实际操作能力，而且有助于引导学生提高实践技能和科学素养，并鼓励他们积极参与和深入探索。

第二节　初中化学学科实践学习具体表现指标应用案例

一、学科实践活动学业质量评价指标应用案例

　　学科实践活动学业质量评价指标系统，对学生应该学会什么，教师为什么教，有了一个比较明确的方向和指引。以新课标的学习主题 5 "化学与社会·跨学科实践"为例，我们可以通过对学习主题 5 的学习内容、学业质量、学业要求进行分析，形成学业质量评价指标，从而为我们开展跨学科实践活动指明方向，跨学科实践活动——"基于特定需求设计和制作简易供氧器"目标分析框架如表 3-8 所示：

表 3 – 8 "基于特定需求设计和制作简易供氧器" 目标分析框架

核心素养	学业质量评价指标	学业要求	学习主题	实践类型	教材所在位置	实践内容	核心知识或核心活动经验	指标编码	具体学习表现指标	预期学习水平
科学探究与实践	N11：感受物质的多样性，体会物质的性质及应用与日常生活、科技发展的密切联系，认识化学科学对解决实际问题的重要意义	主题二：能通过实验说明氧气、二氧化碳，以及常见的金属、酸和碱的主要性质，并能用化学方程式表示	物质的性质与应用	基础实验	上册第38页	实验2－1氧气使带火星木条复燃	空气、氧气	B	能利用空气、氧气性质设计气体的检验和鉴别方法	应用实践
	N18：能根据解决与化学相关的需要，运用混合物分离、常见物质制备、物质检验和性质探究等实验探究的一般思路与方法，设计简单的实验探究方案	主题一：能设计简单的实验方案或实践活动方案	科学探究与化学实验	基础实验	上册第43页	实验2－5高锰酸钾分解制取氧气	氧气的实验室制取及性质	A	记得实验室可以用加热高锰酸钾的方式制备氧气	学习理解
								B	能分析解释简单变式气体制备实验或与气体相关的实验的操作程序和实验现象	应用实践
								C	设计创新装置或实验方案制备气体物质	迁移创新
	N18：能根据解决与化学相关的需要，运用混合物分离、常见物质制备、物质检验和性质探究等实验探究的一般思路与方法，设计简单的实验探究方案	主题一：能设计简单的实验方案或实践活动方案	科学探究与化学实验	探究实验	上册第45页	过氧化氢分解制取氧气的反应中二氧化锰的作用	氧气的实验室制取及性质	A	能说明用过氧化氢制取氧气时二氧化锰是催化剂的证据	学习理解
								B	能对观察和记录的实验现象和数据进行处理	应用实践
	N21：运用实验等手段，完成简单的作品制作、社会调查等跨学科实践活动	主题五：在跨学科实践活动中，能综合运用化学、技术、工程及跨学科知识，秉承可持续发展观，设计、评估解决实际问题的方案，制作项目作品，并进行改进和优化，体现创新意识	化学与社会·跨学科实践	跨学科实践活动		基于鱼缸供氧原理，从生活材料中选择合适品设计简易制氧机	氧气的实验室制取及性质	C	能应用鱼缸供氧原理，从生活材料中选择合适用品设计简易制氧机	迁移创新

二、初中化学实验操作 PTA 量表指标应用案例

具备明确的基本实验操作 PTA 量表后，对实践活动的操作评估将变得非常明晰。可以根据三个基本要素制定包含各种级别的量表，并尽可能用精确详细的描述性语言阐释每一个表现层次，且基于明确的表现水平建立一个清晰而明确的实验评分标准，降低评价难度、节约评价时间，使评价更加公平、可靠；确定基本要素下细化的每一个表现水平，并直接赋予权重。下面以实验室用高锰酸钾制取氧气的 PTA 量表为例（如表 3 - 9）：

表 3 - 9　实验室用高锰酸钾制取氧气的 PTA 量表

一级要素	二级要素	水平	权重/分	评分
实验操作	检查实验仪器及药品	清点、检查实验用品：试管、铁架台（含铁夹）、试管架、导管、橡胶塞、橡胶管、酒精灯、集气瓶、玻璃片、水槽、药匙、烧杯、棉花、高锰酸钾	1	
	连接仪器	用烧杯装 2/3 容积的自来水，备用	1	
		把玻璃管插入带孔橡胶塞	1	
		连接玻璃管和橡胶管	1	
		在试管口塞橡胶塞（慢慢转动橡胶塞，将其塞进试管口）	1	
	检查气密性	把连接好的装置的导管一端插入装有水的烧杯中	1	
		用双手紧握试管，观察水中的导管口有气泡冒出	1	
		待不再冒出气泡时放开手，继续观察导管内形成一段水柱，确认装置不漏气	1	
		如果上述操作都没有明显现象，仔细找出原因，按正确操作重新再做一次	1	
		把烧杯的废液倒入指定容器，清洗烧杯，放回原处	1	

（续上表）

一级要素	二级要素	水平	权重/分	评分
实验操作	取高锰酸钾	打开盛有高锰酸钾的试剂瓶，瓶塞倒放	1	
		先使试管倾斜，把盛有高锰酸钾的药匙（或纸槽）送入试管底部	1	
		慢慢竖立试管，取出药匙（或纸槽）	1	
		及时盖好试剂瓶塞放回原位，标签向外	1	
		在试管口塞一团棉花	1	
	固定装置	选取带有铁夹的铁架台	1	
		调整旋钮，把试管底部从铁夹套入至离试管口 1/3 处，固定	1	
		调整旋钮，使试管口略向下倾斜	1	
		调整旋钮，根据酒精灯高度确定装置高度，固定	1	
		转动橡胶塞塞紧试管口	1	
		先将水槽装入 2/3 容积的自来水，调整铁架台和水槽间的距离	1	
		集气瓶盛满水，并用玻璃片毛面盖住瓶口，然后把盛满水的集气瓶连同玻璃片一起倒立在盛水的水槽内	1	
	加热	取下灯帽，正放在桌面上	1	
		点燃酒精灯，用外焰对试管进行预热，再对准药品加热	1	
	收集	先将导管伸入水槽中，待有连续均匀气泡冒出时，收集	1	
		当集气瓶里的水排完后，将导管移开，在水下用玻璃片毛面盖好瓶口，移出水槽，正放在桌面上	1	
		将导管从水槽中移出，用灯帽盖灭酒精灯，轻提一下灯帽，再重新盖好	1	

（续上表）

一级要素	二级要素	水平	权重/分	评分
实验安全与卫生	清洗仪器、整理台面	待试管冷却后，松开铁夹的旋钮，取出试管，先用镊子夹出棉花，再将试管内剩余物倒入指定容器	1	
		清洗仪器，按原摆放顺序放好，并整理台面，清洗抹布	1	
总分				

第四章 重构学习主题内容，
构建可见的实践学习内容分析框架

第一节 初中化学学科实践学习内容体系分析框架

实践育人的学习内容重构原则是凸显学科实践，强调学科思维和实践方式的分析与应用，从学习内容的选择、组织与呈现方式进行重构。学科立场与跨学科立场是科学发展的两种不同话语体系，对任何一个学科的考察都必须置于这两种话语体系之中。学科立场是科学进步的现代性要求，具有知识分类的功能。跨学科立场是科学发展的内在诉求，并在信息化社会中得以充分彰显。初中化学学科实践是学科立场下的化学实验和跨学科立场下的跨学科实践活动双融合，学习内容也是双融合，其内容分析框架如图2-3所示。从初中化学学科立场（化学实验：基础实验、探究实验和课外实验）和跨学科立场（跨学科实践活动）重构学习内容体系，并赋予学习理解、应用实践和迁移创新三个内容表征水平。

从横向视角看，初中化学学科立场下的实践学习体现在化学实验中。实验是科学探究的重要载体和学习化学的有效路径。课程规范建议教师在教育过程中高度重视并增加实验教学，充分发挥实验的教导功能，通过化学实验激发学生学习化学的热情，营造活跃的学习氛围，促使学生理解和掌握化学知识与技能，指导学生学习科学方法，培养他们的科学思维和创新意识，塑造他们的科学态度和责任心。化学实验承载着发展学生核心素养的任务。基础实验要求学生能够掌握研究物质性质，探究物质组成和反应规律，进行物质分离、检验和制备等实验的基本流程和技巧；探究实验期望学生经历一般的科学探索过程，从问题和假设明确探究目的，根据目标设计实验并实施，通过现象或数据分析推理结论并反思和评价，进而形成科学探究的一般思路与基本方法；课外实验是课堂实验的延伸点、拓展点和生长点，其要求学生在课堂外独立或与他人合作完成实验，这有助于激发学生的探究兴趣，培养学生的创新意识、创新思维、创新能力和创新人格等创新素养。

从跨学科立场视角看，《义务教育课程方案（2022 年版）》要求各学科要用不少于本学科总课时的 10% 开展跨学科实践活动。新课标在课程方案的指导下设计了 10 个跨学科实践活动，即"微型空气质量'检测站'的组装与使用""基于特定需求设计和制作简易供氧器""水质检测及自制净水器""基于碳中和理念设计低碳行动方案""垃圾的分类与回收利用""探究土壤酸碱性对植物生长的影响""海洋资源的综合利用与制盐""制作模型并展示科学家探索物质组成与结构的历程""调查家用燃料的变迁与合理使用""调查我国航天科技领域中新型材料、新型能源的应用"。在跨学科实践活动中，强调学生需要具有坚持科学道德和遵守法律条例的意识；激励他们积极参加团队合作，敢于挑战、质疑，并进行自我反思，具备解决难题的能力，勇敢应对未知和不确定性挑战；应积极介入与化学相关的社会关注问题的讨论并能做出合理的价值评判；逐步塑造节约能源、低碳环保、珍视资源、保护环境的观念和健康的生活习惯。

从纵向视角看，以学习理解、应用实践和迁移创新三个内容表征水平重构学习主题内容，使学科立场下的化学实验和跨学科立场下的跨学科实践活动的学习呈现融合共生状态。学习理解作为知识和经验的输入，包含观察、记忆、信息提取、总结、关联、整合、解释、论证等心理操作元素。应用实践作为知识和经验的输出，涉及分析、解读、推测、预期、设计、验证等心理操作环节。迁移创新则是知识和经验的高阶输出，包括复杂推理、系统性探索（如问题设定、系统架构实施、模型构建）、批判思考、评估、反思以及想象力、创意和深入关联发现等具体心理操作元素。通过合理选择和组织实验内容和跨学科实践活动，实现学科实践学习内容三个水平层次的活动设计，促使学科实践学习呈现螺旋上升的进阶模式。

第二节　初中化学学科实践学习内容融合体系

化学实验根据内容可分为实验基本操作，物质的检验与推断，物质的分离与提纯，常见气体制备、干燥与收集，重要化学物质的性质、检验。由于化学实验的学习方式不同，可分为学科立场的基础实验、探究实验、课外实验。而跨学科实践活动必须坚守学科立场，形成化学实验的综合性学习，初中化学学科实践学习内容体系如表 2 - 2 所示。

　　根据化学实验类型体系，进一步划分学科立场下的化学实验和跨学科立场下的跨学科实践活动。物质检验与分离类实践活动包含学科立场下基础实验"粗盐中难溶性杂质的去除"，探究实验"人体吸入的空气与呼出的气体有什么不同""初步区分常用的氮肥、磷肥和钾肥的方法"以及课外实验"自制净水器"，跨学科立场下则有"水质检测及自制净水器""海洋资源的综合利用与制盐"跨学科实践活动。物质制备和性质类实践活动包含学科立场下基础实验"氧气的实验室制取与性质""二氧化碳的实验室制取与性质""一定溶质质量分数的氯化钠溶液的配制"，探究实验"实验室里制取二氧化碳的装置""溶解时的吸热与放热现象""自制酸碱指示剂"以及课外实验"石墨导电实验""生成炭黑实验""自制白糖晶体""淬火和回火"，跨学科立场下则有"基于特定需求设计和制作简易供氧器""基于碳中和理念设计低碳行动方案"跨学科实践活动。物质性质和检验类实践活动包含学科立场下基础实验"常见金属的物理性质和化学性质""常见酸、碱的化学性质"，探究实验"过氧化氢分解制取氧气的反应中二氧化锰的作用""金属与盐酸、稀硫酸的反应""酸的化学性质""碱的化学性质""某些酸、碱、盐之间是否发生反应"以及课外实验"鲜花变色""制作'叶脉书签'""自制汽水""有关保鲜膜的实验"，跨学科立场下则有"微型空气质量'检测站'的组装与使用""垃圾的分类与回收利用""探究土壤酸碱性对植物生长的影响""调查我国航天科技领域中新型材料、新型能源的应用"跨学科实践活动。物质反应规律类实践活动包括学科立场下基础实验"燃烧条件的探究"，探究实验"反应前后物质的质量关系""灭火的原理""金属活动性顺序""铁制品锈蚀的条件"以及课外实验"鸡蛋壳与醋酸的反应"，跨学科立场下则有"调查家用燃料的变迁与合理使用"跨学科实践活动。物质组成类实践活动包括学科立场下基础实验"水的组成及变化探究"，探究实验"分子运动现象""水的组成"以及课外实验"红墨水分别在热水和冷水中的扩散"，跨学科立场下"制作模型并展示科学家探索物质组成与结构的历程"跨学科实践活动。由此可见，每一个基础实验都可以融入跨学科实践活动中，课标中提到的 10 个跨学科实践活动包含了 8 个基础实验。探究实验和课外实验也可以作为跨学科实践活动的某一个环节或某一部分内容融合展开。由于跨学科实践活动必须坚守学科立场，形成化学实验的综合性学习，因此跨学科实践活动既是多学科的知识、技能和方法的有机融合，也是改变化学实验"讲实验代替做实验"现象的有力措施。在实施学科实践活动时，应整合跨学科实践活动、各个学习主题的核心知识、基础实验、教材中的探究实验及课外实验，以推动剩余90%课时的教学内容和方法创新。

　　以"海洋资源的综合利用与制盐"为例具体阐述如何融合各主题核心知识和化学实验活动，呈现学科立场下的化学实验和跨学科立场下的跨学科实践活动的学习内容双融合样态。首先，确定实践活动类别和要求。"海洋资源的综合利用与制盐"是主题5"化学与社会·跨学科实践"中化学与资源、健康领域的产品制作类实践活动。该活动要求学生能够从物质的组成及变化视角，分析和讨论资源综合利用等议题，能够整合运用化学、技术、工程以及跨学科知识，树牢可持续发展的观念，设计并制定出解决实际问题的策略和方法。其次，根据实践活动要求确定跨学科大概念和学科大概念。"海洋资源的综合利用与制盐"的跨学科大概念是化学与可持续发展。该实践活动的目的是从海水中获得食盐，解决该问题的关键是分析海水的组成和性质。海水是溶液，从溶液中获得晶体，需要围绕溶液的相关知识进行分析，因此，确定该实践活动的学科大概念为溶解的限度。最后，根据大概念合理选择和组织活动内容。该实践活动需要整合化学、地理和生物课程相关知识，其中化学课程"科学探究与化学实验"主题涉及2个基础实验"一定溶质质量分数的氯化钠溶液的配制"和"粗盐中难溶性杂质的去除"；"物质的性质与应用"主题涉及"溶解""结晶""饱和溶液与不饱和溶液""溶解度"等核心概念；在进行结晶教学时可融入课外实验"自制白糖晶体"。"化学与社会·跨学科实践"主题涉及"化学与可持续发展"大概念；涉及地理学科知识海水资源的分布；涉及生物学学科知识食盐对人体健康的重要性。在制盐之前引导学生认识海水资源的分布和丰富性；在制盐过程中帮助学生认识溶液组成、溶解、结晶等，学习利用物质溶解性差异分离物质的方法，参与溶液配制和食盐制取活动；在制盐之后分析食盐的用途和海水资源的综合利用，感受海洋资源的丰富与魅力，实现海洋资源的可持续发展，增强责任担当。

第三节　初中化学学科实践学习内容分析应用案例

　　重构的内容体系有助于学生建立学科实践整体架构，删减细节知识，重新梳理学科知识、思维和价值的内在关系，促进学习内容结构化，进而发展实践能力。根据初中化学学科实践学习内容分析框架和融合体系，以"基于碳中和理念设计低碳行动方案"为例具体说明初中化学学科实践学习的内容分析框架（如表4－1）。

表4－1　"基于碳中和理念设计低碳行动方案"内容分析框架

实践表征	学科立场			跨学科立场
	基础实验	探究实验	课外实验	跨学科实践活动
学习理解	制备二氧化碳	气体制取探究	呼吸作用	调查实行"双碳"政策原因
应用实践	CO_2分别与水、石灰水和氢氧化钠溶液的反应	控制变量探究	光合作用、海洋吸收、钟乳石的形成等	生态模拟实验
迁移创新	CO_2与水反应、干冰升华	借助CO_2传感器测定CO_2的浓度	碳酸饮料	研发新技术，将CO_2转化为各领域的有用物质

　　"基于碳中和理念设计低碳行动方案"跨学科实践活动属于化学与环境领域的行动改进类实践活动，它要求学生能够在真实的环境中，面对个人生活需求、国家发展和人类低碳需求之间的矛盾，运用科学、技术和工程知识解决现实问题，从而形成国际视野并建立人类命运共同体意识，增强社会责任感、国家认同感，促进知识、情感、意愿和行为的统一。根据实践活动类别和要求，确定该实践活动的跨学科大概念为"可持续发展""系统与模型"。活动目的是希望学生能够从CO_2的组成、构成、来源（制备）、吸收或转化（性质）、用途等角度思考并提出减碳方案。问题解决的机制需要以CO_2的组成、构成、来源（制备）、吸收或转化（性质）、用途为研究对象，因此该活动的学科大概念为"物质的多样性""物质的变化与转化"。然后根据确定的大概念合理选择和组织活动内容。该实践活动需要整合化学、地理、生物和物理课程相关知识，其中化学课程"科学探究与化学实验"主题涉及基础实验"制备二氧化碳，CO_2分别与水、石灰水和氢氧化钠溶液的反应，CO_2与水反应，干冰升华"，探究实验"气体制取探究、控制变量探究、借助CO_2传感器测定CO_2的浓度"和课外实验"呼吸作用、光合作用、海洋吸收、钟乳石的形成等、碳酸饮料"，"物质的性质与应用"主题涉及CO_2的性质与应用、实验室制法和在自然界中的转化等核心知识，"物质的化学变化"涉及定性定量研究化学反

应的重要性，以及通过化学反应实现物质转化的意义和价值，"化学与社会·跨学科实践"主题涉及"化学与可持续发展"大概念；地理学科知识涉及人类活动对环境产生影响并造成气候变化；生物学学科知识涉及绿色植物可以通过光合作用将二氧化碳转化为有机物，又可以通过呼吸作用将有机物转化为二氧化碳，对维持生物圈中碳氧平衡具有重要作用；物理学科知识涉及利用干冰制作冬奥会冰场；道法学科涉及节能减排的一些政策等。根据分析框架对内容进行整合和重构，设计三个实践活动环节，环节一为调查我国实行双碳政策的原因，学生根据自己已有经验初步提出低碳行动方案；环节二为生态模拟实验，运用控制变量法探究 CO_2 分别与水、石灰水和氢氧化钠溶液的反应；环节三为新技术研发，将 CO_2 转化为各领域有用物质。由于跨学科实践活动要坚持学科立场，跨学科地解决问题，因此在实践活动的每个环节都离不开多学科的知识、技能、方法和实验形成的巨大合力。环节一选取基础实验"制备二氧化碳"，探究实验"气体制取探究"和课外实验"呼吸作用"，探究二氧化碳的来源方式并理解我国实行双碳政策的原因，实践过程主要涉及一些基本实验操作，活动表征水平为学习理解。环节二选取基础实验"CO_2 分别与水、石灰水和氢氧化钠溶液的反应"，探究实验"控制变量探究"和课外实验"光合作用、海洋吸收、钟乳石的形成等"，探究不同的物质吸收二氧化碳的能力，实践过程涉及运用控制变量思维设计探究方案，活动表征水平为应用实践。环节三选取基础实验"CO_2 与水反应""干冰升华"，探究实验"借助CO_2 传感器测定 CO_2 的浓度"和课外实验"碳酸饮料"，实现 CO_2 的转化，要求学生在实践过程中能够综合运用信息技术手段解决真实生活场景中的问题并提出自己的创新性见解，即研发新技术将 CO_2 转化为各领域的有用物质，活动表征水平为迁移创新。通过学科实践活动中学习内容的重构和有效组织，实现学习内容的结构化、整合化和层次化。

第五章　开展学习实践活动，应用可见的学习过程分析框架

第一节　初中化学学科实践学习动态融合分析框架

　　初中化学学科实践在核心素养目标导向下，结合学科实践学习进阶和"教—学—评"一致性要求，紧紧围绕"整合内容→问题情境→实践活动→活动评价"开展学科实践活动。首先，通过整合内容，将化学知识与生活实际、社会现象等连接起来，使得学习更具现实意义和应用价值。在此基础上，设计出富有挑战性的问题情境，引导学生从多角度思考和解决问题，鼓励他们主动探索和发现问题，以增强他们的创新能力和批判性思考能力。在这个过程中，教师是指导者和引领者，而非传统的知识传递者。接下来，通过开展丰富多样的实践活动，如实验操作、项目调查、小组讨论等，让学生亲身参与，锻炼他们的动手能力和协作能力，并将理论知识转化为实践经验。最后，进行及时有效的活动评价，反馈学生的学习进展和成果，指导他们发现并改正错误，持续提升学习效果。这种评价不仅关注学生的知识掌握程度，更注重学生的学习过程和能力发展，鼓励他们自我评估和反思，培养他们的自主学习能力。

　　总的来说，这种教学模式旨在通过实践活动，帮助学生深入理解化学知识，发展关键能力，并激发他们对化学的兴趣和热爱，为他们未来的学习和生活打下坚实的基础。

一、初中化学学科实践学习表征

　　北京师范大学王磊教授在《基于学生核心素养的化学学科能力研究》一书中指出，学生的化学学科能力有三个表征水平：学习理解、应用实践、迁移

创新①。学习理解是知识和经验的输入，具体的心理操作要素包括观察、记忆、提取信息、概括、关联、整合、说明、论证等；应用实践是知识和经验的输出，具体的心理操作要素包括分析、解释、推论、预测、设计、证明等；迁移创新是知识和经验的高级输出，具体的心理操作因素包括复杂逻辑推断、系统研究（问题预设、系统方案执行、模型建立）、批判性思维、评估、反思以及想象、创新和发现深远关联等。

结合化学实践学习，可以将实践活动划分成三个阶段：①学习理解是基础阶段，学生需要理解和记忆化学的基本概念、原理和方法。②应用实践是简单运用阶段：在理解了基础知识后，学生需要将这些知识应用到具体情境和任务中，如实验操作和解决问题。③迁移创新是最高迁移阶段，要求学生能够将所学的化学知识应用于新的情境中，进行批判性思考和创新解决问题。这三个阶段是连续的，每个阶段都为下一个阶段的学习打下基础。通过这种方式，学生可以从基础的理解入手，逐步提升他们的应用和创新能力，全方位加强他们的化学素养。

二、学科实践学习动态融合过程分析框架

实践表征分为学习理解、应用实践、迁移创新三个水平，通过三个水平构建教师的教（明确主题→创设情境→活动支架→证据反馈）和学生的学（运用知识→问题探索→实践学习→成果评价）。

（一）教师行为（教师的教）

（1）明确主题：指教师清楚知道每一节课或一系列课程的核心内容和目标，以及可能涉及的特定化学概念、原理或实验技巧，从而选择合适的教学内容和方法。如一系列课程的主题可能是"生活垃圾的分类与回收利用"。通过明确主题可以让教师更有针对性地设计教学活动和评估策略。此外，学生也能更好地理解他们正在学习的内容，以及为什么要学习这些内容，从而提高他们的学习效果。

（2）创设情境：指教师创建一个实际的与生活或科学现象相关的场景，让学生可以将理论知识应用到具体的情境中，以增强他们的理解和记忆。例

①　王磊. 基于学生核心素养的化学学科能力研究［M］. 北京：北京师范大学出版社，2017：13.

如，教师设计一个关于酸碱反应的情境：土壤酸碱性对植物生长的影响，让学生理解这种反应在日常生活中的广泛应用。将抽象的概念放入具体的情境中，学生不仅能更好地理解理论，而且能看到这些理论在实际生活中的应用，从而增强他们的学习兴趣和动机。

（3）活动支架：指教师在设计和组织课程活动时提供必要的指导，帮助学生完成可能超出他们能力范围的任务。这种支架可以包括明确步骤、示范操作、提示关键点等。例如，在进行一个化学实验时，教师可提供一份详细的实验步骤说明，展示如何使用实验仪器，或者讲解需要注意的安全事项。支架可以根据学生的进步逐渐撤掉，最终目标是让学生自己独立探索和解决问题。这种方法有助于学生逐步建立和增强自我驱动的学习能力，并有效地掌握化学知识和技能。

（4）证据反馈：指教师基于学生的学习表现和进程，如作业、测验、实验结果等，向学生提供具体、及时的反馈。这种反馈旨在帮助学生了解自己在哪些地方做得好，哪些地方需要改进。例如，一个学生在酸碱中和实验中胶头滴管的操作不当，教师可详细指出哪个步骤做得不正确，并给出正确的操作方法。通过这样的反馈，学生能更明确自身的学习状况，调整学习方法，以优化学习成效。同时，教师也能根据反馈调整教学方法，以更好地满足学生的需求。

（二）学生行为（学生的学）

（1）运用知识：指学生能够将学到的化学理论和原理应用于解决实际问题，作出预测，执行实验，分析数据等。简单来说，就是把理论转化为实践。例如，学生把化学反应原理应用于实验。这种应用知识的过程不仅可以加深学生对化学概念的理解，也能帮助他们发展批判性思维和提高解决问题的能力，为他们在真实世界中解决问题做准备。

（2）问题探索：指学生主动寻找、研究和解决问题。这种方式鼓励学生以探究者的身份进行学习，而不仅仅是做一个接受知识的容器。问题探索可以帮助学生发展批判性思维和解决问题的能力，提高他们的活动参与度和自我驱动学习能力。学生在这个过程中会提出问题，然后通过实验、研究、讨论等方式去寻找答案。例如在学科实践中，学生根据老师提出的一个现象或问题，进行观察、作出假设、设计和进行实验。

（3）实践学习：指学生通过做实验、观察化学反应和操作化学仪器等方式，将理论知识转化为实际操作。这种方式让学生直接参与到科学过程中，将抽象的概念和原理变为可见、可感知的现象。例如在进行中和反应实验时，学生将不同类型的碱与稀盐酸混合，观察并记录现象，分析结果，然后解释发生反应的原因，并关联已经学过的中和反应原理。实践学习可以帮助学生更好地理解和记住复杂的化学概念，同时也能提高他们的实验技能和批判性思考能力。此外，通过观察和操作，在实践中学习也使得化学更加生动和有趣，增强了学生的学习兴趣和动机。

（4）成果评价：指对学生在实践活动中所掌握的知识、技能和态度进行全面评估。这种评估旨在了解学生是否达到了设定的学习目标，通常包括理论知识和实践技能两方面。在理论知识方面，通过测试来检查学生是否理解并记住了化学概念或原理。在实践技能方面，观察并评价学生在实验室中的表现，看他们是否能够正确地执行实验步骤、使用仪器，以及分析实验结果。可以根据学生的研究报告、学习笔记、活动作品等书面成果来评估，同时也可以采用口头汇报等方式来评估，全面呈现学生的学习进展和成果。通过这些方法，教师可以直接获得与学生学习效果相关的证据，为未来的指导和支持提供基础。

（三）教师的教与学生的学融合统一

分析教师行为与学生行为在实践活动中的动态融合，实现可见的学习过程教与学的高度统一、动态生成，促进学习过程的深化和迭代，建立起统一的育人实践形态。

第二节　初中化学学科实践学习活动案例

化学实验和跨学科实践活动双融合的学习范式，指向学生在情境意义中的动态生成和复杂问题解决。人教版《化学》九年级上册第四单元课题3"水的组成"是初中化学研究物质组成教学中的重要内容，既有气体成分的测定和检验，也有纯净物元素组成的研究。核心知识是以各种元素为代表的单质、化合物的组成及其变化，还需要帮助学生建构证明化合物组成的基本思路方法。在这个学科实践活动中，动态融合教师行为与学生行为，结合评价的实施，形成"教—学—评"的一体化。实践活动过程设计如图5－1所示：

创设情境	明确主题	活动支架	问题探索	实践学习	运用知识	证据反馈
证据一：古人"眼"中的水	古语视频证据	水的组成猜想	水是由什么元素组成的？	观看视频，思考问题	崇尚科学真理，具有严谨求实的科学态度，不迷信	诊断并建立证据与问题的关联
证据二：科学家"眼"中的水	科学史料证据	水的组成推证	科学家的实验证据说明水是由什么元素组成的呢？	阅读史实，寻找证据，推理结论	根据问题特征从物质及其变化的事实中提取证据	诊断并建立证据收集、证据分析、基于证据展开推理的活动经验
证据三：我们"眼"中的水	探究实验证据	水的组成实证	沿着科学家的思路，我们如何实证水的组成呢？	观察演示实验，分析证据，表征化学变化	从物质及其变化的事实中收集证据	诊断并建立证据推理活动经验，形成相应的策略和思路方法
				分组实验，从定性与定量结合上收集证据	依据证据从不同视角（变化观、元素观）分析问题，推出合理的结论，建立分类观	
	分子模型证据	水的组成微观分析	通电后，水是如何变成氢气和氧气的呢？	从宏观和微观结合上解释证据	从不同视角（微粒观、变化观）解释证据	诊断并发展从不同视角（微粒观、变化观）解释证据
	科学史料证据	水的组成数据计算	阅读史料思考，H_2O 与水通电的哪个证据有关联？有什么样的关联呢？	阅读史料，思考	通过定性分析和定量计算推出合理的结论	诊断并建立定性分析和定量计算，推出合理的结论

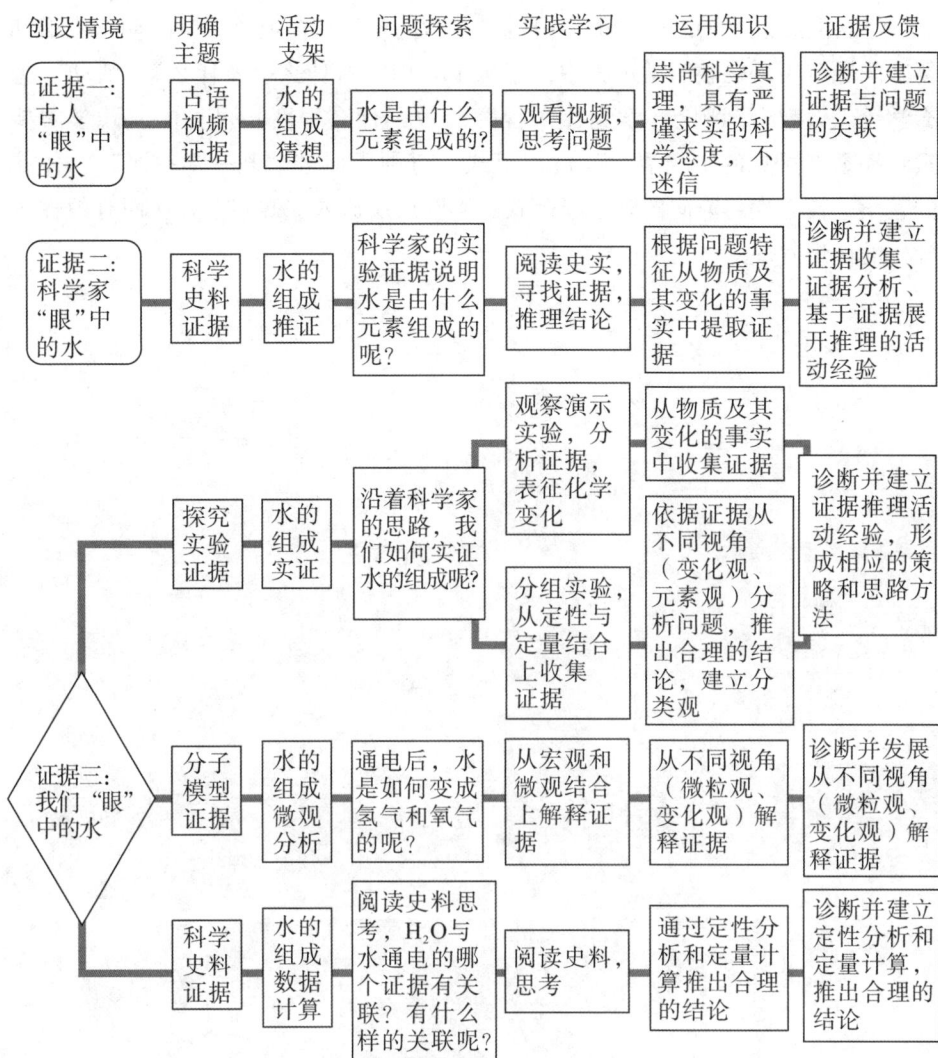

图 5-1 "水的组成"实践活动过程设计

实践活动创设古人"眼"中的水、科学家"眼"中的水再到我们"眼"中的水三个情境，不断从古语、史料、实验、模型中寻找问题并进行探索；运用从宏观元素组成认识物质组成、从微观粒子构成认识物质构成、从定性实验体会物质的组成、从定量实验计算物质的组成等知识进行实践学习；从古语中的经验证据、史料中的宏观证据、实验中定性定量证据、模型中的微观证据等来反馈学生的学习成果；教师的教与学生的学融为一体，通过证据评价学生的实践成果。

　　学科实践过程动态融合的学习范式，指向学生在情境意义中的动态生成和复杂问题解决。在教与学过程中，建构了知识（学什么⇌教什么）、活动（怎么学⇌怎么教）、评价（学到什么程度⇌教到什么程度）可见的实践学习要素；探索"可见的实践学习"过程范式，有利于促进"教—学—评"一体化的教学；核心素养取向的教学新范式，不断层层深入、螺旋上升从而有效促进学生的认识发展。

第六章 构建多元评价样态，展现可见的学习证据分析框架

第一节 构建初中化学学科实践学习证据分析框架

一、建构契合学科素养的化学实践活动多元评价样态

新的课程标准依据核心能力的发展程度，并结合课程内容，全面描绘学生学业成就的特定表现特征，建立学业质量标准，以指导并协助教师掌握教学的深度和广度，为编写教材、进行教学和考试评价等提供参考。

学业质量标准用于评价学生在完成学科实践活动后在知识掌握、问题解决能力和实践技能等方面的表现，是学生在完成学科实践活动后是否达到预期目标的重要依据。学业质量是对学生学习成果的综合评价，反映了学生在特定学科领域内的学习水平和能力发展程度。学业质量中的情境评价被细化为"认识物质组成、性质及分析相关实际问题的情境""探索化学变化规律及解决实际问题的情境""实验探究情境和实践活动"和"常见的生产生活和社会情境"四类，这四类情境正是学生在初中化学学科实践学习中需要解决的多元情境，这也决定了综合性的实践问题，指向学生在情境意义中的动态生成和复杂问题解决。情境评价也为学生形成个人理解、发展实践能力提供了现实载体。学习证据分析框架围绕核心知识、实践活动表现或成果，应用学科实践教学平台和人工智能技术、诊断试题库、过程评价表和作品评价表等，对学生学习的多模态数据进行采集和分析，完成过程性评价、增值评价和终结性评价等。

二、多元评价样态建构依据

在教学过程中根据一定的教育价值观或教育目标，运用可行的科学手段，通过系统收集信息、资料和分析整理，对学生的学习程度、学科品质等进行价值评估，从而为促进学生的发展提供依据。对学生进行准确、真实、全面的评价，能深入地了解学生，开发学生自身最大潜能，从而激励学生更好地学习与发展。1983年，美国哈佛大学教育心理学家加德纳提出多元智能理论，一改传统智能理论认为智力是以语言能力和数理—逻辑能力为核心，过分侧重智力测验评价学生智能的观点。加德纳的多元智能理论提出了多种智能类型（如图6-1），该理论认为，学生具有多种智能类型，包括语言、逻辑、空间、音乐、运动、人际、内省和自然等。这些智能类型可以应用于构建化学多元评价体系，以评估学生在不同方面的化学能力和潜力。

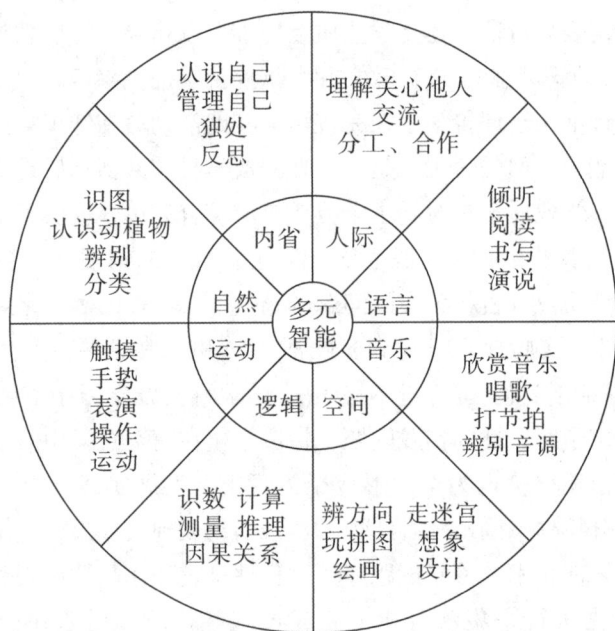

图6-1　加德纳多元智能理论

其中，逻辑智能与化学实践中分析、推理和问题解决能力相关，在对学生进行学科实践数据分析时便能体现；语言智能所涉及的语言运用、表达和理解能力，在学生表述实验现象、撰写实践调查报告、化学实验报告、解释化学概念或参与讨论时便能体现；空间智能所涉及的对空间和形状的感知和理解能力，在学生绘制分子结构或搭建分子结构模型、解读原子结构示意图时便能体现；运动智能所涉及的身体协调和运动技巧的能力，在学生进行实验操作、操作化学仪器或搭建手工模型时便能体现……通过将加德纳的多元智能理论应用于化学多元评价体系中，可以更全面地评估学生在不同智能领域的表现，从而促进学生的全面发展，并为他们提供个性化的学习支持和指导。这种评价体系能协助教师深入理解学生的优点和需求，并根据其智能类型提供相匹配的教学方法和资源。

三、多元评价样态的优势

学生作为具有独特意义的发展个体，在不同的领域可能表现出不同的才能和潜力。在传统的单一评价体系下，往往只注重评价的选拔与甄别功能，极易形成唯分数论的评价证据导向，强调了知识记忆的重要性，忽视了解决实际问题能力的重要性，学生之间形成了竞争关系而忽视了团队协作学习，注重结果性评价而忽视了过程性评价，只注重某些特定领域的评价而忽视了其他智能类型的发展，这样不利于学生的全面发展。

相较之下，多元评价体系既注重结果性评价，更注重过程性评价。首先，多元评价体系通过考虑不同智能类型评价指标，可以更全面地评估学生的知识和技能，这种综合评估使得教育者能够看到学生在各个智能领域的优势和发展需求，从而更好地提供个性化的教学和支持。其次，多元评价体系重视学习过程中的思考、解决问题的能力以及学习策略的使用，关注学生的思维方式、分析能力和创造性思维，以发展性的眼光评价学生。最后，不仅学生具有不同的学习风格、兴趣和能力，教育者也具有不同的教学经验和教学风格。持续性地开展多元评价，可以更好地了解学生的学习方式和发展轨迹，帮助学生认识到自己的优势和改进空间，并激发他们的学习动力和自信心，从而为个性化教学提供支持和指导；也可以帮助教育者了解教学策略的有效性，以及学生在学习过程中的困难和需求，通过对评价结果的分析和解读，教育者也可以调整教学方法和策略，提高教学质量。

四、多元评价样态的特征

（一）评价主体多元化

在多元评价方式中，除了传统评价的教师主体外，还涵盖了同伴评价和学生自我评价。教师在评价过程中扮演着重要的角色，可以通过观察、记录和分析学生的表现来评价学生的学习成果。同时，同伴评价也是一种有效的评价方式，学生可以相互交流和反馈，从而提供更全面的评价信息。更重要的是，学生自我评价也纳入其中，从而使学生在实践活动中注重自我监控、自我反思、自我调节和自我改进，丰富对自己学习成果的认知，更有利于学生自我效能感的培养。这种多元主体评价可以充分发挥各个评价主体的作用，确保评价的客观公正，使学生在实践过程中的主体地位得到保证，既有利于各评价主体间的交流合作，又促进了学生的全面发展。

（二）评价标准多元化

在多元评价样态中，评价标准应该基于多个维度和指标，教育者应该树立一种全面的评价观。传统的评价标准通常只关注学生的知识掌握情况，而忽视了其他方面的发展，如创造力、解决问题能力、沟通能力等。因此，多元评价样态评价标准应具备综合性和全面性，能够涵盖不同智能类型和学生个体差异的特点。

（三）评价内容多元化

多元评价样态强调评价内容的多样性。评价样态基于初中化学学科实践体系，包括学科实践和跨学科实践两种类型。学科实践包括基础实验、拓展实验和创新实验三种方式，可以采用项目作业、实践设计、调研任务等形式，充分发挥实践活动在各智能维度下的评价效果，关注学生在实践过程中展现的实践方法、化学观念和学业水平。这样的评价方式可以更好地展示学生的综合能力和实际应用能力，促进学生在真实情境中的学习和发展。

（四）评价方法多元化

在多元评价样态中，评价方法应该多样化，包括基于各评价主体的观察和记录的评价，以及采访、问卷调查和信息技术评价等多种方式。其中，信息技术的应用特别重要。人工智能与大数据技术能协助教师更精确地解析学生的学习表现，同时，还可以提供定制化的反馈和指导。在具体的实践活动中，评价者可以根据评价主体、标准和活动内容的特点，有针对性地选择合适的评价方法，使评价的科学性大大提高。

（五）充分发挥信息技术中人工智能和大数据的优势

信息技术中的人工智能和大数据可以为多元评价样态提供强有力的支持。人工智能可以分析学生的学习行为和表现，提供个性化的学习建议和反馈。大数据技术可以处理和分析庞大的评价数据，揭示学生的学习和实践特点。同时，信息技术还可以提供便捷的评价工具和平台，使评价过程更加高效。

五、多元评价样态的实施视角

（一）基础性学科实践操作的熟练度

学生在实验室中的基本实验技能和操作熟练度，可以通过观察学生在实验过程中的操作是否准确、有条理，以及他们对实验仪器和试剂的正确使用情况来评价。

（二）探究性学科实践活动的方案设计合理性

学生在探究性实验中的方案设计能力，可以通过学生是否能够提出明确的研究问题、提出具体的实验步骤、挑选合适的实验条件和控制变量，以及其解析实验结果的能力来评价。

（三）跨学科实践活动中综合运用知识解决问题的能力

学生在跨学科实践活动中将化学知识应用于真实问题解决的能力，可以通过学生是否能够将所学的化学知识与其他学科知识进行整合，并有效地应用于复杂问题的解决或实际情境中来评价；还可以结合实验报告、展示性评估、小组讨论等评价方法，全面评价学生的化学实践能力。

第二节　实施初中化学学科实践学习过程性表现评价

一、教育实践开展过程性评价面临的困境

过程性评价具有全面、及时、灵活、深入、可持续的优点，符合人具备多元智能的理论实际，更有利于全面地评价学生，激发学生的学习积极性，培育学生的学习自信，推动学生的学科修养持续发展。但在教育实践中开展过程性评价也面临着如下一些困境。

第一，由于过程性评价是更加开放、即时的评价形式，因此开展过程性评价时所收集的学习证据会随学习情景而变，因参与主体而异，评价的公平公正性难以保障，常常无法做到标准统一，无法有效形成稳定的证据框架。另外，过程性评价所需处理的学生信息数据量庞大，尤其是在更突出学生主体性的实践活动中，在没有信息技术加持的背景下，常常表现出评价过程不规范，评价程序太形式化的问题。

第二，过程性评价需要贯穿于学生整个学习过程的始终，评价实施的频次难以把握，过于集中的评价操作，容易使学生和老师疲惫甚至反感；而过于松散，又使得评价的功效大打折扣。此外，评价实施的强度也难以把握，分量过重，学生容易纠结于评价本身而忽视了部分实践过程；分量过轻，则不利于调动学生的积极性。

第三，在实施过程性评价时，教师常常会借助"小红星""积分墙""荣耀榜"等工具，而这些评价工具也有一定局限性：评价耗时，影响教学进程，实施评价时教师的视野难以面向全体学生，尤其是表现不活跃的学生。若教师在评价时没有把握好评价的价值导向，容易使学生只热衷于这些工具的获取，导致评价形式化。

二、搭建"初中化学学科实践学习平台"，进行循证研究

随着信息技术的发展，过程性评价实施的痛点与难点有了可解性。为了克服这些困难，我们通过搭建初中化学学科实践学习平台来实施过程性评价。在过程性评价中，确定能够在实践活动中被观察与测量的内容，结合信息技术开

发"初中化学学科实践学习平台"进行循证研究，实现课堂上多模态数据采集分析，从而完成过程性评价，可见地修正教师的教与学生的学，最大限度地促进学习。平台坚持多维、多元、实证、高效的评价方向，用实验目标体系和诊断试题库，对学生的实验过程进行及时评价，实现评价从"注重结果"转向"注重过程"；充分利用大数据和人工智能技术，实现三个"即时"，即数据即时收集、评估即时反馈、成果即时共享，实现从"为评而评"转向"以评促学"，使得学生的实践过程可见，评价过程可见。

首先，通过该平台可以实现评价主体的多元化。学生、同伴、教师和专家可以共同参与评价过程，从不同角度对学生的实践活动进行评价，能更全面地了解学生的能力表现，大大提高过程性评价的全面性，避免随意性。

其次，平台可以提供多元化的实践学习证据分析框架。除了考查学生对学科知识的掌握外，还可以考查学生实践方案设计的合理性、实验操作的熟练度、问题解决能力、应对不确定性挑战的创新性等。这样的学习证据分析框架能够更准确地反映学生在实践活动中的表现，促进学生全面发展。

最后，平台可以采用多种评价方法。除了传统的口头表达和书面测试外，还可以通过拍照或视频记录、实践调查报告、实践作品展示等方式对学生的实践活动进行评价。这些评价方法能够更真实地反映学生在实践活动中的表现，提供详细的反馈和指导，促进学生的实践能力和创新能力的发展。

三、"调查家用燃料的变迁与合理使用"实施范例

基于学业质量评价框架，根据本跨学科实践案例的特点，本实践设计了如下六个活动：

（1）认识我国大多数家庭的燃料变迁情况。

（2）认识化石燃料在燃烧最高温度和放出的热量上的优势。

（3）认识不充分燃烧，并了解提高燃烧效率的方法。

（4）认识煤等化石燃料燃烧带来的污染，形成环保意识。

（5）认识管道天然气对比液化石油气的优势，形成低碳意识。

（6）认识氢能源的优点及其大范围运用存在的问题。

教学中紧紧围绕着目标和内容设计跨学科实践活动，注重将教学情境线、问题解决线、知识逻辑线、任务线、活动线、素养发展线紧密结合——设置课堂教学任务，使知识内化发生在课堂上。把跨学科实践活动的查阅资料过程与

科学探究过程有机融合在一起，实现问题解决过程与核心知识获取、技能和素质发展的自然结合，提高活动的开放度，使学生在独立思考、协作探索、交流、概括、反思等步骤中，完成知识的内化，让学习真正得以实现。"调查家用燃料的变迁与合理使用"的教学逻辑如图 6 - 2 所示。

教学情境线	从柴薪到天然气，我国家用燃料的变迁	新中国成立家用燃料进入土煤时代	20世纪60—80年代蜂窝煤的盛行	20世纪90年代罐装液化气盛行	现代管道天然气盛行	未来理想的家用燃料
问题解决线	家用燃料如何变迁?	煤炭对比柴薪有什么优点?	同样是煤，为何要用蜂窝煤?	气体燃料对比煤炭有何优点?	同样是气体燃料，天然气有何优点?	未来家用燃料变迁趋势是什么?
知识逻辑线	认识家用燃料的变迁	认识燃料燃烧旨在获取能量	认识燃料充分燃烧	认识煤燃烧带来的污染物	运用元素质量分数解决实际问题	形成燃料合理运用逻辑，科学推测理想家用燃料
任务线	认识我国大多数家庭的燃料变迁情况	认识化石燃料在燃烧最高温度和放出的热量上的优势	认识不充分燃烧，并了解提高燃烧效率的方法	认识煤等化石燃料燃烧带来的污染，形成环保意识	认识管道天然气对比液化石油气的优势，形成低碳意识	认识氢能源的优点及其大范围运用存在的问题
活动线	查阅资料	查阅资料	小组实验演示实验	查阅资料	计算产生相同热量，各种燃气产生二氧化碳的量	观看视频，提出氢能家用化的观点
素养发展线	发展运用查阅资料方式认识世界的能力	认识燃料合理利用在获取能量上的变迁	发展以实验为主的科学探究能力	通过认识燃料合理利用，形成减少污染意识	通过认识燃料合理利用，形成低碳环保意识	初步学会运用绿色发展理念合理预测未来家用燃料

图 6 - 2　"调查家用燃料的变迁与合理使用"教学逻辑

根据六个实践活动的要求，设计相应的评价指标和评价实施方式，形成本实践活动的整体学习思路，如图 6 - 3 所示。在实践过程中，小组成员通过合作讨论、独立思考等方式，从整体和具体两个视角、优点与缺点两个方面、变迁方向和变迁原因两个层次中具体认识本跨学科实践活动，并在查阅资料和完成探究实验的学科活动过程中，深刻体会燃料变迁过程，形成家用燃料合理使用应具备的三层意识"获取能量→减少污染→低碳清洁"。

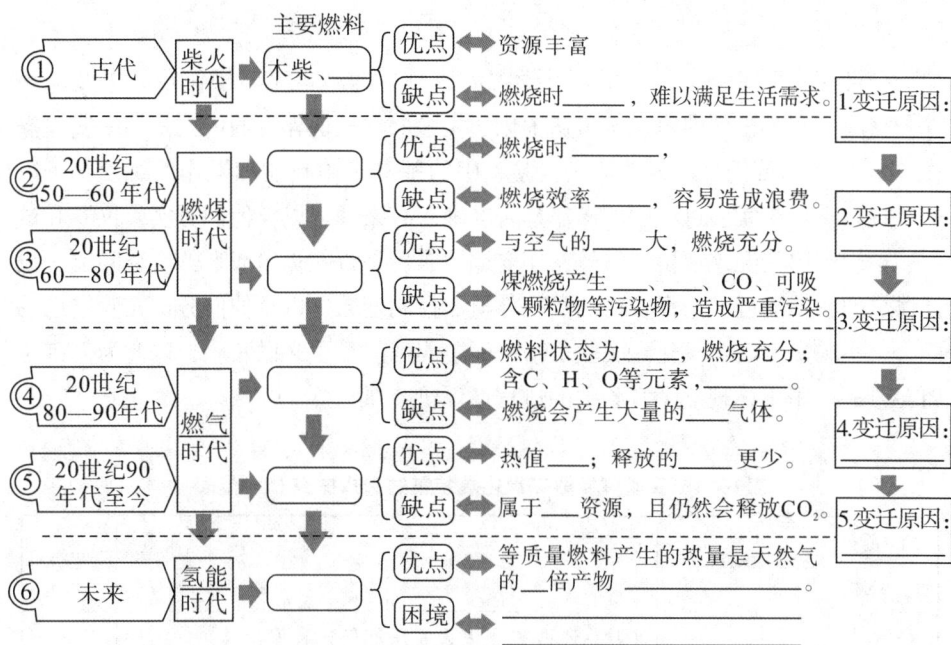

图6-3 初中化学学科实践学习过程评价分析框架

在实践过程中，教师和小组长及时在移动终端设备登录初中化学学科实践学习平台，选择当前实践活动，明晰当前正在进行的实践内容所对应的指标，便可迅速进入评价界面，选定评价对象，通过拍摄图片记录组员学习情况，及时进行量化评价。操作对象可以按小组选择，也可按个人选择，教师可以对小组和个人进行评价，小组长可以进行组间互评和组内成员评价，学生个人既可以对小组其他成员进行评价，也可以对自己进行评价，确保能迅速从多元主体中搜集到足够全面且客观的评价证据，录入实践平台形成数据库。师生在学科实践学习过程中及时有效的反馈互评，促进了"教—学—评"一体化。

过程性评价吸取终结性评价实施时展现出的优点，评价证据以过程性量化数据体现，对学生学科实践能力表现进行全面刻画，结果可以用分数、等级、学生实践能力雷达图等形式呈现，进而为增值评价提供更多证据支撑。在每次实践活动中学生所反映出来的学业质量水平还可以通过大数据算法进行整合，使评价贯穿实践学习始终，学生能更加清晰地认识自己的优势与不足，并在后续的实践中通过学习、合作、反思等方式进行发扬与改进，将更有利于学生的全面发展。

四、在过程性评价中，实施初中化学实验操作表现评价

新课标中明确规定了学生通过学习应该具备的基本实验操作技能以及应该独立完成的实验操作内容。实施初中化学实验操作表现评价的依据是初中实验操作 PTA 量表，首先是评价学生在实验室中的基本实验技能和操作熟练度，可以通过观察学生在实验过程中的操作是否准确、有条理，以及他们对实验仪器和试剂的正确使用情况来评价。另外，还要评估学生是否能提出清晰的研究问题，设计详尽的实验流程，选择合适的实验环境和控制变数，以及他们分析实验结果的能力。实验室制取二氧化碳实验是新课标中明确的学生必做实验，以此为例制定 PTA 量表，用于体现化学实验中的过程性评价（如表 6 – 1）。

表 6 – 1　实验室制取二氧化碳装置的选择探究 PTA 量表

一级要素	二级要素	水平	权重/分	评分
	提出问题	实验室制取二氧化碳应该如何选择发生装置及收集装置	1	
探究实验室制取二氧化碳发生装置的选择	反应原理	大理石与稀盐酸反应	1	
	反应物的状态	固体和液体	1	
	反应的条件	常温（不需加热）	1	
探究实验室制取二氧化碳收集装置的选择	二氧化碳的物理及化学性质	二氧化碳密度大于空气，不与空气中的气体反应	1	
		二氧化碳能溶于水，能与水反应	1	
	收集方法	向上排空气法	1	
	实验仪器	铁架台（含铁夹）、试管、橡胶管、玻璃导管、单孔橡胶塞、集气瓶、玻璃片、锥形瓶、长颈漏斗、双孔橡胶塞	1	

（续上表）

一级 要素	二级要素	水平	权重 /分	评分
探究实验室 制取二氧化 碳收集装置 的选择	组装装置一	先把玻璃管插入单孔橡胶塞	1	
		连接玻璃管和橡胶管	1	
		在试管口塞好橡胶塞	1	
		试管竖直，把试管从铁夹上方伸入铁夹中，铁夹夹在离试管口 1/3 处，使试管底部接近铁架台台面，试管与铁夹成 90°角	1	
		取集气瓶，调整集气瓶与发生装置的相对位置，伸入导管，盖好玻璃片（毛面向下）	1	
	组装装置二	分别把长颈漏斗、玻璃管插入双孔橡胶塞	1	
		连接玻璃管和橡胶管	1	
		在锥形瓶口塞橡胶塞（慢慢转动橡胶塞，将其塞进试管口）	1	
		取集气瓶，调整集气瓶与发生装置的相对位置，盖好玻璃片（毛面向下）	1	
分析与评价	装置一 优缺点	装置简单，方便	1	
		适合少量气体制取，不适合较大量气体制取	1	
		不便于在反应过程中添加药品，不能控制反应速率及反应的开始与结束	1	
	装置二 优缺点	适合较大量气体制取	1	
		方便在反应过程中添加药品	1	
		不能控制反应速率及反应的开始与结束	1	
	清洗仪器、 整理台面	拆卸仪器，按原摆放顺序放好	1	
		整理桌面，清洗抹布	1	
总分				

第三节　实施初中化学学科实践学习终结性表现评价

一、先前教育实践开展终结性评价时面临的困境

随着时代的进步，传统教育评价体系与新时代的教育思想发生矛盾，在最新一轮的基础教育教学改革中，教学评价是改革的重点与难点。传统的终结性评价因城乡教育资源差异等不可抗力，为了满足评价的广适性，在评价内容上常常只注重通过纸笔测验对学生学科文化知识进行评价，学生在该模式下潜移默化地形成了以知识背诵和反复刷题为主的学习习惯，导致在评价过程中，并不能真正地反映学生的真实情况。

更重要的是，根据学业质量评价指标，不同学习主题的学业要求、不同的核心知识或核心活动经验有着不同层次的学科能力活动要素：学习理解、应用实践、迁移创新。以往的纸笔测验在"学习理解"层次的核心知识或核心活动经验评价上比较贴切，但由于部分指标难以量化，纸笔测验对于"应用实践"和"迁移创新"层次上的核心知识或核心活动经验评价则难以体现，因此，在进行终结性评价之前，需要确定适当的评价目标和选择适当的学习表现指标。如果目标设定不明确或者学习表现指标不合适，就很难对实施结果进行有效评估。

二、建构学业质量评价框架，构建诊断数据库

纸笔测验具有高效、公平、易操作的优点，要寻求破局之处，则要建立学业质量评价框架。在终结性评价中，建构学业质量评价框架，对学生的学业质量成就表现进行刻画。基于学业质量的学业成就评价框架为：学业质量评价指标→研究对象与问题情境→主要实践内容主题→学科能力活动要素→学科认识方式（如图 6-4）。根据目标、内容的编码和学业质量评价框架各个要素构建诊断数据库，在试题库范围内编制试卷对学生进行测试，最后根据终结性量化数据对学生的学业质量成就表现进行刻画，真正运用反馈数据分析法破解终结性评价难题。

试题号	研究对象及情境		学业质量评价指标	指标编码	具体学习表现指标	学科能力活动要素	主要学习主题	认识方式	
	研究对象	问题情境						认识角度	认识方式类别
1	常见的生产生活、社会问题及应用；实验探究和实践活动	简单变式	N21：能基于物质及其反应的规律和跨学科知识，运用实验等手段，完成简单的作品制作、社会调查等跨学科实践活动	B3-2	应用物质的性质、材料的框架，设计材料的新应用	应用实践	化学与社会·跨学科实践	性质、应用	静态—动态

1. 小组同学利用饮料瓶、吸管、输液管等日常用品设计并制作了简易制氧机，如图 6-4 所示，他们想为鱼缸中的鱼供氧，能达到目的的是_____（填"甲"或"乙"）。该装置与化学制氧机相比，优点是_____；缺点是_____。

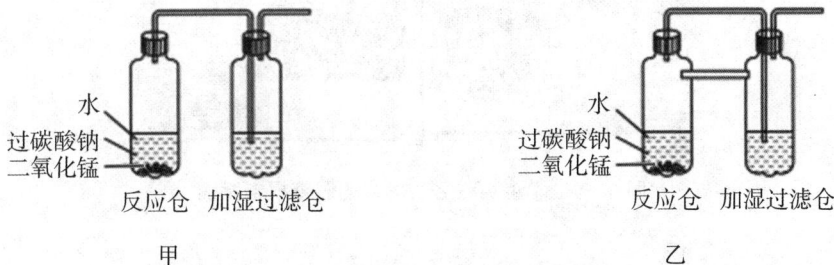

图 6-4　学业质量的学业成就评价框架指导下的题目命制

三、通过形成调查报告和实践成品的展示，展现全面的终结性评价

纸笔测验在某些学习表现指标上存在着难以评价或评价不到位的问题，可以通过考查学生形成的调查报告或展示实践成品，以实现全面地评价学生。

调查报告和实践成品展示要求学生具备运用知识、解决问题、分析数据、表达观点等多方面的能力，鼓励学生将所学知识应用于实际情境中，并提供解决问题的机会，有利于评价学生的创新思维、问题解决能力和实践能力。而且实践调查报告和实践成品展示通常需要学生进行自主学习和团队合作，这也有利于评价学生的自主学习能力、团队合作精神和交流技巧，提高学生的综合素质和社交能力。更重要的是，纸笔测验的结果标准化，相比之下，调查报告和实践成品展示更具开放性，这鼓励学生采用不同方法和角度思考解决问题，寻找创新的解决方案。

以"调查家用燃料的变迁与合理使用"为例，布置实践作业，学生实践小组通过采访家人、查阅资料、教师指导等方式认识家用燃料的变迁情况后，以报纸的创新形式展示实践小组的调查报告（如图6-5），作为实践活动终结性评价的一部分，将优秀作品在班级中展示。

图6-5　学生实践活动形成的调查报告案例

以"探究土壤酸碱性对植物生长的影响"为例，布置实践作业，学生实践小组在教师的指导下，以绿豆为培养对象，观察豆芽长势，形成实践成品（如图6-6），作为实践活动终结性评价的一部分，将优秀作品在班级中展示。

图6-6　学生实践活动形成的实践成品展示案例

以"自制酸碱指示剂"为例，在学完常见的酸碱指示剂后，学生课后根据教师提供的实施建议，选择紫甘蓝作为材料，以酒精作为溶剂，经过研磨、溶解、过滤等操作制得紫甘蓝指示剂，检测常见的酸和碱，并在老师的指导下形成实验短视频（如图6-7）。

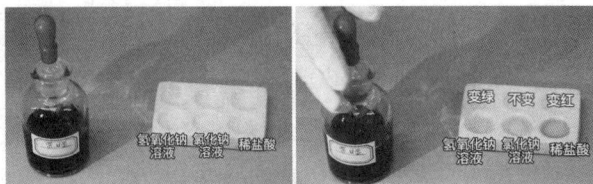

图6-7　学生实践活动形成的实践成品展示（短视频）案例

四、建立实验操作考核试题库，实施初中化学实验操作表现评价

初中毕业生化学学科实验操作学业水平考试是义务教育阶段的终结性考试，目的是全面、准确地评估初中学生是否达到新课标所规定的化学实验操作毕业水平的程度。考试的结果是衡量学生是否达到义务教育阶段化学学科实验操作毕业标准的主要依据。建立全面的实验操作考核试题库，对初中化学教材和实验考核的能力要求进行细致梳理和剖析。开发实验操作考核试题库，依据课标和教材，但不是原封不动地照搬教材，而是对教材中的实验内容进行整合。学生在实验操作考核试题库的指导下，努力理解每个实验的原理和目的，帮助学生建立起对实验的整体认识，并能够更好地应对各种情况；对于某些探究实验，除了按照指导书上的步骤进行实验外，学生还可以根据试题库的指导尝试通过实践与探索来深入理解实验过程，探索不同条件下的结果变化，思考可能影响实验结果的因素，以及如何调整实验参数，进而尝试在实验中运用所学的知识，创造性地应用已有的技能。实验室制取二氧化碳实验是新课标中明确的学生必做实验，基于化学实验操作PTA量表，编制实验操作考试试题，如下所示：

化学实验操作考试试题（一）

【考试题目】探究实验室制取二氧化碳装置的操作

【命题意图】如何适当地选择并组装实验室制取二氧化碳的简易装置

【实验用品】实验仪器：铁架台、试管、橡胶管、玻璃导管、单孔橡胶塞、集气瓶、玻璃片、锥形瓶、长颈漏斗、双孔橡胶塞

【实验过程及评分量表】

试题题目	实验操作步骤	水平	分数	评分
		探究实验室制取二氧化碳装置操作的实验评分量表		
实验室制取二氧化碳装置的选择与组装	发生装置的选择	反应物的状态是固体和液体	1	
		反应的条件是常温	1	
	收集装置的选择	用向上排空气法收集	1	
	组装气体收集、发生装置	连接导管及橡胶管、单孔橡胶塞	1	
		旋转橡胶塞，塞入试管口	1	
		试管竖直，把试管从铁夹上方伸入铁夹中，铁夹夹在离试管口 1/3 处，使试管底部接近铁架台台面，试管与铁夹成 90°	1	
		取集气瓶，调整集气瓶与发生装置的相对位置，伸入导管，盖好玻璃片	1	
	分析与评价装置的优点	装置简单，方便	1	
		适合少量气体制取	1	
	分析与评价装置的缺点	不适合较大量气体制取	1	
		不方便反应过程中添加药品	1	
		不能控制反应	1	
	整理台面	整理桌面，拆卸仪器，并摆放整齐	1	
总分				

第七章　初中化学学科实践活动案例

第一节　学科实践活动案例

【案例1】

质量守恒定律——可见的学习视域下的教学探索

澳大利亚墨尔本大学的哈蒂教授利用元分析技术，对影响学生学业成就的因素依据其效应量进行排序，并对这些因素及其影响进行分析，使学习成为可见的过程，从而提出了"可见的学习"理论。哈蒂教授将138个因素进行量化分析并纳入了学生、家庭、学校、教师、课程和教学六个范畴，体现经典教学论三要素，即内容、教师、学生，三要素的可见性为"教—学—评"一体化教学提供依据。哈蒂教授认为"可见"首先指让学生的学对教师可见，确保教师能够明确辨析出对学生学习产生显著作用的因素，也确保学校中的所有人（学生、教师和学校领导）都能够清晰地知道他们对学习的影响；其次是指教学对学生可见，从而使学生学会成为自己的教师——这是终身学习或自我调节的核心属性，这也是热爱学习的核心属性①。基于"可见的学习"理论如何在教学实践中实现教学目标内容、教师的教和学生的学、教学评价的可见，本文以人教版《化学》九年级上册第五单元课题1"质量守恒定律"教学为例，进行教学探索。

---

① 哈蒂. 可见的学习：最大程度地促进学习［M］. 金莺莲，洪超，斐新宁，译. 北京：教育科学出版社，2015：79.

一、可见的教学目标

2022 年 4 月，新课标教学建议中明确要求：深刻领会核心素养内涵，科学制定化学教学目标[①]。在实际教学中很多教师没有太多关注教学目标，教师都是准备课件上课，没有教学设计，只有学校检查或参加比赛需要教学设计时，才会制定教学目标，或者在网上搜索教学目标，并没有理解教学目标。教学目标普遍存在的问题如下：移植课程目标、分割三维目标、目标条目过多、目标主体混乱、行为笼统抽象、方法情感虚化、活动与结果相混等。要解决这些问题，急需可见的教学目标。教师要基于核心素养内涵、课程目标、内容要求、学业要求和学业质量标准，结合初三学生的学习经验和认知特点，设计教学目标。可见的教学目标与新课标要求的"教—学—评"一体化是契合的，明确的要求指向能让学生清楚地知道需要达到的表现水平。根据新课标各课程要素的要求，"教—学—评"一体化的可见的教学目标可以按照以下可见的路径来写：明确手段、方式、方法、视角（可见的教——怎么教），明晰行为表现（可见的学——怎么学），评价知识、能力、价值观目标的达成（可见的评——怎么评），形成"教—学—评"一体化的可见的教学目标，其结构示意图如图 7 - 1 所示：

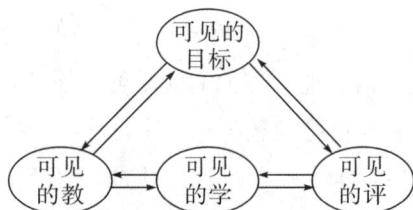

图 7 - 1　"教—学—评"一体化的可见的教学目标

可见的教学目标具体的路径、内涵与指标示例如表 7 - 1 所示：

[①]　中华人民共和国教育部. 义务教育化学课程标准（2022 年版）[S]. 北京：北京师范大学出版社，2022：1.

表7-1　可见的教学目标的路径、内涵与指标示例

路径	内涵	指标
怎么教	可见的教	明确手段：运用观察、实验、调查等手段获取化学事实； 明确方式：定性—定量、孤立—系统、静态—动态、宏观—微观等认识角度； 明确方法：比较、分类、分析、综合、归纳等方法； 明确视角：物质、能量、反应等认识角度
怎么学	可见的学	明晰行为表现：从学习理解、应用实践、迁移创新三个维度明晰行为表现，如用记忆、概括、说明、理解、分析、预测、设计、推理等有关行为动词
怎么评	可见的评	评价知识目标的达成：获取化学事实、分析化学现象、解释化学问题等； 评价能力目标的达成：形成证据推理、自主、合作、探究的能力，发展创新思维能力； 评价价值观目标的达成：形成合理利用物质的意识，节能低碳、节约资源、保护环境的态度和健康的生活方式，参与社会决策的意识、坚毅品质等，体会系统思维的意义、发展辩证唯物主义世界观等

从《义务教育化学课程标准（2011年版）》提出的知识与技能、过程与方法、情感态度与价值观三维目标到新课标的核心素养目标，教师需要认清核心素养目标与三维目标之间是传承与超越的关系，在设计教学目标时要充分体现三维目标之间的融合与统一，形成可见的路径：明确手段、方式、方法、视角，明晰行为表现，评价知识、能力、价值观目标的达成等。以质量守恒定律的教学为例，三维教学目标与素养教学目标的对比如表7-2所示：

表 7 - 2　"质量守恒定律"三维教学目标与素养教学目标的对比

三维教学目标	素养教学目标
【知识与技能】 (1) 了解质量守恒定律。 (2) 理解质量守恒定律的含义和实质。 【过程与方法】 通过研究质量守恒定律的原理，提升处理物料、分析信息、总结推理的能力。 【情感态度与价值观】 (1) 体会质量守恒定律的建立是在严谨的定量实验基础上不断发展的，感受定量在化学学习中的作用； (2) 形成从定量角度认识化学变化的视角和守恒意识，感受碳中和的过程。	(1) 通过对质量守恒定律发展史的学习，体会质量守恒定律的建立是在严谨的定量实验基础上不断发展的，感受定量在化学学习中的作用。 (2) 通过系列实验活动探究化学反应过程中的质量关系，能选取实验证据说明质量守恒定律，并阐述其定量变化和微观本质。 (3) 通过搭建微粒模型，理解质量守恒定律的内涵及微观本质，发展"宏—微—符—量"四重表征科学思维。 (4) 通过设计创新实验，利用多维雷达图评价实验能力和定量化能力，形成从定量角度认识化学变化的视角和守恒意识，感受碳中和的过程。

二、可见的教学过程

可见的教学过程，建构在学生已有的知识储备上，知道学生各阶段的学习状态，关注学生的"最近发展区"，在教学过程中善于用可见的教学手段呈现教师的教和学生的学的过程，从而达到教学内容、教师的教、学生的学、教学评价清晰可见。

（一）可见的教学设计

基于"教—学—评"一体化教学目标，可见的教学设计需要考虑以下几个要素：教学内容的组织与安排、教学素材的选择与使用、教学问题的选择与设计、教学方式的选择与组合、教学评价的选择与设计、信息技术的选择与应用等。根据不同的教学内容进行不同的教学设计，可见的学习视域下的教学设计是"教学内容—教师的教—学生的学—教学评价"四线可见的教学设计。质量守恒定律四线可见的教学设计流程如表 7 - 3 所示：

表7-3 质量守恒定律四线可见的教学设计流程

教学内容	教师的教	学生的学	教学评价
引言	【提出问题】化学变化前后物质的质量总和存在什么关系？ 【视频展示】展示关于质量守恒定律发展历程的相关实验资料。	观看视频，了解质量守恒定律发展史。	评价学生能否体会质量守恒定律的发展过程（见评价量表，下同）。
内容一：重现拉瓦锡实验，认识质量守恒定律	【提出问题】红磷燃烧前后物质的质量总和存在什么关系？ 【演示实验】演示红磷在密闭体系中燃烧的实验，引导学生从反应前、反应中、反应后有序观察实验。 【分析图像及数据】通过资料卡片及图像引导学生分析。	观察演示实验并思考分析。	评价学生能否认识质量守恒定律的实验原理。
内容二：再现湿法炼铜，理解质量守恒定律	【提出问题】古代湿法炼铜中存在什么样的质量关系呢？ 【自主探究】各小组完成铁与硫酸铜溶液反应实验。 【分析并总结】分析物质质量变化过程。	学生分组实验，收集、记录证据并思考分析。	评价学生能否理解质量守恒定律的实验原理。
内容三：显现微观原理，构建质量守恒定律	【提出问题】质量守恒定律的本质是什么呢？ 【搭建模型】各小组搭建电解水过程模型。 【归纳点拨】点拨质量守恒定律的微观本质。	进行思考，小组完成微观模型搭建。	评价学生能否利用宏观、微观、符号相结合的思维分析质量守恒定律。

（续上表）

教学内容	教师的教	学生的学	教学评价
内容四：模拟碳中和，应用质量守恒定律	【提出问题】碳酸钠与盐酸反应前后称量结果是否发生变化？ 【自主探究】学生进行碳酸钠和盐酸的分组实验及分析物质质量变化历程。	分组实验及分析物质质量变化过程。	评价学生能否运用质量守恒定律。
	【设计创新实验】引导学生根据实验目的改进实验设计。	分组设计实验。	
	【展示创新实验】利用二氧化碳吸收剂进行实验创新。	在观看演示实验中思考。	

（二）可见的教

教学过程中，教师的教要对学生可见，重点在于教师要非常了解学情，明白学生在学习中的障碍以及如何去引导和改进学生的学习，体现教师的课堂引领作用。

（1）教师的教要对学生可见，以学生的已有经验为教学的起点。

学生已有的学习经验是在物理学科中学习了能量守恒定律，在前四单元研究了一些物质发生化学变化后，首次进行定量的化学探究活动，从定性、定量视角研究物质发生化学变化的基本规律。质量守恒定律是许多化学家花费了毕生精力，在大量实验数据的基础上总结出来的，质量守恒定律的发现是化学发展史上的里程碑。教师可以制作以时间轴为可见路径的质量守恒定律发展史视频素材，激发学生的探究欲望，提出探究性问题。可见的数轴按时间点"重现"科学家的探索之路。质量守恒定律发展史如下：

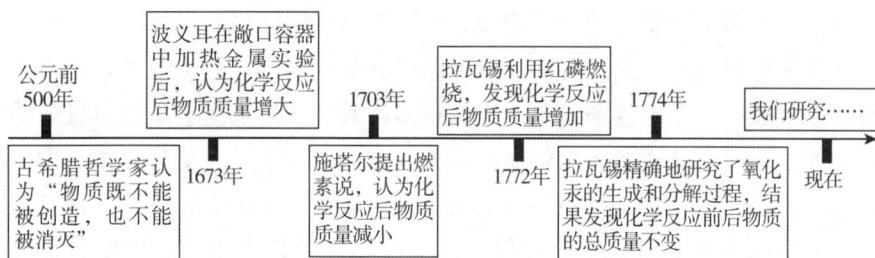

图 7-2　可见的质量守恒定律发展史素材线

（2）教师的教要对学生可见，以学科思维为教学的发展点。

目前的一线教学大多只通过宏观现象直接推导出化学反应前后物质总质量守恒。化学学习的最大特征就是"宏—微—符—量"四重表征学科思维方式。四重表征是从宏观、微观、符号、定量四种表征的角度去认识和理解化学知识，四种表征之间有机结合，可相互转化。宏观测定红磷燃烧前后的质量，微观上分析参加反应的红磷和氧气的质量变化，并从定量的角度分析反应过程并用符号表示出来。利用微观模型、质量变化图像和符号表征，多角度清晰呈现化学变化中量的关系。

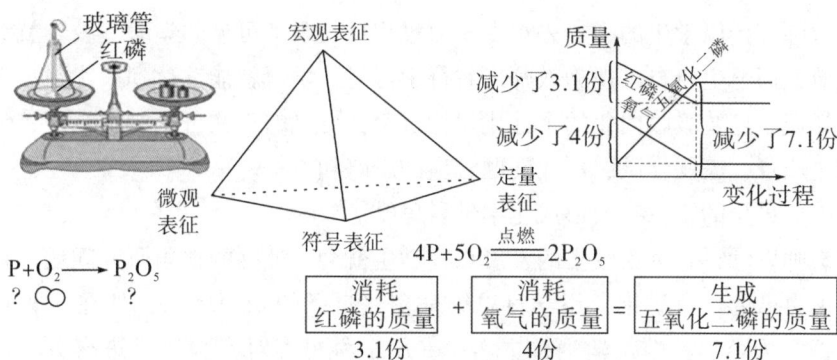

图 7-3　红磷燃烧实验的可见的四重表征分析图

（3）教师的教要对学生可见，以创新实验为教学的生长点。

以实验为基础是化学学科的重要特征之一，是教学相长的重要手段。化学实验教学是在一定的化学知识积累下，为学习某一化学知识而开展的实验探究。实验形式多种多样，如探究式的、验证性的、定量的、定性的等。但不管哪一类型的实验，都要求学生在已有的知识基础上进行全新的学习。在实验操作过程中，会遇到实验失败或者实验现象不明显等问题，而在解决问题的过程中可发展学生的创新能力。红磷燃烧实验中，学生分组实验失败主要是点不着红磷、装置漏气；学生创新实验方法有很多，其中我们选择了最简单且效果明显的装置：把玻璃棒烧融成接触面积大的圆形，有利于增大受热面积，把绑气球的直导管改成弯导管，以防导管太热使气球破裂，影响实验效果；铁钉与硫酸铜溶液的反应速度慢，反应过程中的溶液颜色变化不明显，把铁钉改成铁丝，增加实验现象可见度；碳酸钠与盐酸反应是敞开体系，不能验证质量守恒定律，鼓励学生设计实验模拟碳中和过程，实现"碳排放 = 碳吸收"，真正体会质量守恒定律的应用，三个实验的具体创新点见图 7 - 4：

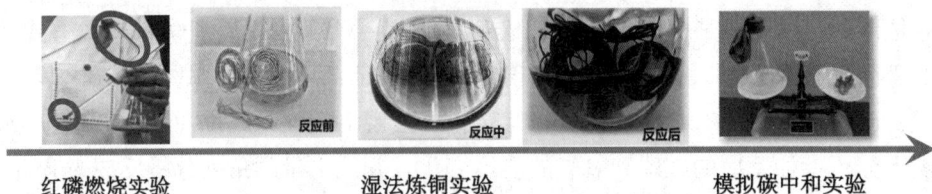

红磷燃烧实验   湿法炼铜实验   模拟碳中和实验

图 7 - 4   创新实验图

（三）可见的学

教师开始以学生的视角去观察学习过程且发现了可见的学时，教学就会更有成效，而学生将自己视为教师来看待学习时，学习就能够达到最优化。学习是将知识、经验吸收内化的个性化建构过程，可见的学在可见的教之下，学生能自主质疑、大胆尝试、形成问题解决的思路和方法。

（1）可见的学，有效形成化学学科思维。

教师以学科思维为教学的发展点，学生就会从教师的视角研究问题，自觉地发展自己的学科思维，用学科思维来构建自己的知识体系，如在"再现湿法炼铜"内容学习中，学生自主实验，用学科思维对实验过程进行分析，在实验过程中循证研究定量问题。可见的分析路径见图 7 - 5：

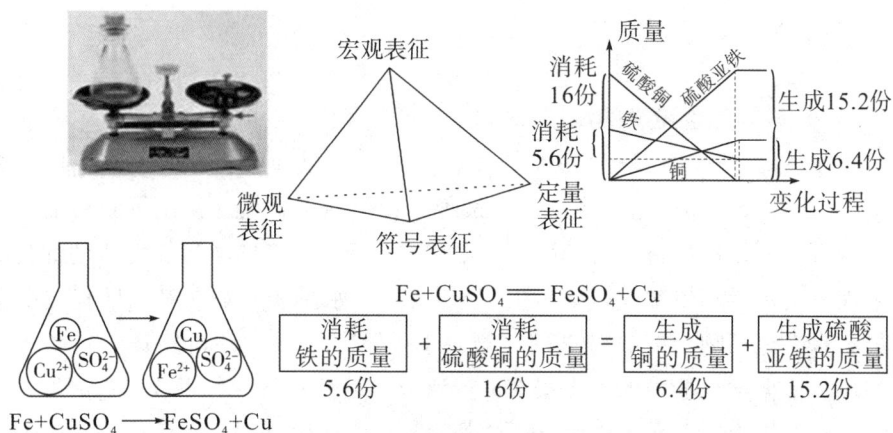

图 7 – 5 铁和硫酸铜反应实验的可见的四重表征分析图

虽然还不具备微观表征分析能力，但是教师可以引导学生进行分析。这个反应的微观表征对学生有难度，我们可以选择比较简单的反应，如对氢气与氧气反应生成水的示意图进行分析，在内容三"显现微观模型"中学生自主从微观的视角对质量守恒定律进行分析，最终揭示定律的微观本质。

（2）可见的学，激发学生设计创新实验。

在敞开体系中碳酸钠与盐酸反应质量不相等，将激发学生更强烈的求知欲，学生基于对实验原型的分析，对实验原型进行改进，学生自主学习内容四"模拟碳中和"。可见的创新路径是：在封闭的体系，反应放出的气体能迅速被吸收，测量反应前后质量的变化。用常见的锥形瓶和气球进行实验，关键是采用什么吸收剂能迅速吸收二氧化碳？怎样固定吸收剂？有学生从婴儿的尿不湿找到灵感，但是尿不湿颗粒状的吸收剂吸收气体还是慢，气体没有被吸收，气球膨胀，测量质量就不准确。最后学生采用的试剂和用量：碳酸钠取过量，盐酸浓度 10%，盐酸溶液体积 5 ~ 6mL。反应后产生二氧化碳 0.32g，吸收剂钠石灰是 11 ~ 12g，实现"碳排放 = 碳吸收"，达到零排放，学生得以深刻理解碳中和的原理，体现了化学学科的育人价值。

三、可见的教学评价

"教—学—评"一体化教学过程中，评价是不可或缺的重要组成部分，主要功能是诊断学习效果、改进教学。新课标对每个学习主题中的内容要求、学业要求、教学提示进行整体的、一体化的设计，在教学设计过程中必须有教学评价设计。

（一）教学评价量表的设计

哈蒂认为"评价有三种主要的成就水平：表层知识、深层理解、概念性思维"。王磊及其团队对学生的能力素养进行了四维解构，提出了学科能力多维整合模型。该模型将学习理解、应用实践、迁移创新的学科能力活动称为能力发展的关键活动要素①。哈蒂的三个能力层次水平和王磊及其团队提出的学科能力水平是相吻合的。可见的"教—学—评"一致性评价路径为：基于真实情境，依据学科能力的三个层次进行评价。对教学的各个环节实施评价，评价主体由单一走向多元：学生自评、师生互评、生生互评等；评价方式由单一走向多样：过程性、终结性、综合评价、增值评价等。以"质量守恒定律"的教学为例，课堂教学评价量表如表7-4所示：

表7-4　"质量守恒定律"课堂教学评价量表

真实情境	学科能力水平	评价指标	分值	评价标准	学生自评	师生互评	生生互评
情境一：重现拉瓦锡实验	学习理解	指标1：知道化学反应前后物质的总质量不变	1分	0分：不知道 1分：知道			
		指标2：能用红磷燃烧实验验证化学反应前后物质的总质量不变	2分	0分：实验操作错误 1分：实验操作正确但未能观察到天平平衡现象 2分：实验操作正确且观察到天平平衡			
		指标3：能从红磷燃烧反应前后物质质量变化视角分析质量守恒定律	2分	0分：不能将红磷燃烧实验现象与质量守恒定律关联 1分：能将红磷燃烧实验现象与质量守恒定律关联，但不能准确分析 2分：能从反应前后物质质量变化视角生成质量守恒定律概念			

---

① 王磊. 基于学生核心素养的化学学科能力研究［M］. 北京：北京师范大学出版社，2017：13.

（续上表）

真实情境	学科能力水平	评价指标	分值	评价标准	学生自评	师生互评	生生互评
情境二：再现湿法炼铜	学习理解	指标1：能用铁与硫酸铜溶液反应的实验说明化学反应前后物质的总质量不变	2分	0分：实验操作错误 1分：实验操作正确但未能观察到天平平衡现象 2分：实验操作正确且观察到天平平衡			
		指标2：能从铁与硫酸铜溶液反应前后物质质量变化视角分析质量守恒定律	2分	0分：不能将实验结果与质量守恒定律关联 1分：能将实验结果与质量守恒定律关联，但不能准确分析 2分：能从反应前后物质质量变化视角生成质量守恒定律概念			
		指标3：能运用质量守恒定律解释一些熟悉的现象	1分	0分：不能运用质量守恒定律解释熟悉的现象 1分：能运用质量守恒定律解释熟悉的现象			
情境三：显现微观模型	应用实践	指标1：能解释氢气与氧气反应生成水的本质	1分	0分：不能解释化学变化的本质 1分：能从分子、原子角度解释化学变化的本质			
		指标2：能搭建氢气与氧气反应生成水的微观模型	2分	0分：搭建错误 1分：能搭建氢分子、氧分子或水分子，但没有注意反应的数量关系 2分：能准确搭建氢气与氧气反应生成水的微观模型			
		指标3：能从原子种类、数目和质量变化情况推论质量守恒定律	2分	0分：不能从原子种类、数目和质量变化情况推论质量守恒定律 1分：能从原子种类、数目或质量变化情况推论质量守恒定律 2分：能综合考虑原子种类、数目和质量变化情况推论质量守恒定律			

（续上表）

真实情境	学科能力水平	评价指标	分值	评价标准	学生自评	师生互评	生生互评
情境四：模拟碳中和	迁移创新	指标1：基于对实验方案原型的分析，能对实验方案原型进行改进	3分	0分：不能对实验方案进行改进 1分：能从封闭体系或反应放出的气体迅速被吸收的角度进行方案改进 2分：能综合封闭体系和反应放出的气体迅速被吸收提出实验改进方案 3分：能综合考虑封闭体系和反应放出的气体迅速被吸收外，还能从生活中的物品中选取合适的吸收剂			
		指标2：基于对实验反应原理的理解，选择合适的仪器，并画出简易的装置图	2分	0分：不能选择合适的仪器，也不能画出简易装置图 1分：能选择合适的仪器或画出简易装置图 2分：既能选择合适的仪器，也能画出简易装置图			
		指标3：基于对实验仪器及操作的认识，能根据设计图组装完整的装置，并进行实验	3分	0分：组装的装置错误 1分：组装的装置正确，但实验操作错误 2分：能正确操作但不能获得结论 3分：能正确操作且获得实验结论			
		指标4：基于对实验现象和数据的观察和记录，能用比较的方法分析实验数据，并得出结论	2分	0分：不能得出结论 1分：能通过实验验证质量守恒律但不能进行推论 2分：能够对比前后实验数据，提出"验证质量守恒律时，对于有气体参与或生成的反应，应该在密闭体系中进行"			

（二）教学评价工具及结果的设计

在教学过程中，设计了初中化学教学评价平台。系统账号设置：多用户系统，各自独立，互不干扰；实验班级设置：多实验、多班级设置，可随意增减；评价指标：基于化学学科能力进行指标设计，可自主设计指标；评价方式：用多元主体评价如师生互评、学生自评等，拍照可直接打分，能做到自动评分，这些图片可以储存为学生学习成果的数据库，为循证量化研究和增值评价提供证据；评价结果呈现方式：用多维度雷达图，呈现学生的化学学科能力，是可见的评价一次挑战性的尝试。内容四"模拟碳中和"可见的评价过程如图7-6所示：

图7-6 "模拟碳中和"可见的评价过程

可见的学习视域下的教学探索是一个非常复杂的过程，教师在进行可见的学习的课堂教学时，在理念上践行可见的学习，在教学过程中面对不同的教学内容、不同的学习对象等情况，要根据实际情况进行探索，对学生的学习过程进行可视化的定量评估，实现真正的"教—学—评"一体化。

【案例2】

蜡烛燃烧——可见的学习视域下的学科思维外显

实践育人的学习内容重构原则是凸显学科实践，强调学科思维和实践方式的分析与应用。以素养为本的课程改革下，在课堂上，教师不仅关注学生是否记住了某个知识点或能解答什么样的问题，更重视学生对于知识生成过程的理解。很多专家提出学科知识应从碎片化转向整体化、结构化；学科知识的教授应从结论为本转向思维外显……新课标明确提出：化学学科核心素养包括"化学观念""科学思维""科学探究与实践""科学态度与责任"四个维度，这四个维度在学习中各有侧重，相辅相成。科学思维主要涵盖：在应对化学问题时所运用的比较、分类、分析、综合、归纳等科学方法，基于实验事实进行证据推理、建构模型以及推测物质和其变化的思考能力，在解决化学相关实际问题过程中展现的质疑能力、批判技巧与创新意识。

如何使学生的思维外显出来？相关研究无疑为我们研究学生的思维外显提

供很好的理论基础，但每个学科的思维外显教学都有各自的特征。要使学生的思维外显，教师首先要明晰如何在教学中外显学科思维。教师外显的学科思维必须从学科的角度，融合学科的核心素养、基本观念和基本思维方式，而学生按照可视化的学科思维进行学习。在以思维表现为基础的教学中，基于思维外显的教学，教师要通过语言表达或借助思维描述工具将自己的思维过程呈现出来，教导学生如何将化学学科思维应用在学习过程中，使其由内隐转为外显，让学生意识到自己与他人的思维方式的差异，了解自己的思维方式，取长补短，引导学生清楚地表达自己在学习中的思考过程，培养学生化学学科思维。下文就以蜡烛燃烧为载体进行的一系列探究实验为例，阐述教学中教师如何演绎学科思维外显过程，使学生循着化学学科思维方法进行学习，打破学生的思维"黑箱"，强化对学生思维的诊断和修正，达到真正意义上的学科思维外显。

一、蜡烛燃烧，外显实验事实进行证据推理的科学思维

义务教育教科书人教版《化学》九年级上册第一单元课题 2 "化学是一门以实验为基础的科学"中设计"对蜡烛及其燃烧的探究"实验，设计这一探究实验的目标是：重点突出实验探究过程中的观察和描述，侧重于观察、记录方法的学习。学习物质的性质、物质的变化、物质变化过程以及对结果的解释和讨论，对化学学习方法进行指导。观察时运用除味觉以外的所有感官，尽量对一支蜡烛在点燃前、点燃和熄灭后的三个阶段进行观察，外显思维实验探究过程如图 7-7 所示，让学生体会研究物质性质的几个维度，研究物质变化的几个维度，形成研究物质及其变化的思维而不是零散的知识碎片。

【探究实验 1】对蜡烛及其燃烧的探究

这是初中教材首次引入探究实验，并要求在实验结束后编写实验报告。学生在此过程中初步掌握观测和描述化学实验的方法，对实验探究的过程有初步了解。在教师的指导下，他们按照给定方案进行实验，通过观察和分析得出结论，并学习书写探究（或实验）报告。这样做可以帮助他们理解化学学科特性——关注物质性质及其变化过程等，认识到实验对于化学学习的重要性，并体验探究活动的乐趣以及实验成功的喜悦。

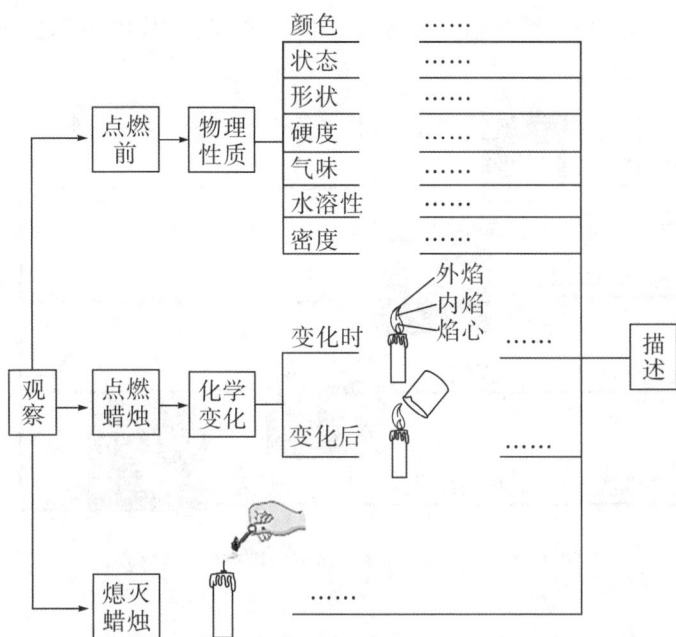

图7-7　外显学生学习物质性质及其变化的学科思维

二、蜡烛燃烧，外显比较、分类、分析、归纳等科学方法

在学科实践教学中如何外显学科思维？以人教版《化学》九年级上册第三单元课题1"分子和原子"中分子的概念为例，以科学探究为主线，借助模型认知方法，侧重外显科学思维。

在"分子与原子"这个主题下，学生将从化学的视角对微观世界进行一连串的探索活动，但分子概念的介绍只是通过实例分析：由分子构成的物质，分子是保持其化学性质的最小粒子。如此学生只是记住分子的概念，使概念结论化，并没有形成科学思维。若借助"蜡烛燃烧与熄灭的探究"实验，对宏观现象进行微观分析，帮助学生理解"分子是保持物质化学性质的最小粒子（对于由分子构成的物质而言）"，真正培养核心素养的科学思维。外显思维实验探究过程如图7-8所示：

【探究实验2】"蜡烛燃烧与熄灭的探究"实验

实验流程：①在桌面上点燃一支蜡烛，稳定燃烧后慢慢地用烧杯从上而下罩住它，注意观察蜡烛火焰的状态。②在蜡烛即将熄灭时，迅速提起烧杯，注意观察火焰的变化。③待蜡烛恢复燃烧之后再用烧杯缓缓罩上去，直至蜡烛熄灭。

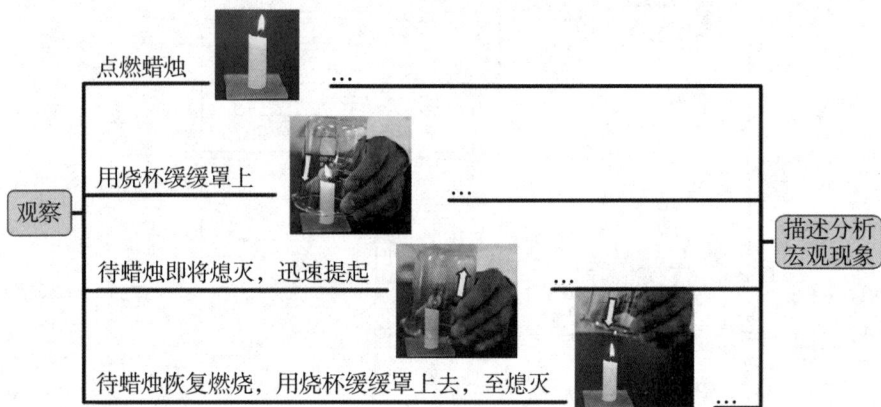

图 7-8　"蜡烛燃烧与熄灭的探究"实验过程

实验步骤→宏观实验现象→微观探析→模型图析→结论，如表 7-5 所示：

表 7-5　外显科学思维

实验步骤	宏观实验现象	微观探析	模型图析（其他分子忽略）	结论
反应前	（略）	烧杯里有足够的氧分子，二氧化碳分子很少		氧原子在反应中一直存在，然而助燃性与它无关。当氧分子被耗尽的时候，助燃性就逐渐消失；当氧分子又增多时助燃性就重新恢复。所以分子是保持物质化学性质的最小粒子
反应开始时	蜡烛安静燃烧	烧杯里有足够的氧分子，二氧化碳分子较少		
反应快结束时	蜡烛火焰变得很小，接近熄灭	烧杯里的氧分子很少，二氧化碳分子较多		
反应恢复正常时	蜡烛安静燃烧	烧杯里的氧分子增多，二氧化碳分子减少		
反应停止时	蜡烛熄灭	烧杯里的氧分子几乎耗尽，二氧化碳分子很多		

让学生从元素、原子和分子的视角理解物质的构造、组织、特性及其变化，形成"结构决定性质"的观念，并能从宏观与微观结合的视角来分析和解决实际问题。以人教版《化学》九年级上册第六单元课题3"二氧化碳和一氧化碳"中二氧化碳的性质为例，外显思维实验探究过程如图7-9所示：

【探究实验3】探究二氧化碳的密度：将二氧化碳气体慢慢倒入烧杯

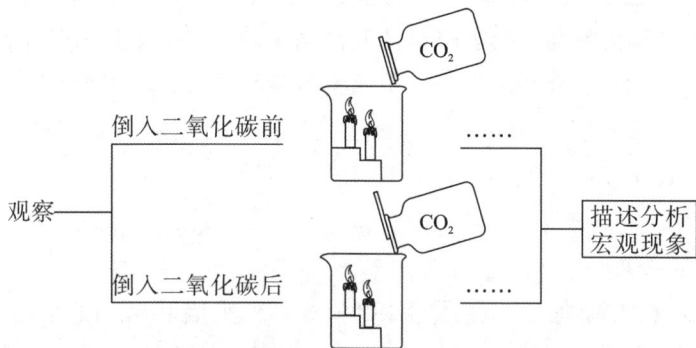

图7-9　"探究二氧化碳的密度"实验过程

实验步骤→宏观实验现象→微观探析→模型图析→结论，如表7-6所示：

表7-6　外显科学思维

实验步骤	宏观实验现象	微观探析	模型图析（其他分子忽略）	结论
倒入二氧化碳前	蜡烛安静燃烧	烧杯里有足够的氧分子，二氧化碳分子较少		二氧化碳气体的密度比空气大，不支持燃烧
倒入二氧化碳后	两支蜡烛自下而上，依次熄灭	倾倒时二氧化碳分子增加，在烧杯底部聚集较多的二氧化碳分子，使下方的蜡烛先接触到较多二氧化碳而先熄灭，上方的蜡烛后接触到二氧化碳而后熄灭		

三、蜡烛燃烧，外显建构模型并推测物质及其变化的科学思维

具备证据意识，能够根据证据对物质的组成、结构及其变化提出潜在假设，并通过分析和推理来验证或反驳；确立观点、结论与证据之间的逻辑联系；明确可以通过分析、推理等方式来了解研究对象的基本特性、组成元素及其互相关系，建构模型。能运用模型解释化学现象，揭示现象的本质和规律。以人教版《化学》九年级上册第七单元实验活动3"燃烧的条件"为例，利用蜡烛和烧杯（或选择其他用品），设计一个简单的实验，说明燃烧的条件之一：需要有氧气（或空气）：

【探究实验4】
方案1：点燃蜡烛，片刻后将烧杯罩在蜡烛的火焰上方，由远及近向火焰慢慢移动（如图7–10），观察火焰逐渐熄灭的过程。这说明燃烧需要氧气（或空气）。

【探究实验5】
方案2：分别点燃三支蜡烛，向A蜡烛扣上烧杯，另将B、C蜡烛分别放在烧杯内，以B蜡烛作为对比，向放C蜡烛的烧杯中加适量的碳酸钠和稀盐酸（如图7–11），观察三支蜡烛的变化情况。

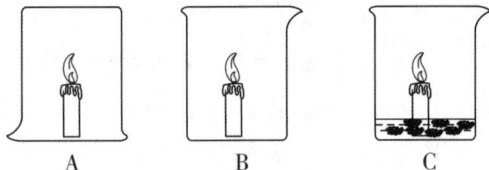

图7–10　　　　　　　　　　图7–11

学生通过实验活动进一步构建燃烧条件的模型，在实验过程中运用控制变量的思维方法，如方案2中A、B对比说明燃烧需要的条件是什么？若B、C同样证明此条件，并且时间短，现象明显，最好向烧杯C中加入什么固体、液体？探究实验的思维就外显了。构建模型后通过模型解释化学现象，揭示现象的本质和规律，应用燃烧条件模型构建灭火原理模型，并进行实验设计，如人

教版《化学》九年级上册第七单元课题 1 "燃烧和灭火"中灭火原理探究实验，同样是图 7 - 11 的实验装置，通过科学探究构建灭火原理的模型。此外也可以设计成"灭火大比拼"实验活动：如何熄灭桌上的蜡烛呢？（提供的物品：烧杯、细沙、湿布、碳酸钠、喷壶、扇子、剪刀、稀盐酸等）在探究中还可以引入生活中一些常见的现象，让学生借助生活中的真实场景来理解化学原理，通过模型解释化学现象。建构的燃烧条件模型如图 7 - 12 所示，构建的灭火原理模型如图 7 - 13 所示。

图 7 - 12

图 7 - 13

　　在学科实践学习中，思维外显对教师是一个挑战，因为我们已经习惯了"知识与技能"的课堂教学，而以素养为本的课堂教学需要的是"思维外显"。这需要教师转变教学的价值观念，意识到化学教学的目的不在于对化学知识的记忆和再现，而在于化学学科的思维外显，怎样更好地与学生进行科学思维交流，怎样训练学生外显自己的科学思维过程等，体现化学学科教育价值，实施核心素养导向的化学学科实践教学。

【案例 3】

"水的组成"的教学与思考
——研究物质组成过程应促进学生认识发展

　　化学学科研究视角之一是从物质组成来认识物质。"研究物质组成"是初中化学教学的重要组成部分，既有混合物中某成分或含量的测定，也有纯净物元素组成的研究。初中教材把物质组成的内容编排在不同章节中，是根据化学科知识进阶和学生的认知发展规律来安排的，这样有利于从学科理解的角度不断深化知识，促进学生的认知发展。初中化学的核心知识是以各种元素为代表的单质、化合物的组成及其变化，为此首先需要帮助学生建构证明化合物组成的基本思路。下面以人教版《化学》九年级上册第四单元课题 3 "水的组成" 的教学为例，谈谈在研究物质组成过程中如何促进学生认识发展。

一、以证据推理链串联学生认识视角

化学认识视角是指对物质及其变化的特征及规律进行认识的侧面、角度或切入点，是解决 "从哪儿想" 这一问题、培养学生化学思维的方向或突破口。而学习是指由经验引起的行为、能力和心理倾向持久性的变化①，学习者的经验将是学生学习的证据，基于证据进而推理出合理的结论。以证据推理链串联化学学习过程，能不断将学生的经验有效串联起来，形成系统的证据推理过程，进一步发展学生的认识视角。在证明化合物组成的学习过程中，让学生学会辨别、理解和处理众多与化合物组成有关的证据，基于多维度的证据进行衡量，辩证地推理化合物的组成，让学生寻找研究 "物质组成" 的认识视角。在 "水的组成" 的教学中，证据链是：从古人 "眼" 中的水到科学家 "眼" 中的水再到我们 "眼" 中的水，不断从古语、史料、实验、模型中寻找多重证据形成证据链进行推理，归纳古语中的经验证据、史料中的宏观证据、实验中的定性定量证据、模型中的微观证据等，提高学生收集证据的广度和深度进而提炼认识视角：从宏观元素组成认识物质组成、从微观粒子构成认识物质构成、从定性实验体会物质组成、从定量实验计算物质组成。具体证据链如图 7 - 14 所示：

---

① 　中华人民共和国教育部. 义务教育化学课程标准（2022 年版）〔S〕. 北京：北京师范大学出版社，2022：1.

	证据线	知识线	问题线	任务线	素养线	评价线
证据一:古人"眼"中的水	古语视频证据	水的组成猜想	水是由什么元素组成的?	观看视频,思考问题	崇尚科学真理,具有严谨求实的科学态度,不迷信	诊断并建立证据与问题的关联
证据二:科学家"眼"中的水	科学史料证据	水的组成推证	科学家的实验证据说明水是由什么元素组成的呢?	阅读史料,寻找证据,推理结论	根据问题特征从物质及其变化的事实中提取证据	诊断并建立证据收集、证据分析、基于证据展开推理的活动经验
证据三:我们"眼"中的水	探究实验证据	水的组成实证	沿着科学家的思路,我们如何实证水的组成呢?	观察演示实验,分析证据,表征化学变化 / 分组实验观察,从定性与定量结合上收集证据	从物质及其变化的事实中收集证据 / 依据证据从不同视角(变化观、元素观)分析问题,推出合理的结论,建立分类观	诊断并建立证据推理活动经验,形成相应的策略和思路方法
	分子模型证据	水的组成微观分析	通电后,水是如何变成氢气和氧气的呢?	从宏观和微观结合上解释证据	从不同视角(微粒观、变化观)解释证据	诊断并发展从不同视角(微粒观、变化观)解释证据
	科学史料证据	水的组成数据计算	阅读史料思考,H_2O 与水通电的哪个证据有关联?有什么样的关联呢?	阅读史料,思考	通过定性分析和定量计算推出合理的结论	诊断并建立定性分析和定量计算,推出合理的结论

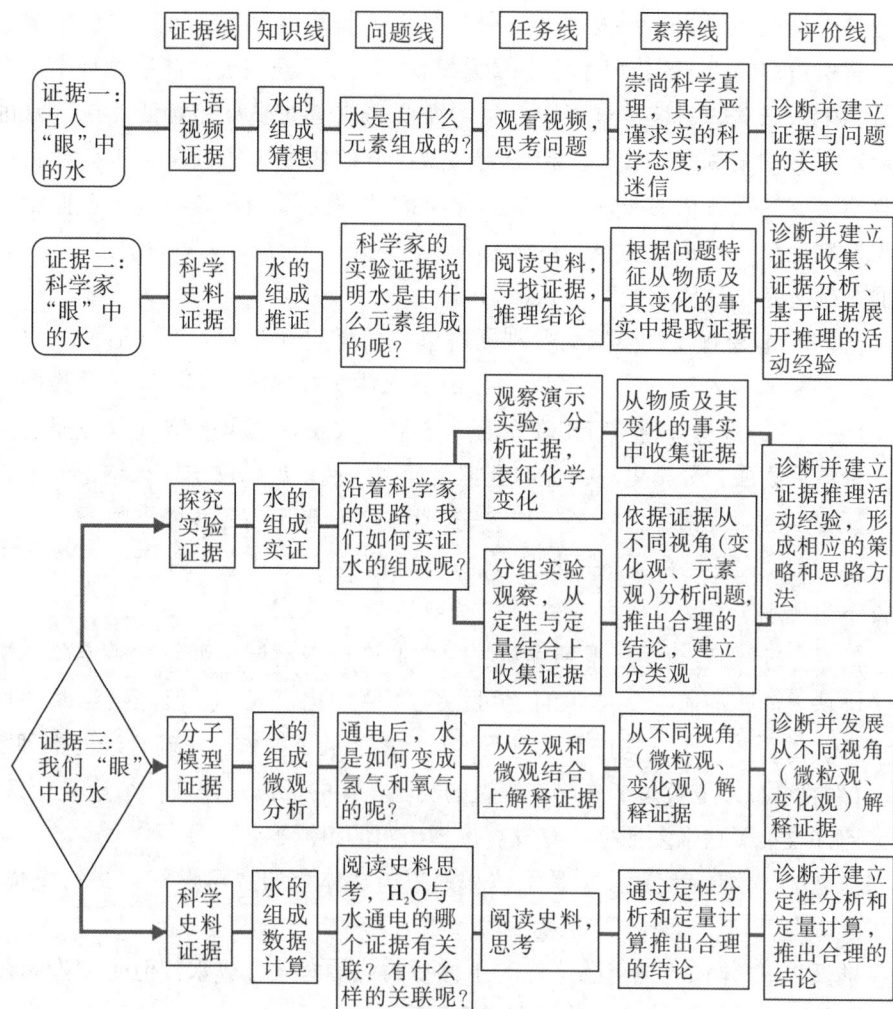

图 7-14 化合物组成学习证据链

二、以倾听和对话发展学生认识思路

化学认识思路是指对物质及其变化的特征及规律进行认识的程序,是解决"怎么想"这一问题,是培养学生化学思维的路径和框架。在教学过程中以倾听和对话发展学生认识思路也是一种尝试。举凡教学,一定需要倾听和对话。从"口耳相传"的原始教学,到"视听结合"的现代教学,甚至是以"学习中心"为主的未来教学,都离不开倾听和对话。教学与倾听、对话的关联越来越密切,教学在实质上是师生的对话,其基础便是倾听。高质量的倾听和对话促进学生集中注意力、激发兴趣、分析辨别、归纳推理、进行反思、生成意义、建构新知等，这就构成了用心倾听和对话学习的完整过程和连续环节。在促进学生认识发展的教学过程中，急切需要高质量的倾听和对话。在"水的组成"的教学案例中，让学生接触到大量已有的研究事实，在倾听科学家研究物质组成的发展史的对话中，遵循化学的"原生态"发展轨迹，遵循学生认识发展规律，不断激发学生的学习兴趣，逐步引导学生从多角度进行学习，从而掌握研究"物质组成"的认识思路。

【倾听1】视频播放模拟的普利斯特里"可燃空气"魔术，之后瓶子里还有一位神秘"客人"。这"可燃空气"是什么呢？神秘的"客人"又是谁呢？

【对话1】最初普利斯特里在变魔术中第一次发现"可燃空气"点燃会生成一种液体物质，分析史料，他的证据是什么？基于证据推出什么结论？

证据1："可燃空气"（氢气和空气）燃烧；瓶壁上有不少液态物质。

推理1：从宏观实验证据推出可能是"可燃空气"（氢气和空气）在点燃条件下生成水。

【倾听2】随着氧元素得到确认，卡文迪许接着尝试用纯氧代替空气，进一步确认1体积的氧与2体积的"可燃气"恰好化合成水。但是受当时"燃素学说"的影响，卡文迪许并没有根据自己的实验证据做出正确合理的推理。

【对话2】以上就是卡文迪许所做的实验，他的证据是什么？结论是什么？卡文迪许收集了这么多证据，有没有推理出水的组成呢？

证据2：实验和定量证据是1体积的氧与2体积的"可燃气"进行燃烧，生成液体水。

推理2：2体积的"可燃气"与1体积的氧恰好化合成水，但受"燃素学说"的影响，这一实验证据并没有得到正确的推理。

【倾听3】拉瓦锡继续从元素守恒的角度，从化合物的化合和分解角度设计实验。他将15格令的易燃空气（H_2）和120格令的生命空气（O_2）放在一起燃烧，燃烧产物精确为135格令的水（H_2O）；再将135格令的纯净物（水）通过一根烧红的枪管进行电解，又得到原质量的H_2和O_2。

【对话3】以上就是拉瓦锡所做的实验，他的证据是什么？结论是什么？

证据3：拉瓦锡不但从水的生成找证据，还从水的分解找证据，并根据定量分析推理水的组成。15格令的H_2和120格令O_2燃烧，生成135格令的H_2O。135格令的H_2O分解为15格令的H_2和120格令O_2。首次用纯净物（水）进行实验，没有其他物质的干扰，直接用烧红的枪管进行电解，是化学史上的一次伟大壮举。

推理3：从化合物的化合和分解角度，推理出水是由氢、氧两种元素组成的。

【对话4】上述科学家研究水的组成的一系列实验，你能说说科学家是利用哪些化学变化研究水的组成？学生通过上面的倾听和对话，总结出基于证据研究水的组成的认识思路，如图7-15所示：

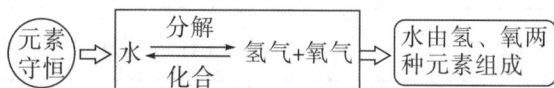

图7-15　科学家研究水的组成的认识思路

在循序渐进的倾听和对话中，不断激发学生寻找科学家研究过程中的证据，并进行合理的推论，让学生循着科学家研究元素化合物组成的进程去寻找研究元素化合物的认识思路。

三、以实验探究发展学生认识方式

学生认识方式指对物质及其变化的特征及规律进行认识的方式方法，是解决"怎么做"这一问题，是培养学生化学思维的方式方法。在化学学科发展进程中，每一次理论突破、每一个发现和发明，都是基于实验研究或实验检验，在实验证据基础上进行推理形成的。循着科学家研究水的组成的认识方式，学生讨论提出实验探究水的组成的认识方式：

图7-16　学生实验探究水的组成的认识方式

在实验探究过程中，初步掌握认识"水的组成"的认识方式，并初步学会运用比较、分类、归纳、概括、演绎、抽象等科学方法。

1. 问题链呈现认识过程

教师在教学过程中要善于从学科理解的视角设计问题，如元素化合物的组成需要从化合物生成的视角设计问题，也需要从化合物分解的视角设计问题，不断激发学生进行猜想、收集证据、基于实验证据推理结论。在科学探究过程中不断提出可修正的问题，引导学生从更深入的视角进行探究，让推理出的结论更加准确。

【问题1】如何从水的生成视角证明物质的组成？

实验现象（证据）	火焰呈淡蓝色，烧杯内壁出现水雾
实验结论（推理）	氢气燃烧生成了水，水是由氢、氧两种元素组成的
符号表征	$2H_2 + O_2 \xrightarrow{点燃} 2H_2O$

根据设计的方案，开展氢气在空气中燃烧的实验，收集、记录证据，依据证据展开推理。从实验证据推出：氢气燃烧生成了水，水是由氢、氧两种元素组成的。从元素视角思考这个结论是否合理，从而引导学生在探究过程中从元素守恒视角思考证据的准确性。拉瓦锡是用纯净物（水）进行实验，并控制其他物质的干扰，直接用烧红的枪管进行电解。

【问题2】氢气在空气中燃烧生成水的实验，能准确证明水是由氢、氧元素组成吗？

空气中含有 N_2、O_2、CO_2、水蒸气、稀有气体等，从元素守恒的视角，这个推理不严密，这就需要寻求新的方案，能否从水出发？

【问题3】如何从水的分解视角证明物质的组成？

学生从这个问题中思考如何从水的分解证明物质的组成，各小组研究设计实验方案，在电解过程中收集证据。观察点1：相同时间气泡产生快慢；观察点2：相同时间气体体积的量、电解结束后（检查气体）；观察点3：木条燃烧情况。从定性证据的收集到定量证据的收集，从不同视角（变化观、元素观）分析问题，基于所得证据展开推理，推出合理的结论，同时掌握纯净物的分类方法，进一步生成分类观。

电极	正极	负极
水电解过程中的实验现象（收集证据）	产生少量气泡，玻璃管内液柱下降较慢	产生大量气泡，玻璃管内液柱下降较快
	$V_{氢气} : V_{氧气} = 2 : 1$	
气体检验过程中的实验现象（收集证据）	木条燃烧得更旺	产生淡蓝色火焰
实验结论	水不是一种元素，是由氢、氧两种元素组成的	

分类	实验前 （参加反应的物质）	实验后 （生成的物质）	
物质种类	水	氢气	氧气
元素组成	氢元素、氧元素	氢元素	氧元素
元素种类	2 种元素	1 种元素	1 种元素
元素守恒观	化学变化前后，元素的种类不变		

【问题 4】电解过程中为了增强导电性可在水中加入氢氧化钠、硫酸或硫酸钠；从氢、氧元素守恒视角，你会选择哪种物质？

从这个问题进一步引导学生理解化学反应变化过程中的变化观和元素观，为了确保元素守恒，应选择硫酸钠。

【问题 5】气体体积受温度、压强影响比较大，电解过程中收集气体能保证同温同压，并准确测定气体体积吗？下面阅读史料证据，看看科学家是怎样解决这个问题的？

【史料证据】

（1）同温同压下，气体的体积比为分子个数比。

（2）1805 年法国化学家盖·吕萨克从定量的角度精准测定水的组成：

$$2\ \text{体积氢气} + 1\ \text{体积氧气} \xrightarrow{\text{电火花点燃}} 2\ \text{体积水蒸气}$$

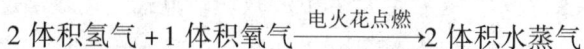

盖·吕萨克实验的精确度在于：氢气、氧气可以完全控制纯净；体积可以在同温同压下测定；反应条件电火花点燃，可以使反应充分进行；反应后可以在同温同压下准确测量水蒸气的体积。阅读史料证据并思考，进一步分析科学家的精确证据和推论，拓宽学生分析元素化合物组成的思路，通过定性分析和定量计算推出水的组成的结论。

2. 模型理解展现学生认识方法

在研究化合物组成的过程中需要从微观角度，对宏观证据进行科学解释，找到宏观证据和微观证据之间的关系，这样的科学归纳推理才能得到更合理的结论。在水的组成中可以从不同视角（实验观、微粒观、变化观、元素观）探究、寻找证据，并运用分子模型解释宏观证据。

【模型认知】从微粒观的角度探究电解水的实验

从微粒观的角度探究电解水的过程，让学生用橡皮泥模拟电解水的微观变化过程，并且让学生画出物质的微粒示意图和电解水的过程示意图，并用符号进行表征。

物质的微粒示意图	大量水分子 　大量氢分子 　大量氧分子
	水分子 　 氢分子 　 氧分子
	H_2O 　 H_2 　 O_2
电解水的过程示意图	水分子 　氢原子、氧原子 　氢分子 　氧分子
符号表征	$2H_2O \xrightarrow{\text{通电}} 2H_2\uparrow + O_2\uparrow$

在从学生的认识视角、思路、方式来重构知识体系的指引下的教学，是促进学生认识发展的教学，是核心素养下的教学新范式。在教学过程中，充分促进学生认识发展需要考虑"从哪儿想""怎么想""怎么做"这几个问题。从学生的认识起点出发，把握好知识的深度和广度，做到深入浅出、以点概面，帮助学生搭建学习支架，形成"认识视角—认识思路—认识方式"三个层次的教学指导方法，不断层层深入、螺旋上升，从而有效促进学生的认识发展。

【案例4】

二氧化碳制取的研究——可见的学习视域下的模型构建

科学建模是一种重要的研究方法。在近代科学的产生和发展过程中，模型方法发挥了举足轻重的作用。在化学科学研究中，化学家巧妙地构建了大量的认知模型，既促进了化学理论的发展，也有效地帮助了学习者或其他研究者了解化学理论及最新的研究成果①。新课标明确指出，科学思维主要包括：在解决化学问题中所运用的比较、分类、分析、综合、归纳等科学方法，基于实验事实进行证据推理、建构模型并推测物质及其变化的思维能力，在解决与化学相关的真实问题中形成的质疑能力、批判能力和创新意识。建构模型是落实科学思维核心素养的重要体现。

建构科学思维模型是一系列简化的能够体现各个科学理论原则之间相互关系的规则和表示方法，同时能够使人们对对象的微观衍生出解释和预测现象。其功能为：可以使抽象的事物具体化、可视化；可以将复杂的现象或事物简单化；可以为科学的解释和预测提供依据。本研究在科学建模的教学实践中，将通过学生科学建模的不同阶段来确定学习层级，学生建立思维模型的阶段和学习层级如图 7-17 所示，以下结合人教版《化学》九年级上册第六单元课题 2 "二氧化碳制取的研究"教学实践进行阐述。

图 7-17　学生建立思维模型的阶段和学习层级

一、层级一：建立模型

建立思维模型是指学生建立与以前的证据和理论相一致的模型来解释或预测现象。在学生已有的氧气制取模型基础上，建立与熟悉现象相一致的气体制取模型。

【学习任务 1】建立气体制取的思维模型

问题 1：你喜欢二氧化碳吗？

建立模型是有过程的。首先是学生头脑中已有的知识，在学习"二氧化碳制取"内容之前，学生对身边的二氧化碳不是没有认识的，而且大概知道二氧化碳的利和弊，这种认识就是学生的前科学认识，是"二氧化碳制取"

---

① 单旭峰. 对"模型认知"学科核心素养的认识与思考 [J]. 化学教学，2019（3）：8-12.

教学设计的基础。通过观看科学视频，进一步提出问题——大气中的二氧化碳怎样收集并变废为宝。

问题2：实验室如何制备二氧化碳呢？

学生对气体制取的知识储备是制取氧气的实验知识，在此再呈现实验室制取氧气的模型，如图7-18所示。

初步建立气体制取的模型：反应原理→发生装置→收集气体。

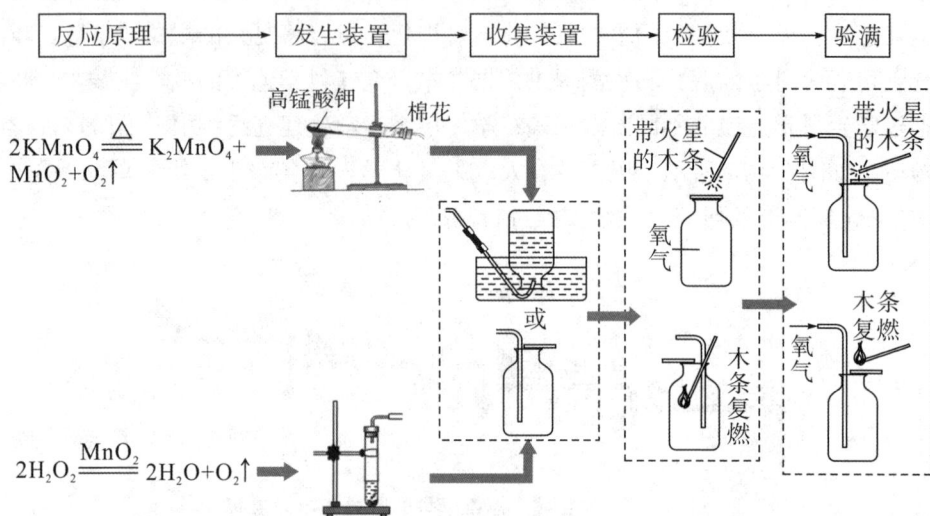

图7-18　氧气制取的思维模型

二、层级二：使用模型

使用思维模型是指学生使用模型来解释或预测现象。使用模型指导实践，从氧气制取的基础上建构二氧化碳制取模型，预测每个阶段需要关注的问题并进行实验探究。

【学习任务2】使用气体制取的模型

问题3：根据气体制取的模型：反应原理→发生装置→收集气体，分析制取二氧化碳反应原理需要考虑哪几个因素？

在学生已有的能产生二氧化碳的反应中寻找适合实验室制取二氧化碳的反应原理，这时需要渗透科学研究方法。根据众多反应原理，我们不需要一一进行实验，我们可以模拟现代化学研究方法，在此，介绍2013年诺贝尔化学奖获得者马丁·卡普拉斯、迈克尔·莱维特和阿利耶·瓦谢勒在计算机进行模拟反应原理的研究。同时使用模型需要关注学生的思维发展，外显思维，让学生对需要考虑的因素进行一一分析。众多能生成二氧化碳的反应中需要考虑的因素：反应条件、反应原料、反应装置现象、反应产物。

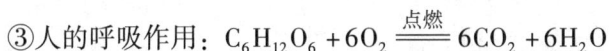

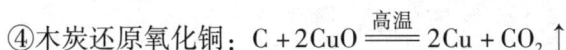

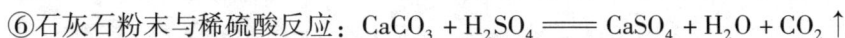

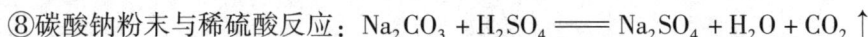

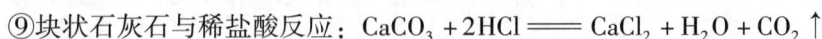

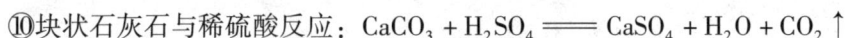

①木炭燃烧：$C + O_2 \xrightarrow{\text{点燃}} CO_2$（完全燃烧）

②蜡烛燃烧：$2C_{22}H_{46} + 67O_2 \xrightarrow{\text{点燃}} 44CO_2 + 46H_2O$

$2C_{28}H_{58} + 85O_2 \xrightarrow{\text{点燃}} 56CO_2 + 58H_2O$

③人的呼吸作用：$C_6H_{12}O_6 + 6O_2 \xrightarrow{\text{点燃}} 6CO_2 + 6H_2O$

④木炭还原氧化铜：$C + 2CuO \xrightarrow{\text{高温}} 2Cu + CO_2\uparrow$

⑤石灰石粉末与稀盐酸反应：$CaCO_3 + 2HCl == CaCl_2 + H_2O + CO_2\uparrow$

⑥石灰石粉末与稀硫酸反应：$CaCO_3 + H_2SO_4 == CaSO_4 + H_2O + CO_2\uparrow$

⑦碳酸钠粉末与稀盐酸反应：$Na_2CO_3 + 2HCl == 2NaCl + H_2O + CO_2\uparrow$

⑧碳酸钠粉末与稀硫酸反应：$Na_2CO_3 + H_2SO_4 == Na_2SO_4 + H_2O + CO_2\uparrow$

⑨块状石灰石与稀盐酸反应：$CaCO_3 + 2HCl == CaCl_2 + H_2O + CO_2\uparrow$

⑩块状石灰石与稀硫酸反应：$CaCO_3 + H_2SO_4 == CaSO_4 + H_2O + CO_2\uparrow$

…………

问题4：根据分析结果，如何设计实验寻找最佳反应原理？

所有依据模型的分析，都要回归到实验验证，而在寻找最佳反应原理时，需要设计对比实验进行探究，更好地论证最佳反应原理。

对比实验1：碳酸钠粉末与稀盐酸反应：

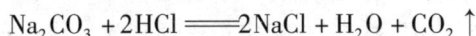

$$Na_2CO_3 + 2HCl == 2NaCl + H_2O + CO_2\uparrow$$

块状碳酸钠与稀盐酸反应：

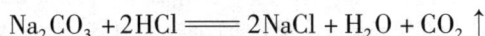

$$Na_2CO_3 + 2HCl == 2NaCl + H_2O + CO_2\uparrow$$

对比实验2：石灰石粉末与稀盐酸反应：

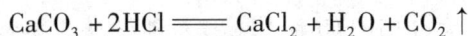

$$CaCO_3 + 2HCl == CaCl_2 + H_2O + CO_2\uparrow$$

块状石灰石与稀盐酸反应：

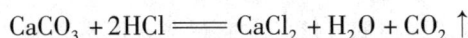

$$CaCO_3 + 2HCl == CaCl_2 + H_2O + CO_2\uparrow$$

对比实验3：块状石灰石与稀盐酸反应：

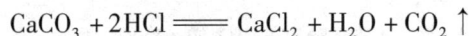

$$CaCO_3 + 2HCl == CaCl_2 + H_2O + CO_2\uparrow$$

块状石灰石与稀硫酸反应：

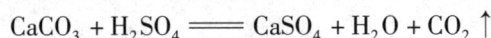

$$CaCO_3 + H_2SO_4 == CaSO_4 + H_2O + CO_2\uparrow$$

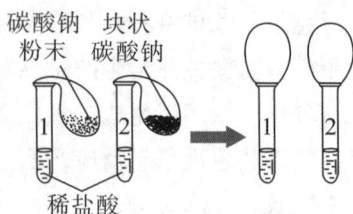

图 7-19　碳酸钠粉末、块状碳酸钠与稀盐酸的反应

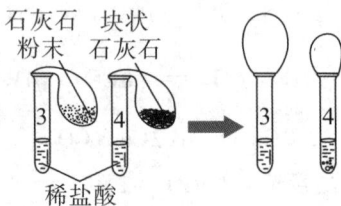

图 7-20　石灰石粉末、块状石灰石与稀盐酸的反应

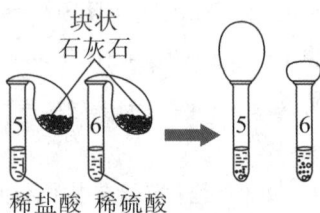

图 7-21　稀盐酸、稀硫酸与块状石灰石的反应

从固体的状态和酸的种类出发进行实验探究，并将实验现象外显，让学生更直观地找到适合的反应原理。最终确定反应原理为：块状石灰石与稀盐酸反应，化学方程式为 $CaCO_3 + 2HCl \xlongequal{\quad} CaCl_2 + H_2O + CO_2 \uparrow$

问题 5：根据气体制取的模型：反应原理→发生装置→收集气体，分析制取二氧化碳的发生装置和收集装置需要考虑哪些因素，并根据已给出仪器组装发生装置和收集装置。在使用模型时，进一步明晰气体发生装置需要考虑反应物的状态、反应条件；气体收集装置需要考虑气体的性质，如密度和水溶性。在考虑这些因素的同时还要根据具体的实验任务选用不同的装置，进一步突破发生装置组装的难点。设计思路：一是从实验原型到实验优化；二是从量的角度进行设计。在使用模型过程中设计的问题链是：

①需要制取少量（1 瓶）二氧化碳，实验装置如何设计（设计实验装置的原型）？

②需要制取较多量（2瓶）二氧化碳，实验装置如何改进？

③连续多量（3瓶、4瓶……）制取实验过程中，未得到3瓶二氧化碳时，液体药品反应完了，但固体有剩余，实验装置如何改进？

④间接多量（先收集1瓶，过一段时间再慢慢收集1瓶），实验装置如何改进？

⑤控制制取气体的开始和结束，实验装置如何改进？

具体设计路径如表7-7所示：

表7-7 发生和收集装置设计路径

明确实验任务 ⟶ 确定反应仪器组合 ⟶ 连接仪器			反应装置设计图
（发生装置设计）	（药品用量、液体添加、反应控制）	（橡胶塞、导管、橡胶管）	
少量（1瓶） 实验原型： 最简单设计	试管	单孔 导管	
较多量（2瓶） 优化点： 盛放药品较多	锥形瓶　平底烧瓶	单孔 导管	
连续多量（3瓶、 4瓶……） 优化点： 添加液体方便	长颈漏斗　锥形瓶　平底烧瓶	双孔 导管	
间接多量（先收集 1瓶，过一段时间 再慢慢收集1瓶） 优化点： 控制液体滴加速率	分液漏斗　锥形瓶　平底烧瓶	双孔 导管	
控制制取气体 的开始和结束 优化点： 随关随停	试管　长颈漏斗 多孔塑料板　弹簧夹	双孔 导管	弹簧夹 多孔塑料板

三、层级三：评估修正模型

评估修正思维模型是指学生比较和评估不同模型准确的代表和解释现象，预测新的现象的能力，并最大限度地修正模型提高适用性。

【学习任务3】评估修正气体制取模型

问题6：根据组装的仪器如何制得二氧化碳？

评估模型是否适合，也是通过实验进行评估，并在评估过程中不断修正模型。学会辨别模型明显的优势和劣势，考虑特定现象是否能够被特定模型所解释，辨别特殊的模型特征，建议使用其他现象来测试模型，比较不同模型的解释和预测能力，组织学生进行分组实验来评估修正模型，具体如表7-8所示。

表7-8　学生分组实验要求

组　别	要　求	实验装置图	选择的依据
第1~2大组	制取1瓶CO_2		
第3~4大组	制取2瓶CO_2		
第5~6大组	制取3瓶CO_2		
第7~8大组	制取3瓶CO_2并立刻停止		

为了更好地解释现象而修正模型，明确建立模型各个环节需要考虑的因素，以便有更大的适用性，最后经过评估的模型如图7-22所示：

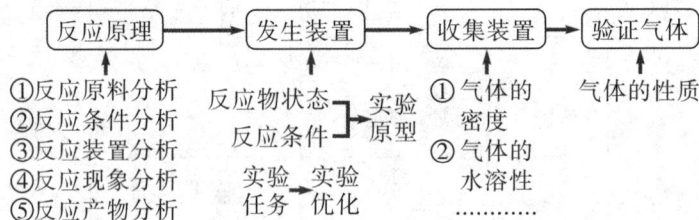

图7-22　经过评估的模型

四、层级四：应用模型

应用思维模型是指学生应用模型来解决新的问题。在氧气、二氧化碳制取的基础上建立的模型，再应用在氢气制取的各个阶段。

【学习任务4】应用气体制取模型

问题7：实验室如何制备氢气呢？

【学习资料】

（一）获得氢气的方法

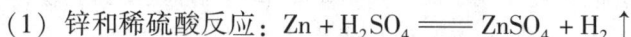

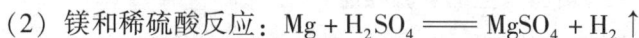

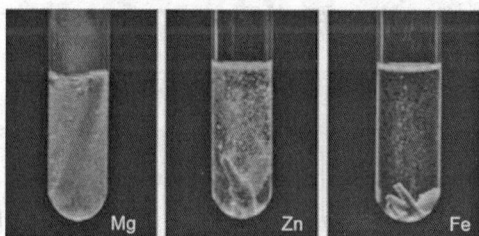

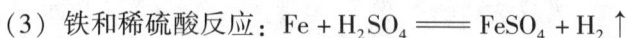

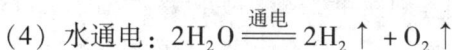

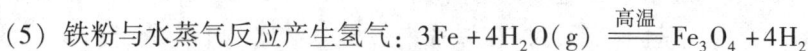

（1）锌和稀硫酸反应：$Zn + H_2SO_4 \xlongequal{\quad} ZnSO_4 + H_2\uparrow$

（2）镁和稀硫酸反应：$Mg + H_2SO_4 \xlongequal{\quad} MgSO_4 + H_2\uparrow$

（3）铁和稀硫酸反应：$Fe + H_2SO_4 \xlongequal{\quad} FeSO_4 + H_2\uparrow$

（4）水通电：$2H_2O \xlongequal{通电} 2H_2\uparrow + O_2\uparrow$

（5）铁粉与水蒸气反应产生氢气：$3Fe + 4H_2O(g) \xlongequal{高温} Fe_3O_4 + 4H_2$

（6）运用生物细菌，采用细菌分解法从生活垃圾中制取氢气和肥料。首先将生活垃圾集中、粉碎，然后放到分解池或罐里，最后加入厌气性细菌，在37℃左右的温度下，细菌分解生活垃圾将产生氢气。

（二）氢气的相关性质

氢气是无色无味、密度比空气小、难溶于水的气体（在各种气体中，氢气的密度最小）。在 −252℃时变成无色液体，−259℃时变为雪花状固体。当空气中的体积分数为 4% ~ 75% 时，遇到火源，可引起爆炸。

根据资料信息，完成以下探究任务并填在表 7 − 9 中。

表 7 - 9　学生课外探究实验要求

课外探究活动	实验室制取氢气	
反应原理		
实验装置	发生装置示意图	收集装置示意图
氢气检验方法		

　　建构科学思维模型是培养学生核心能力的一种重要途径，也是学生掌握化学基础理论和原理以及解决实际问题的关键工具。通过对复杂化学问题场景中的核心元素进行分析和推导，积极建构和优化认知模型，并运用该模型在新情境中解决复杂问题，有助于提高学生的学科思维水平，推动学生对知识进行结构化和系统的理解，最终培养学生的实验技能。

第二节　跨学科实践活动案例

【案例 1】

微型空气质量"检测站"的组装与使用
——可见的学习理论下化学学科实践

　　新课标准确设定化学课程为一门基础性和实践性的自然科学课，对于实施立德树人的根本任务、促进学生全面发展具有显著价值。化学学科特点决定了其自带"实践"基因，新课标在课程内容上，增加了十个跨学科实践活动，以此推动化学学科实践学习方式的落地。"可见的学习"理论是哈蒂对学业成绩的量化元分析，将 138 个因素纳入学生、家庭、学校、教师、课程、教学六个范畴，体现经典教学论三要素：内容、教师、学生。基于三要素的可见，在实践学习内容可见、教师的教可见、学生的学可见三个维度进行课堂实验教学实践，寻找"教—学—评"一体化教学路径，最大程度地促进学习，形成了"可见的学习"下的典型案例。

　　跨学科实践活动，在没有统一标准教材的情况下，应如何实施学科实践学习呢？本文从整合内容、问题情境、实践活动、活动评价四个方面构建教师行为和学生行为动态融合分析框架，实现可见的学习过程教与学的高度统一。以

"微型空气质量'检测站'的组装与使用"为例，首先结合教材中"空气质量日报"项目，设计"空气质量日报是什么""空气质量日报是如何检测的""空气质量日报有什么用途""空气质量日报如何完善"四个核心活动。创设"空气质量检测"真实情境，以问题链的形式调动学生参与实践活动，并以学生组装检测仪并检测空气中的污染物为学习成果，在每个环节中实施评价，体现内容、教学、学习均可见的学科实践学习过程。

一、实践活动背景

该项目以空气中的污染物为研究对象，以空气质量"检测站"为载体，属于化学与环境领域的产品制作类综合实践活动。该项目涵盖空气质量的检测、空气污染物的处理、地球环境系统的循环等方面的知识，融合了化学、生物学、地理、物理等多学科的内容。空气组成、典型的大气污染物的来源及危害属于化学学科内容。认识人类活动破坏或改善生态环境，属于生物学科的问题。气象对空气质量影响因素的探究以及空气质量监测中的气象监测属于地理学科内容。利用简易传感器装置对几种常见空气污染物进行监测，与化学、物理学科有关。该项目中"检测站"既可以理解为空气质量监测的系统，也可以理解为具体测定空气质量的仪器设备。基于所测量的信息寻找合适的检测装置，建立空气质量检测的模型，基于环保的要求建立以循环检测、实时反馈、靶向治理为中心的监测系统，促进跨学科大概念的发展，促使学生形成关爱环境、保护环境的意识。

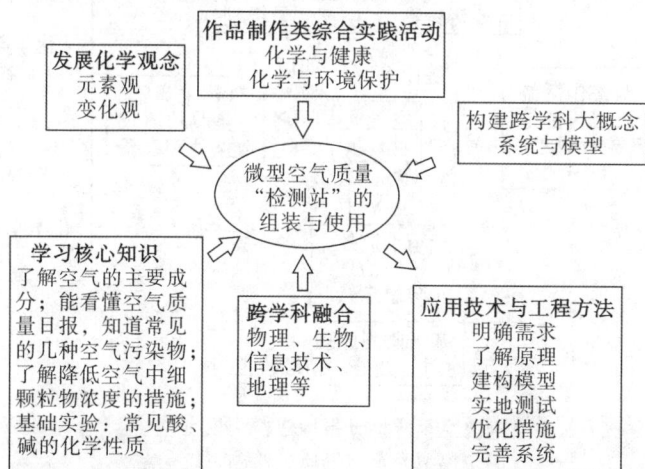

图 7-23　"微型空气质量'检测站'的组装与使用"活动背景

二、实践活动内容

空气是人类赖以生存的宝贵资源，在现代化生产生活中，对人类居住环境的空气质量进行检测及监测是必不可少的。本项目以"空气质量日报"为核心，围绕"空气质量日报"的"前沿"与"发展"而展开。

空气质量日报是什么——回答空气的主要成分、空气中主要污染物问题；

空气质量日报是如何检测的——回答检测空气质量的技术问题，融合化学、物理、信息技术、地理等多学科；

空气质量日报有什么用途——回答空气质量监测系统中"监测"的问题（精准监控、靶向治理、防患未然）；

空气质量日报如何完善——回答空气质量监测系统中精准监测的问题，结合中山市网格化空气质量监测系统，可以达到实时监测、及时播报、有效处理等目的。

本项目内容始终围绕发展"系统与模型"大概念，以"检测仪"的原理理解、应用与检测为模型建构，结合实际情况、气象影响、反馈机制等不断完善该空气质量监测的系统。

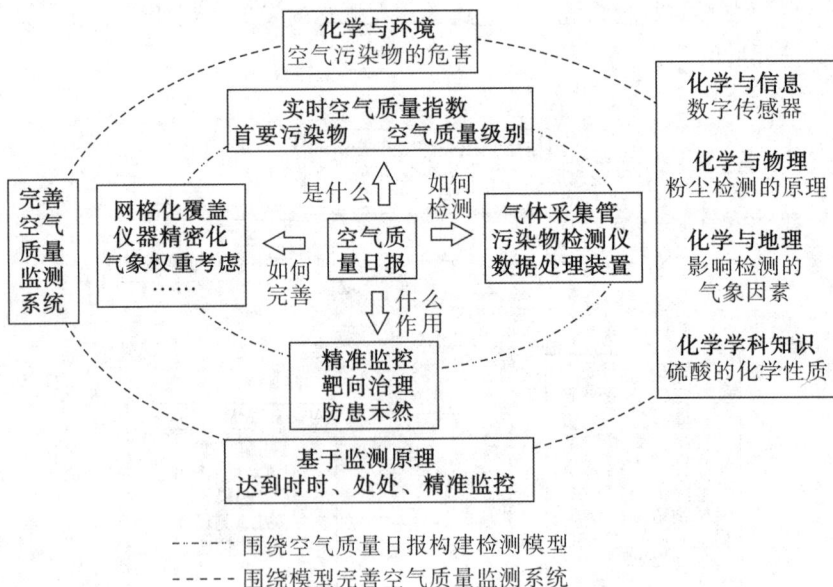

------ 围绕空气质量日报构建检测模型
----- 围绕模型完善空气质量监测系统

图 7-24

三、实践活动目标

学生应该学会什么，教师为什么教，我们可以通过对新课标学习主题5"化学与社会·跨学科实践"的学习内容、学业质量、学业要求进行分析，形成学业质量评价指标，从而为开展跨学科实践活动指明方向，"微型空气质量'检测站'的组装与使用"目标分析框架如表7-10所示：

表7-10 "微型空气质量'检测站'的组装与使用"目标分析框架

核心素养	学业质量评价指标	学业要求	学习主题	实践类型	教材所在位置	实践内容	核心知识或核心活动经验	指标编码	具体学习表现指标	预期学习水平
科学探究与实践	N18：能根据解决与化学相关的简单问题的需要，运用物质检验和性质探究等实验探究的一般思路与方法，设计简单的实验探究方案	主题二：初步预测常见的金属、酸和碱的主要性质，设计实验方案，分析、解释有关的实验现象	物质的性质与应用	探究实验	下册第72页	碱的化学性质	常见的酸、碱	B	能利用酸和碱的性质和反应规律预测酸碱反应的产物	应用实践
	N24：能将化学知识与生产生活实际相结合，主动关注有关空气和水资源保护等实际问题，并参与讨论	主题五：能体会实验在化学科学发展、解决与物质转化及应用相关实际问题中的重要作用，意识到协同创新对解决跨学科复杂问题的重要性	化学与社会·跨学科实践	跨学科实践活动	上册第36页	空气质量指数日报	空气	B	结合检测空气质量的作用和意义，讨论实际问题	应用实践
	N25：能从科学、技术、社会、环境的相互关系中辩证分析与化学相关的简单的社会性科学议题，尝试提出自己的见解和建议，作出合理价值判断							C	应用物质性质及其变化，提出解决环境问题的创意方案	迁移创新

（续上表）

核心素养	学业质量评价指标	学业要求	学习主题	实践类型	教材所在位置	实践内容	核心知识或核心活动经验	指标编码	具体学习表现指标	预期学习水平
科学探究与实践	N21：运用实验等手段，完成简单的作品制作、社会调查等跨学科实践活动					利用单片机及传感器组装微型空气质量"检测仪"	空气	B	作品制作	应用实践

四、实践活动设计

"微型空气质量'检测站'的组装与使用"项目以"检测站"为核心。"检测站"内部体现的是化学与信息技术、物理、地理等学科的融合，"检测站"外延则体现化学与环境保护的科学发展观。学生在了解基于 STM51（或32）单片机设计的 $PM_{2.5}$ 检测原理后，探究温度和湿度对于 $PM_{2.5}$ 检测的影响，在探究过程中了解信息技术检测的精准性是受多方面影响的，因此收集、整理、分析空气质量数据时要统筹权重各因素指标。这也从侧面说明，空气质量检测具有复杂性和艰巨性，但即便如此，从环境保护上仍然要发展空气质量检测技术，践行科学发展观。

围绕"空气质量日报"，该项目共有以下四个核心活动。

活动1："空气质量日报"报的是什么？观看查询中山市生态环境局的"中山市空气质量日报"，了解空气质量日报的内容。思考：为什么要检测空气中的这些气体？这些空气污染物会对人类造成什么影响？感受空气质量与人类生活质量是息息相关的。

活动2："空气质量日报"是如何生成的？通过探秘空气自动监测站，初步建构空气质量检测的模型，应用 STM51 单片机模拟测定空气中的 $PM_{2.5}$，并探究温度和湿度对于空气中 $PM_{2.5}$ 测定的影响。思考：还有哪些气象因素会影响 $PM_{2.5}$ 的测定，影响 $PM_{2.5}$ 测定的气象因素可能是什么？降低空气中细颗粒物浓度的措施是什么？

活动3："空气质量日报"有哪些作用？在前两个活动的基础上，学生对该问题进行充分讨论。在讨论中建立空气质量监测具有重要意义的意识。

活动4："空气质量日报"如何完善？在前面应用空气质量检测模型进行空气质量检测后，对于哪些气象因素会影响检测结果、检测的异常结果该如何处置、监测的作用是否起到防患于未然的作用等进行总结，同时对如何改善空气质量提出合理建议。

（一）教学目标

（1）以"空气质量日报"为途径，知道二氧化硫、二氧化氮、细颗粒物等空气污染物，认识到空气质量与人类生活密切相关；

（2）从"中山市环境空气自动监测系统"中了解空气质量检测的关键环节，建构与应用微型空气质量"检测站"的模型；

（3）应用微型空气质量"检测站"检测空气中的细颗粒物时，能应用控制变量的思维探究温度与湿度对检测结果的影响，能感受空气质量检测过程中的复杂性，能体会化学在处理环境污染问题中的重要作用；

（4）依据细颗粒物的性质与特点，能推测降低空气中细颗粒物浓度的措施，初步形成保护空气的社会责任；

（5）在探讨如何完善空气质量监测系统时，能思考政策、技术、环境等多方面对其的作用与影响，发展"系统与模型"的大概念。

（二）教学思路

初中化学实践学习过程框架如图7-25所示。

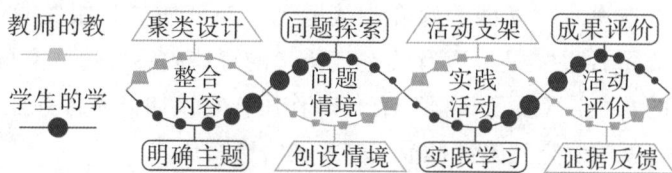

图7-25　学科实践学习过程分析框架

通过整合内容、创设情境、实践学习、评价任务这四个环节，构建教师行为、学生行为实施教学，同时每个环节都给予评价设计，促进"可见的学习"（如表7-11）。

表 7 - 11　　"微型空气质量'检测站'的组装与使用"教学思路

整合内容	创设情境 （教师行为）	实践学习 （学生行为）	评价任务
学习主题二： 物质的性质与应用 ①碱的化学性质 ②硫的化学性质 学习主题五： 化学与社会·跨学科实践 ①空气质量日报 ②简单制作	空气质量需要检测什么？	利用 SO_2 化学性质进行检测设计	①能正确书写化学反应方程式 ②能认识到基于物质性质进行的实验及其原理
	空气质量如何检测？	利用单片机及传感器组装微型空气质量"检测仪"	①知道 $PM_{2.5}$ 传感器原理并组装 ②能用 $PM_{2.5}$ 检测仪对空气质量进行检测
	检测空气质量的作用和意义是什么？	讨论城区是否适宜设露天烧烤场	体会空气质量监测的重要意义，能从生态自然可持续发展的视角分析与讨论实际问题
	如何完善空气质量监测系统？	可以从监测、排放的角度提出改善空气质量的方法	可以从监测、排放的角度提出改善空气质量的方法

（三）教学流程

【师】创设情境：空气质量需要检测什么？

我们经常在书本、新闻等媒介中接触到"空气质量日报"这个关键词，那么"空气质量日报"是报道有关空气质量的哪些内容？这些空气质量标准是如何得来的？"空气质量日报"有什么作用？它该如何完善并发挥作用呢？本节教学内容就围绕空气质量日报上的关键信息展开。

任务1：认识"空气质量日报"。

视频展示	搜索信息	思考问题	视频展示
查询"中山市空气质量日报"	认识"中山市空气质量日报"中的内容	为什么要检测空气中的污染物	空气污染物对人体健康的影响
真实情境素材	关注"日报"信息	分析与思考	了解与总结

空气污染物是什么

检测的是其浓度

空气污染物的影响

空气污染物

实时空气质量指数（AQI）

22　空气质量：优
首要污染物：无
更新时间：2023/3/30 21：00：00

优　良　轻度　中度　重度　严重

健康影响：空气质量令人满意，基本无空气污染!
建议措施：各类人群可正常活动

3月29日（昨日）空气质量

首要污染物：二氧化氮

健康影响：空气质量可接受，但某些污染物可能对极少数异常敏感人群健康有较弱影响

54
良

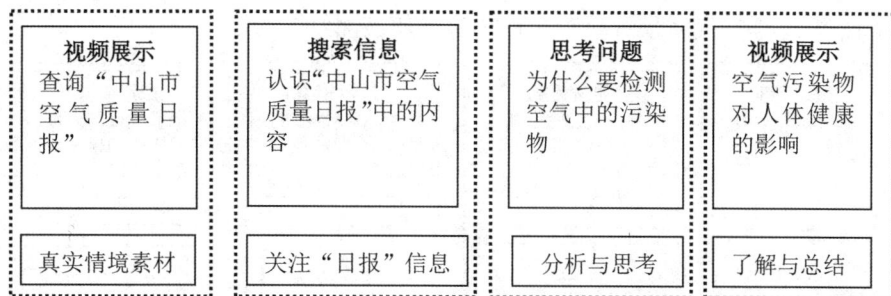

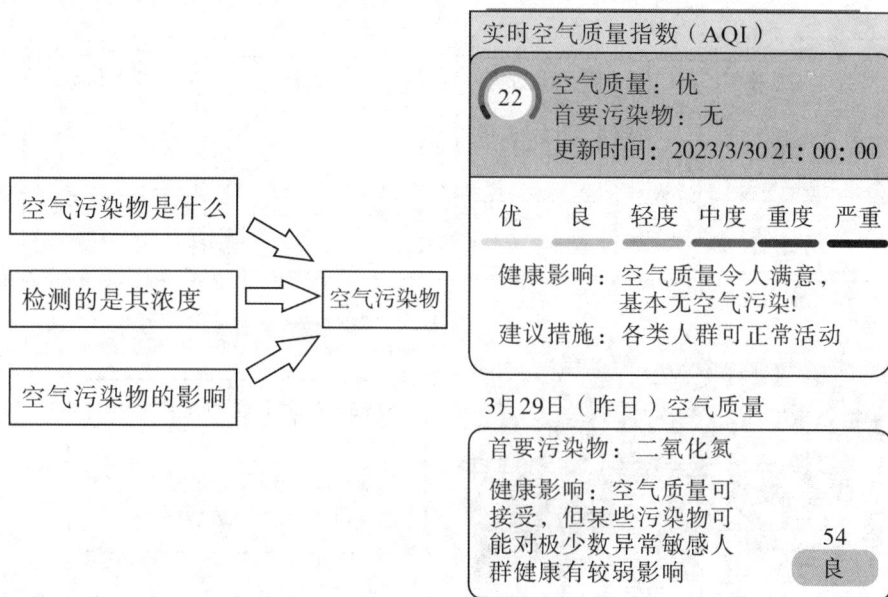

图7-26　空气质量日报

【生】实践学习：利用 SO_2 化学性质进行检测设计：

已知硫燃烧的化学反应方程式：$S + O_2 \xrightarrow{\text{点燃}} SO_2$，

①氢氧化钠溶液吸收 SO_2 的化学反应方程式＿＿＿＿＿＿＿＿＿＿；

②如右图所示，一段时间后打开弹簧夹，烧杯中的液体会＿＿＿＿＿＿＿＿＿，该现象的原因是＿＿＿＿＿＿＿＿＿＿＿＿。

【评价】学生能正确书写氢氧化钠溶液吸收 SO_2 的化学反应方程式，对氢氧化钠的性质迁移有了不错的掌握；能认识到实验装置原理，能表达出液体倒流的原因。

【师】创设情境：空气质量如何检测？

任务 2："空气质量日报"中的内容如何检测？

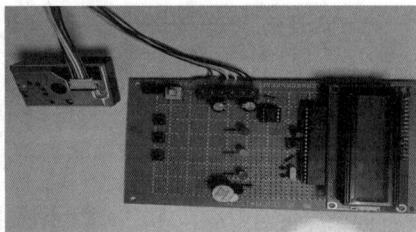

资料介绍	思考问题	展示模型	应用模型
介绍中山市环境空气自动监测系统	空气质量监测系统有哪些主要环节	了解检测模型的作用原理及各部件作用	探究温度和湿度对空气PM$_{2.5}$测定的影响
真实情境素材	建构模型	思考与交流	实验与探究

反思模型	讨论分析	实验操作	总结与反思
1.哪些气象因素会影响 PM$_{2.5}$的测定 2.降低空气中细颗粒物浓度的措施	酸雨形成的原因及其化学性质	酸的化学性质	检测空气质量是必要且有意义的
引发探讨问题			

STM51–单片机模拟测定空气中的 PM$_{2.5}$
主要构造：液晶显示屏、单片机、粉尘传感器、蜂鸣器等。

图 7–27　STM51–单片机构造图

【生】实践学习：利用单片机及传感器组装微型空气质量"检测仪"。

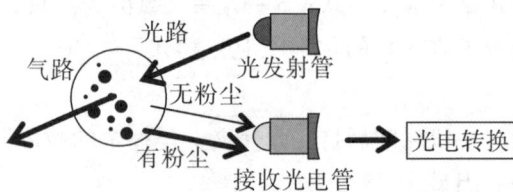

图 7–28　STM51–单片机构造原理图

根据图 7–28 可知，光电传感器通过检测反射光的强度来反映空气中颗粒物的浓度情况，强度越大，颗粒物浓度越＿＿＿＿＿＿＿＿＿＿。

使用 $PM_{2.5}$ 检测仪进行空气质量检测，并探究湿度对 $PM_{2.5}$ 的影响（单位：$\mu g/m^3$），并完成下表：

环境	$PM_{2.5}$	结论
周围空气		
密闭塑料箱中点香		
密闭塑料箱中喷水后		

【评价】知道 $PM_{2.5}$ 传感器原理并小组合作完成组装；能用 $PM_{2.5}$ 检测仪对实验环境中的空气质量进行检测，得出初步结果。

【师】创设情境：检测空气质量的作用和意义是什么？

任务3：请谈谈"空气质量日报"的作用。

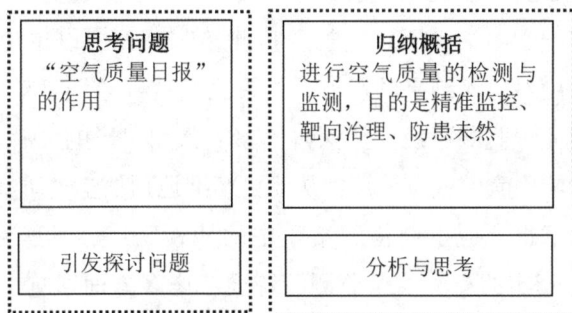

思考问题	归纳概括
"空气质量日报"的作用	进行空气质量的检测与监测，目的是精准监控、靶向治理、防患未然
引发探讨问题	分析与思考

【生】实践学习：讨论城区是否适宜设露天烧烤场。

【讨论】晋城生态环境局依据《中华人民共和国大气污染防治法》（晋城市大气污染防治条例）等法律、法规规定，禁止居民露天烧烤。不少公众却认为：取消露天烧烤少了人间烟火味，反对取消露天烧烤。

你支持环保局的理由（如露天烧烤引起了哪些污染）？

你支持少数公众的理由（从露天烧烤污染程度考虑)？

【评价】体会到空气质量监测的现实意义，能从民众的生活、政府的措施还有检测报告上提出可持续发展的实际建议。

【师】创设情境：如何完善空气质量监测系统？

任务 4：如何完善空气质量监测系统，使之更有效地发挥作用？

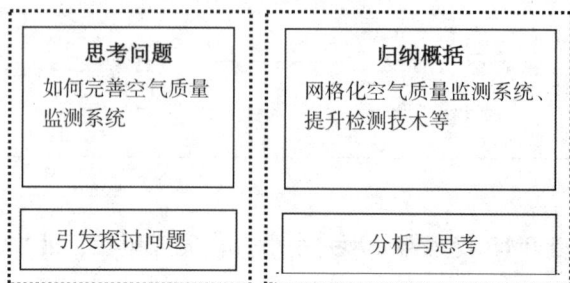

```
┌─────────────────────┐  ┌─────────────────────┐
│      思考问题         │  │      归纳概括         │
│  如何完善空气质量      │  │  网格化空气质量监测系统、│
│  监测系统            │  │  提升检测技术等        │
│                     │  │                     │
│  ┌───────────────┐  │  │  ┌───────────────┐  │
│  │  引发探讨问题   │  │  │  │   分析与思考    │  │
│  └───────────────┘  │  │  └───────────────┘  │
└─────────────────────┘  └─────────────────────┘
```

【评价】小组讨论，发散思维，提出各类完善空气质量监测系统的建议。

(四) 教学反思

本跨学科实践学习活动围绕空气"检测站"展开，以单片机为检测模型的探讨温度和湿度对检测结果的影响，扩展到其他气象因素对该检测的影响，从而从技术层面完善监测系统。从探讨气象因素如何影响 $PM_{2.5}$ 的检测，到达成气象或其他影响因素的权重计算，从而更精准地预估空气质量，提升检测系统的监测意义。这也呼应了"检测站"中的"检"字，发展到"监测系统"中的"监"字，真实的空气质量监测系统要考虑多方面影响，为精准预报空气质量，实施精准监控、靶向治理、防患未然提供了技术支持。整个学科实践学习过程体现学习内容可见、教师的教可见、学生的学可见三个维度，通过构建教师行为（明确主题→创设情境→活动支架→证据反馈）和学生行为（运用知识→问题探索→实践学习→成果评价）动态融合分析框架，实现可见学习过程教与学的高度统一、动态生成，是体现"可见的学习"实践活动的优秀范例。

【案例2】

基于特定需求设计和制作简易供氧器
——构建学科实践课堂多元评价体系

2022年4月，教育部印发的新课标建立的"核心素养目标"体系和"学业质量"体系，重构了课程内容结构，对课程教学、评价、教师培训等提出新的建议，评价成为教学改革中亟待解决的理论和实践问题，也是双减背景下提质增效的难题。新课标明确：评价功能主要是诊断学习成效、优化教学，推动课程目标的实现；评价要求是构建科学的评价理念，坚守以核心素养为导向的评价，强化过程性评价，完善终结性评价，深入进行综合评价，并探索增值评价，以促进学生全面且个性化的发展。评价是教学系统不可或缺的重要组成部分，教学改革的主阵地是课堂，而课堂评价是过程性评价的主要形式。目前，课堂评价存在评价缺失、评价随意、评价形式化、评价没有关联核心知识、以习题作为唯一评价形式等问题。如何设计和开展课堂评价特别是跨学科实践活动的课堂评价更是迫在眉睫。下文紧紧围绕核心素养和学业质量，系统分析初中化学跨学科实践活动的课堂评价设计。

课堂评价是在课堂学习环境中对证据采集、解析和运用的过程。这些证据不仅包含对学生思考能力的定性理解和描述，也包括对学生学习程度的定量衡量。在采集、解析和运用这些证据的过程中，教师和学生可以通过多种途径达成各类目标，比如观察学生的优点和短板、追踪学生的学习进展、向学生及其家长反馈学习情况、指导学生完善学习方法等。近年来，课堂评价研究不断深入，不同研究者提出各自的课堂评价的关键要素，如Jan Chappuis提出：明确的目的、清晰的目标、合理的设计、有效的交流、学生的参与是课堂评价的关键要素。新课标在评价建议时明确提出"全面、客观评价学生的核心素养培养目标的达成情况，注重'教—学—评'一体化，倡导基于证据诊断发展学生的核心素养，重视学科和跨学科实践活动的评价"。并在"内容要求"的基础上提出了"学业需求"和"教学建议"，具体化了评价与命题的建议。结合课堂评价的关键要素和新课程标准对课堂评价的课程诉求，新课标的背景下研究跨学科实践活动课堂评价内容：在核心素养和学业质量导向下，依据课程标准、学情和教材精准制定课堂评价目标；基于学业质量和学业要求制定评价指标；以学生为中心设计评价任务和基于证据的反馈。

一、依据课程标准、学情和教材精准制定课堂评价目标

阐明课堂评价目标的目的是明确课堂将带给学生的各种变化，从而规划和开发可能实现这些目标的评价任务。目前，课堂评价目标缺失的情况较为普遍，而部分意识到评价重要性的教师，在设计课堂评价目标时缺少学理依据，或表述不太规范，这在一定程度上影响了教学效果，因此依据课程标准、学情和教材，精准制定课堂评价目标显得尤其重要。教师首先要研读课标，把握核心素养和学业质量，新课标在科学制定评价目标及要求方面明确提出："评价目标及要求应与学业质量和学业要求相一致，依据学习主题的内容要求、学业要求，以及学业质量描述，确定具体的评价内容和水平要求。"其次要充分把握学情，找准学生当前的位置，明确学生学习过程中的"最近发展区"，特别是在跨学科实践活动中要在学生已有的知识储备上进行实践活动。最后是对课标主题内容和教材知识体系进行系统整合分析，凸显跨学科实践活动的综合性和实践性。具体是在学生已有的知识储备基础上，深入研究内容要求、教材内容、教学提示、学业要求和学业质量之间的关系，如图 7 – 29 所示。

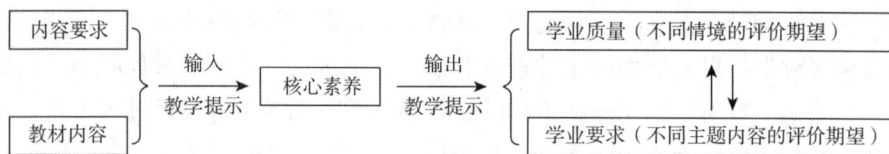

图 7 – 29　内容要求、教材内容、教学提示、学业要求和学业质量之间的关系

"基于特定需求设计和制作简易供氧器"的评价目标如表 7 – 12 所示。

表 7 – 12 "基于特定需求设计和制作简易供氧器"的评价目标

内容要求	教材内容	学业要求	学业质量标准	评价目标
①氧气的实验室制取与性质 ②初步学习氧气的实验室制法，归纳实验室制取气体的一般思路与方法 ③通过实验探究认识氧气的主要性质，认识物质的性质与用途的关系	①氧气的实验室制取与性质 ②氧气的性质与转化 ③氧气的用途	①能正确选择实验试剂和设备，根据实验计划完成必要的实验，并能完整、精确地记录实验过程与观测到的现象；能说明基础实验的思路与方法，分析实验实施的合理性，能体现严谨求实、敢于质疑的科学态度 ②能根据基础实验形成的探究思维和方法，结合物质构成及变化等相关知识，分析解决现实环境中的简化实验问题 ③能通过小组合作，有意识地应用化学、技术、工程及其他学科知识，完成实验探究及跨学科实践活动，培养创新意识和勇于克服困难的品质	①在实验探究情境和实践活动中，能根据实验目的选择必要的试剂、常见的实验仪器和装置，运用实验基本操作技能和条件控制的方法，安全、顺利地实施实验探究方案；能基于物质及其反应的规律和跨学科知识，运用实验等手段，完成简单的作品制作、社会调查等跨学科实践活动 ②在理解物质构成、特性及相关实际问题的环境中，体验物质性质和应用与日常生活、科技进步的紧密联系，认识到化学科学对于解决现实问题的重要作用	①知道制取氧气的化学反应原理，能从跨学科视角分析制氧原理，并能选择合适的鱼缸供氧药品和原理 ②能运用实验室制取氧气的模型，分析制作简易制氧机需要考虑的核心问题（反应装置、收集装置、净化装置） ③能应用鱼缸制氧原理，从生活材料中选择适用品设计简易制氧机

二、基于学业质量和学业要求制定评价指标

对每个主题的学术需求，我们制定以核心技能为指导的全面学术品质标准，并明确在该学习主题方面的具体目标，以体现学习内容和学业质量、学业要求之间的一致性。为了使评价目标能在课堂中落地，并能够进行评价，需要结合学业质量和学业要求的水平层次，即基本理解（A）、简单应用（B）、综合问题解决（C）三个水平（以下三个水平在指标中分别简写为 A、B、C）来系统制定评价指标。"基于特定需求设计和制作简易供氧器"的评价指标如表 7 – 13 所示。

表 7 – 13　"基于特定需求设计和制作简易供氧器"的评价指标

评价任务	评价目标	评价指标
基于制氧的化学反应原理，选择合适的鱼缸供氧药品和原理	知道氧气的化学反应原理，能从跨学科视角分析制氧原理，并能选择合适的鱼缸供氧药品和原理	A1 能辨析记忆实验室加热高锰酸钾、加热氯酸钾和二氧化锰、过氧化氢中加入二氧化锰催化剂制备氧气的原理 A2 能辨析记忆电解水制备氧气的原理 A3 能辨析记忆光合作用产生氧气的原理 A4 能辨析记忆分离空气法制取氧气的原理 A5 能说明论证过碳酸钠与二氧化锰制备氧气 B1 能从跨学科的角度分析解释制备氧气的方法，并列举制备氧气的反应 B2 能简单应用已学知识选择合适的鱼缸供氧药品和原理
基于实验室制氧气的模型，理解便携式制氧机的装置原理	能运用实验室制取氧气的模型，分析制作简易制氧机需要考虑的核心问题（反应装置、收集装置、净化装置）	A1 能辨识加热高锰酸钾、加热氯酸钾和二氧化锰、过氧化氢中加入二氧化锰催化剂制备氧气的发生装置 A2 能辨识排水、排空气法的气体收集装置 A3 能辨识常见的气体净化装置 A4 能够将制备原理与发生、收集、净化装置的选择进行关联 B1 能简单应用已学知识对制氧机的剖面图和实验室制备气体和净化气体的装置进行关联以及分析、评价装置选择的合理性 B2 能系统描述气体在装置中产生的位置和流向 B3 能总结实验室制备气体的一般思路并展示制氧机制取氧气的过程
基于鱼缸供氧原理，从生活材料中选择合适用品设计简易制氧机	能应用鱼缸制氧原理，从生活材料中选择适用品设计简易制氧机	B1 能分析，评价简单变式物质制备氧气实验方案的合理性（如根据制备目的要求、评价原理选择、装置设计的合理性等） B2 能设计创新装置或实验方案制备氧气 B3 能分析解释简单变式气体制备实验或与气体相关的实验的操作程序和实验现象 C1 能分析、评价气体制备实验方案中陌生仪器、装置使用的合理性并展示简易制氧机制取氧气的过程

三、以学生为中心设计评价任务和基于证据的反馈

根据三个评价目标和具体的评价指标在课堂中设计三部分的评价任务，凸显评价指标和评价内容一一对应，达到精准评价，三个评价任务的内容以学案的形式呈现，便于收集证据用于证实评价目标是否已达成，体现出易操作、可评估的特点，最后凸显如何收集证据进行反馈，进一步改进教学、调节学习。在评价过程中，可以教师提问学生回答、小组讨论、小组探究等活动形式进行；评价主体多样，可以是师生互评、生生互评、学生自评。

任务一：基于制氧的化学反应原理，选择合适的鱼缸供氧药品和原理。

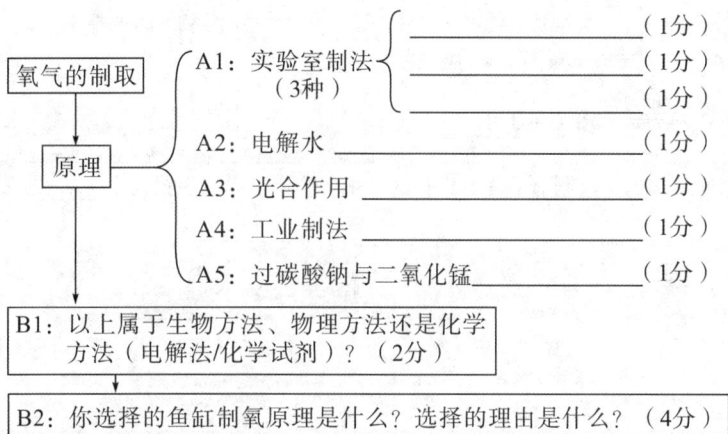

图 7 - 30 评价任务一的内容呈现

在任务一中，学生需要辨析、记忆氧气的制取原理，达到基本理解（A）的水平层次，通过书写实验室制法、电解水、过碳酸钠与二氧化锰的化学方程式，理解光合作用和工业制氧原理，从 A1～A5 学生回答情况，评价学生对制取氧气化学反应原理的理解辨析程度以及了解其目前尚未掌握的知识。从简单应用（B）的水平层次，让学生以跨学科的角度分析解释制备氧气的方法是属于生物方法、物理方法还是化学方法（电解法/化学试剂），通过学生的选择，评价学生是否能根据已有知识进行分类，建立跨学科思维。在鱼缸制氧的情境中，让学生去选择合适的制氧原理并分析理由，考查学生能否从对反应物是否易得低廉、反应条件是否易达成、操作是否简便、气体是否易收集等角度进行

分析，评价学生能否基于特定需求选择合适的制氧原理，应用化学知识考虑到真实社会、生活场域的需求，解决实际问题的能力。

任务二：基于实验室制取氧气的模型，理解便携式制氧机的装置原理。

表 7 - 14　评价任务二的内容呈现

反应原理	A1：发生装置（填序号）	A2：收集装置（填序号）	A3：净化装置（填序号）
$2KMnO_4 \xrightarrow{\triangle} K_2MnO_4 + MnO_2 + O_2\uparrow$	＿＿＿（1分）	收集较纯净的氧气时选择＿＿＿（1分）；收集干燥氧气时选择＿＿＿（1分）	＿＿＿（1分）
$2H_2O_2 \xrightarrow{MnO_2} 2H_2O + O_2\uparrow$	＿＿＿（1分）		
$2Na_2CO_3 \cdot 3H_2O_2 == 2Na_2CO_3 + 3H_2O_2$ $2H_2O_2 \xrightarrow{MnO_2} 2H_2O + O_2\uparrow$			

A4：根据你所选的鱼缸制氧原理，选择的发生、收集、净化装置是＿＿＿＿。（1分）

A　B　C　D　E　F　G

B1：相当于实验室制取气体的＿＿＿＿装置，选择的装置图是＿＿＿（填序号）(2分)

应用（或收集）

B1：相当于实验室制取气体的＿＿＿＿装置，选择的装置图是＿＿＿（填序号）(2分)

B2：请用箭头描述气体在装置中产生的位置和流向。(2分)

B3：请总结实验室制备气体的一般思路并展示制氧机制取氧气的过程。(2分)

在任务二中，从基本理解（A）的水平层次出发，评价学生能否在 A1～A3 分别正确选取实验室制取气体的发生装置、收集装置及净化装置，在 A4 评价学生能否将反应原理与装置的选择进行关联，从学生的作答情况评价学生对实验室制取氧气装置的辨析程度，以及能否阐明原理与装置之间的关系。从 A4 的表现情况评价学生能否基于特定鱼缸供氧原理选择合适的装置，建立实验室制氧与鱼缸制氧的联系。向学生展示便携式制氧机，分析其内部结构，在简单应用（B）的水平层次上，学生需要将便携式制氧机的反应仓、加湿过滤仓与实验室制取气体的装置进行关联与简单应用，并用箭头描述气体在制氧机内产生的位置和流向，以此评价学生能否说明制氧机的装置原理和气体流向，理解制氧机的内部制氧工作原理。让学生总结实验室制取气体的一般思路并展示制氧机制气过程，评价学生对制氧机的药品选择、发生装置、气体流向、净化装置到应用的掌握程度，初步建立基于特定需求制作简易供氧器的一般程序和方法，形成模型，并请小组代表展示制氧机制取氧气的过程。

任务三：基于鱼缸供氧原理，从生活材料中选择合适用品设计简易制氧机。

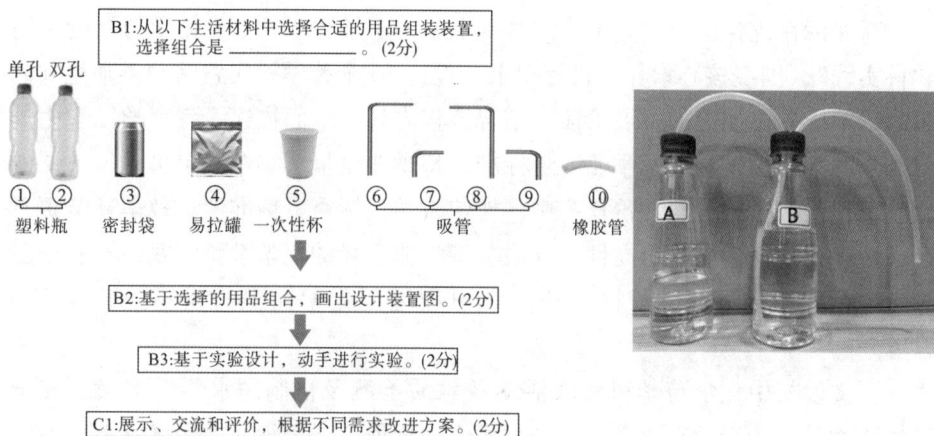

图 7-31 评价任务三的内容呈现

在任务三中，在简单应用（B）的水平层次上需要学生从生活用品中选择合适的仪器进行组合，设计简易制氧机。在选择仪器过程中，考查学生对设计简易制氧机中发生装置、收集装置和净化装置的进一步认识，从 B1 到 B2 的过程中，评价学生是否缺少某一装置，如单孔塑料瓶与多孔塑料瓶对应的装置类型、长、短吸管的应用等，在学生设计的装置图中，评价学生对制取气体一般思路的应用迁移能力。

让学生基于自身设计的实验装置进行实验，在 B3 的实验操作过程中，评价学生能否明确 A 瓶与 B 瓶的关系、试剂的添加位置、能否产生氧气、气体的流速等。在综合问题解决（C）的水平层次上，让小组展示、交流和评价制作的简易制氧器，从原理、装置、技术、实际需求等维度进行反思，根据特定需求，提出改进方案并尝试解决问题，提炼解决作品制作类问题的思路与方法。

　　初中化学跨学科实践活动的课堂评价可以激发学生的学习动机，让学生在真实问题情境中解决问题，教师则根据不同的需求进行评价和使用评价结果，支持学习和检验学习，而不仅仅是测量学生的学业成绩，充分发挥课堂评价的作用。

【案例 3】

水质检测及自制净水器——基于学业质量的化学学科实践

　　新课标在优化课程内容结构的基础上新增了学习主题 5 "化学与社会·跨学科实践"，围绕核心素养的目标要求，设计 10 个跨学科实践活动供师生共同参与。基于核心能力的发展阶段，结合课程内容，全面描述了各个学段学生学习成果的独特性，构建了学业质量标准。将学业质量落实在每个单元每节课的教学目标、教学环节与评价任务中，能使教学目标更具精准性，教学环节更具合理性，评价任务更具指向性。开展基于学业质量的化学学科实践，有利于引导学生在课堂内外、学校内外拓宽学习和运用化学知识的途径，培养核心素养。

　　下文以初中化学跨学科实践活动"水质检测及自制净水器"为例，充分发挥跨学科实践活动在化学课程与教学中的价值，运用学业质量确立教学及评价目标，结合"水的净化"核心知识，创设"制作净水器""水质检测""净水器优化"等真实情境素材，设计一系列具挑战性问题或任务，从而促进学生正确价值观、必备品格和关键能力即核心素养的发展。

一、实践活动目标

　　基于学业质量的化学科学实践，我们可以通过对学习主题 5 的学习内容、学业质量进行分析形成学业质量评价指标，从而为开展跨学科实践活动指明方向，使教学体现合理性。"水质检测及自制净水器"目标分析框架如表 7 - 15 所示：

表 7 – 15 "水质检测及自制净水器"目标分析框架

核心素养	学业质量评价指标	学业要求	学习主题	实践类型	教材所在位置	实践内容	核心知识或核心活动经验	指标编码	具体学习表现指标	预期学习水平
科学探究与实践	N10：能利用溶解性的差异进行物质的分离、提纯	主题一：能正确选取实验试剂和仪器	科学探究与化学实验	基础实验	上册第87页	实验4–2 过滤	基本实验操作	A	能说明过滤的基本操作	学习理解
								B	能解释实验方案中利用过滤的方法分离物质的原因	应用实践
	N18：能根据解决与化学相关的简单问题的需要，运用混合物分离、常见物质制备、物质检验和性质探究等实验探究的一般思路与方法，设计简单的实验探究方案	主题一：结合物质的组成及变化等相关知识，分析解决真实情境中的简单实验问题	科学探究与化学实验	基础实验		用肥皂水区分软水和硬水	基本实验操作	C	分析仪器装置、操作在陌生复杂情境中的作用	迁移创新
	N21：运用实验等手段，完成简单的作品制作、社会调查等跨学科实践活动	主题二：能基于真实问题情境，依据常见物质的性质，初步分析和解决相关的综合问题	物质的性质与应用					A	能列举吸附、沉降、过滤和蒸馏等净化水的常用方法	学习理解
		主题五：在跨学科实践活动中，能综合运用化学、技术、工程及跨学科知识，秉承可持续发展观，设计、评估解决实际问题的方案，制作项目作品，并进行改进和优化，体现创新意识	化学与社会·跨学科实践	跨学科实践活动	上册第108页	水质检测及自制净水器	水和溶液	C	分析仪器装置、操作在陌生复杂情境中的作用	迁移创新
	N11：感受物质的多样性，体会物质的性质及应用与日常生活、科技发展的密切联系，认识化学科学对解决实际问题的重要意义	主题二：能检验溶液的酸碱性	物质的性质与应用	基础实验	下册第61页	实验10–2 pH和溶液的酸碱性	酸、碱的化学性质	A	能正确使用pH试纸测定溶液的酸碱度	学习理解

二、实践活动设计思路及流程

基于上述对新课标中有关"水质检测及自制净水器"学业质量的相关情境和描述、学业要求进行分析整合后可知，主要有三点要求：①能进行物质的分离、提纯。②能够采用混合物分离、常见物质制备、物质检验和性质探究等实验方法的基本理论和技巧，制订简洁的实验探索计划。③能运用实验等手段，完成简单的作品制作等跨学科实践活动。基于此，围绕目标，以现实生活中的情境为起点，引起学生的情感共鸣，以"水质检测及自制净水器"为总任务开展跨学科实践活动，并基于学业质量标准给予评价，形成"教—学—评"一体化，活动设计思路及流程如图 7 - 32 所示。

图 7 - 32　"水质检测及自制净水器"活动设计思路及流程

三、实践活动学习过程

实践学习任务一：制作净水器

【生】基于自来水厂的净水原理，学会选择合适净水材料及组合流程。

（1）自来水厂净水流程：沉淀、_____、_____、消毒。

（2）过滤最佳顺序：利用孔径由_____到_____顺序依次除去杂质。

（3）请各小组利用所提供的药品（如表7-16），设计两个自制净水器（如图7-33）形成对照。请选择桌面上合适的材料填入横线上。

表 7-16 药品选择

1~4 组	5~8 组
4mm 小卵石 ×2	4mm 小卵石 ×2
0.5mm 石英砂 ×2	0.5mm 石英砂 ×2
活性炭颗粒	活性炭颗粒
木炭颗粒	活性炭粉

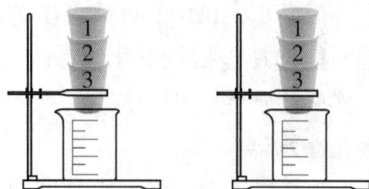

图 7-33 装置 A 和装置 B

（4）开始实验并完成下表：

	A	B
变量		
过滤整体速率		
滤水前后颜色对比		
过滤前后浑浊情况		

过滤效果：_____（填"A"或"B"）好

实验分析：_____

_____

最佳材料组合：_____、_____、_____。

【评价】学生能表达自来水厂的净水流程及原理，能够选择合适净水材料进行组合，对比净水效果。

实践学习任务二：水质检测

【生】检测净化后水的硬度及酸碱度，体验净化效果。

检测任务：净化后水的硬度	加入_____检测 现象：_____ 结论：_____
检测任务：净化后水的酸碱度	使用_____检测 pH 约为_____ 结论：显_____性

考考你：某除锈工厂污水中的盐酸含量偏多，可以选择中和，反应的方程式为_____。

【评价】学生都能运用肥皂水、pH 试纸对水样进行检测，得出水质检测报告。选择中和反应试剂时能选择包括氢氧化钠在内的多种试剂，说明我们应该多了解一些化学知识在实际生产生活中的应用。

实践学习任务三：优化净水器

【生】家用净水器原理学习与讨论，降低水硬度的滤材是：_____。

小组合作讨论，选择最优净水滤材的排列顺序，再次组装净水器，并实施过滤。

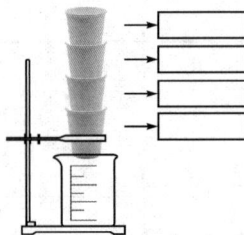

图 7 – 34　改进的净水器

总结改进后净水器的优点：_____。

【评价】学习并讨论了家用净水器的原理，知道交换树脂是降低水硬度的关键。各小组都能优化设计净水器并实施过滤（如图7-35），达到比较好的效果。

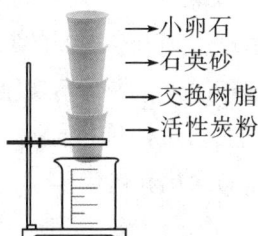

图7-35 优化净水器设计

实践学习任务四：净水器对人类生命发展的重要性

【生】认识TDS水质检测仪，并对自制优化净水器及"生命吸管"净化后的水进行TDS检测。

国际饮用水标准

家用水质检测设备

TDS 检测笔——溶解性总固体物质含量检测仪

水质电解器——可溶解性固体沉淀促进仪

TDS 数值结果说明

00～05：纯净水　　　（安全直饮）

05～50：活化矿物质水　（安全直饮）

50～120：二级饮用水　（未处理慎用）

120～180：市政管网污染水（未处理不可直接入口）

180 以上：工业污染水　（未处理不可直接入口）

	自制净水器	"生命吸管"	蒸馏水
TDS 数值			

TDS 数值——固体溶解物越多，数值越大，纯净度越差

同学们谈谈自己在经过本次跨学科实践活动后的收获。

【评价】学生经过对水质检测，明白了水质的区别的具体指标。认识到保护水资源的重要性，只有与资源和环境相协调，才能生存与发展，只有共同节约资源，保护环境，才能造福未来。

四、实践活动学习反思

义务教育化学学业质量提出在真实情境中评价学生在情境问题中表现出来的学业成就，通过"水质检测及自制净水器"这个学习主题，归纳净水的一般思路与方法，运用实验等手段，完成净水器的制作，并且检测水质，再对净水器的净水效果不断进行改进和优化，侧重落实科学探究与实践核心素养的发展。整个实践学习活动围绕学业质量评价目标来展开，使学生学习目标可见、学习内容可见，促进学习过程的深化和迭代。

【案例4】

基于碳中和理念设计低碳行动方案
——学科实践创新意识的培养

早在20世纪初，美国实用主义哲学家、教育家杜威提出了学校培养创新型人才的学说，我国的教育家蔡元培先生、陶行知先生也进行创新教育实践，之后很多学者也都纷纷进行了研究，虽然创新教育取得了一定成绩，但在教育过程中还是缺少对创新意识的培养。创新意识是推动个体进行创新活动的根本和内部动力，它是创新行为中控制个体的内部动因，是个人创新素质的核心组成部分。在实验过程中，创新意识会在面临一系列实验需求和问题时产生，为了解决这些问题，学生需要积极地思考，并实施可行的解决策略，从而提升相关的创新能力。实验是培育创新意识的场所，是创新意识的发源地，而刺激实验中的创新意识并培养、训练实验创新能力恰恰是实验中创新意识形成的终极目标。实验创新能力并非通过被动的观察和接收获得，而需要明确地展示创新过程，让教师的教学对学生是可见的，学生的学习对教师也是可见的。在自身特定需求的驱使下，师生通过亲身体验，不断地试验和验证，从中内化对创新的理解和感知。

化学是一门以实验为基础的科学。审视全球各地的初级中学化学课程和教材，虽然它们的指导理念和内容展示各具特色，但似乎都以"通过实验来学习化学"作为核心目标。新课程标准清楚表明"通过进行化学实验，触发学生对化学的热情，营造有趣的学习环境，辅助学生理解和掌握化学知识及技能，引领学生学习科学方法，培养学生的科学思维和创新精神"。化学实验是培育学生创新能力的关键工具，然而在实验教学中，过分强调理论或者操作技巧可能会忽视培养实验创新意识的重要性。具体表现如表7-17所示。

表7-17　化学实验教学的现状分析

要素	现状
目标	以培养兴趣获得感性认识及提高考试成绩为主要目的的多，以实验培养学生创新能力的少
内容	验证性的实验多，综合性、探究性的实验少
教法	①实验视频，黑板上讲实验、画实验、背实验的多，学生亲自动手操作的少 ②教师唱独角戏的多，学生参与并积极思考的少
学法	①学生实验：学生自主发挥的少，"照方抓药"的多 ②在具体的实验进行过程中遇到的问题，或者对于实验操作中的许多细节和要求，通常由于课堂时间的限制，都是在课前或课中由教师来明确和解释。然而这些问题和细节恰是培育和锻炼学生创新意识和能力的关键环节和重点
评价	表面敷衍几句的多，但真正付诸实际操作的少

从以上问题可以看出，学生缺乏可循的实验创新路径，这严重妨碍了实验创新意识的形成，与现在的新课程标准要求相差甚远，这是化学实验教学中的一大误区。因此，在化学实验中如何培养学生的创新意识成为亟待解决的问题。建立一个基于学生实验创新意识生成要素的模型，从实验目标、实验设计、实验操作以及实验结果处理等各个方面进行创新意识的形成分析，有效改进化学实验并开展实验教学，发展学生的化学学科素养。下文以"模拟碳中和"实验为例，实施基于创新意识形成的实验设计与教学。

一、分析学生实验创新意识形成要素，形成可见的实验创新路径

实验是学生获得知识和创新知识的关键途径。化学实验教学是在一定的化学知识积累下，为学习某一化学知识而开展的实验探究，实验形式多种多样，可以是探究式的、验证性的、定量的、定性的。但不管哪一类型的实验，都要求学生在已有的知识基础上进行全新的学习。依照维果茨基的"最近发展区"

理论："教学应当走在发展的前面。"也就是说，在教学过程中，重点不应只在学生当前的成就上，而更应关注那些正在形成或正在进行的发展过程。化学实验教学是在学生已有知识基础上进行的，其中涉及许多学生能够完成的实验。在实验过程中会遇到很多位于"发展区"的问题和挑战，教师应指导学生在解决这些问题并在应对挑战的过程中激发其实验创新意识，培养其实验创新能力。建构主义学习理论认为，学生的学习是一个主动建构知识的过程，而非被动接受。教学过程应由教师积极创建一个适合的学习环境，让学生能主动有效地构建他们的知识体系。化学实验教学能为学生提供一个亲身参与知识构建的场所。实验教学是培养学生实验创新意识和能力的重要载体，在平时的教学实践中教师要积极探讨学生实验创新意识的形成过程。

学生实验创新意识的形成要素模型如图 7 - 36 所示，主要包括：实验问题、目标内容的创新意识，实验设计、实验操作的创新意识，处理实验结果中的创新意识。这三个要素的相互作用，能有效地引导学生形成实验创新意识。实验创新意识的三个要素在实施过程中会产生一系列问题，每一个问题的提出、分析和解决可以作为一个要素，而这一系列要素的解决过程就构成了一个完整的创新意识。问题是创新意识的源泉，每个要素都是创新意识的基本构成单元。在坐标系中不同的坐标位置表示不同的维度，从而在三维空间中形成学生创新意识的构成状态。同时在三个维度内部各自存在的多个要素中落实实验能力，充分体现新课标对学生学科能力的培养，有效突破实验教学的困境，落实了当前新课标的新理念，在实验教学中关注学生的全面发展。

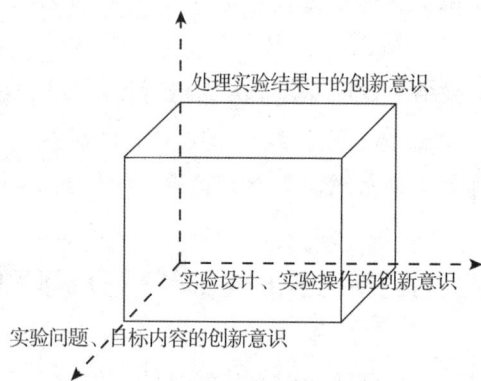

图 7 - 36　学生实验创新意识的形成模型

二、以跨学科实践活动实例探讨学生实验创新意识的形成

1. 实验问题、目标内容的创新意识

实验问题和目标内容的创新展现在具体的化学实验中实验现状与预定目标之间的差距。现状指的是学生已经掌握的知识或理念，而预定目标则是学生尚未获得但计划去追求的新知识或理论。只有处于"最近发展区"内的"创新元素"，才可能在现阶段得到解答。学生的知识基础、技能和能力水平会对实验问题的深度和广度产生限制。如果学生提出的实验问题太过复杂或超越他们的知识、技巧和能力水平，那么他们不仅无法解决实验问题和展现实验活动，还可能失去实验兴趣，这会影响实验效果，从而无法显示出实验的创新性。美国教育家布鲁巴克认为"最精湛的教育艺术遵循的最高准则就是学生自己提出问题"。学生的创新思维能力非常出色，教师应该激励他们进行多角度、多方向的思考和预设，全面提问，甚至营造"众说纷纭"的环境。作为教师，应该认可学生的质疑精神，并把握这个培育创造性思维的良机，指导学生以实验问题为基础，开展实验创新意识的训练。

表 7-18　实验问题、目标内容的创新意识

创新要素	教师对创新要素的评价标准
目标明确	符合培养思维能力、创造能力、发展个性、开发潜力
内容实用	（1）接近教科书 （2）接近现实 （3）增加学生的直接体验
内容综合	（1）融入各类信息 （2）应用跨学科知识
深浅适当	（1）合适的数量 （2）难度适当，符合学生的认知架构和知识技能水平

任务一：基于碳中和理念设计的"模拟碳中和"实验问题、目标内容的创新

基于碳中和理念设计低碳行动方案是建立在学生了解 2030 年之前实现"碳达峰"和 2060 年之前实现"碳中和"的"双碳"政策的前提下，其目标

是通过建立微型生态圈，模拟二氧化碳循环，借助二氧化碳的转化与吸收，使学生认识物质在自然界中可以相互转化及维持人类生活与生态平衡，理解实施低碳行动的重要意义。基于碳中和理念设计的"模拟碳中和"创新实验，承载学生基础实验"二氧化碳的实验室制取与性质"。通过学习有关二氧化碳的知识，学生了解到二氧化碳的相关化学性质，在实际生活中对低碳行动也有一定了解，如绿色出行、植树造林、节约用纸、节约用电等，实验选材贴近生活实际，能够丰富学生的直接经验。该实验综合运用化学、生物及地理等多门学科的知识，通过碱性溶液吸收、植物光合作用、海洋吸收等多种方式帮助学生理解二氧化碳的性质与转化。该实验的创新之处是以化学知识为基础，模拟生态圈，从跨学科角度进行碳中和实验，符合学生的认识结构，体现内容的结构化、功能化。

2. 实验设计、实验操作的创新意识

在自主进行实验设计的过程中，学生不只需要灵活创新地运用所学的知识和技巧，还需要遵循科学性、可操作性、安全性和简洁性等原则来设计实验方案，并设立优选标准。对于同一实验问题，每个学生设计的实验方案都可能不同，新颖且独特的实验设计体现出学生创造性的思维。具体步骤包括：在设计实验方案前首先阅读和审查化学问题，解构化学问题，将目标问题分解为各创新元素，找出每个创新元素的实验原型，在已有的知识框架中创新。教材中的每种实验类型都有对应的实验原型。例如，在物质制备环节，有关于氧气、氢气和二氧化碳的制备实验。在实验设计过程中，错误是难以避免的。因此，通过"设计—修正—观察—反思—重新设计"的循环，构成了一种循环式的实验设计流程。同时通过小组学习的方式，增进合作与交流能力，重新定义同学间的关系，从而改变传统的学习方式。

在实验操作过程中，主要的影响因素有学生的实验技能、实验知识、实验经验及实验策略。学生的实验技能直接决定了这个阶段是否可以顺利完成。因此，在实验过程中，学生不仅需要根据各种状况适时调整实验方案，也需要通过做实验来提升自身的实验能力。在进行创新实验时，应注重培养学生的实验技能，巧妙地安排和改进实验操作的顺序和方式，以充分发挥其实验主动性。

表 7 - 19　实验设计、实验操作的创新意识

创新要素	教师对创新要素的评价标准
实验原理的创新	（1）化学反应的拓展 （2）新检测手段的应用
实验装置、仪器的创新	（1）仪器的新用途 （2）替代物 （3）重新组合 （4）装置的改进 （5）微型实验
实验效果的创新	（1）实验现象明显（如颜色变化、能量变化、气体的产生等） （2）应用多媒体手段放大或模拟 （3）现代实验技术
实验步骤与程序的创新	（1）简化 （2）快速 （3）安全
实验安全的创新	（1）无毒、绿色药品的替代 （2）消除实验污染 （3）安全装置的设计
熟练性	操作的协调能力
准确性	操作动作的规范性
应变性或敏捷性	（1）对意外或实验现象的处理 （2）对于异常、不明确或结论错误的实验现象，应及时分析其原因，并找出实验操作中可能存在的问题
实验技巧	合理巧妙地组织和改进实验操作顺序和方法
实验速度	完成实验时间长短

任务二：基于碳中和理念设计的"模拟碳中和"实验设计、实验操作的创新

"模拟碳中和"中的碳是指二氧化碳，在实验原理上，大部分实验在模拟

的过程中采用的是单一的二氧化碳的化学相关知识，如二氧化碳与水的反应，二氧化碳与碱溶液的反应等，而本实验从跨学科多角度出发，除了化学视角的碱液吸收、侯氏制碱法等；还从生物视角的光合作用，从地理视角的海洋吸收、钟乳石的形成等建立模拟生态圈进行展示，并借助二氧化碳浓度传感器，检测生态圈内二氧化碳的含量变化。

　　本实验装置设计如图 7-37 所示，通过装有半箱水的鱼缸，加入岩石、植物、鱼等形成一个微型的生态圈，用小玻璃瓶分别装有 NaOH 溶液、$Ca(OH)_2$ 溶液、饱和氨盐水等，通入二氧化碳，模拟"碳中和"过程。该实验现象明显，教师在展示的时候，可将生态圈中的现象进行实时投屏，让学生清楚地观察到玻璃瓶内 $Ca(OH)_2$ 溶液和饱和浓氨水变浑浊。

　　该实验将学生熟知的生态圈微型化，通过碳元素在大气圈、岩石圈和水圈的循环，探究二氧化碳的性质与转化，实验操作简单快捷，效果明显。实验在设计思考环节，在化学视角上通过 NaOH 溶液、$Ca(OH)_2$ 溶液吸收 CO_2，还考虑将侯氏制碱法融入其中，让学生感受到二氧化碳的工业用途与转化，彰显我国的伟大成就，体现民族自豪感。而在实验过程中，一开始利用浓氨水吸收二氧化碳，但在实际操作过程中，浓氨水有挥发性，时间一长会对水中小鱼的生存造成影响，因此对侯氏制碱法进行分析，对实验进行改进，最终选用了饱和氨盐水，消除了实验污染。从地理视角上，除了常规的水与二氧化碳的反应外，将自然界中钟乳石的形成过程也融入其中，承载二氧化碳与水和碳酸钙的化学反应，凸显学科知识间的融合，在实验操作中不断进行修正、进行实验创新。

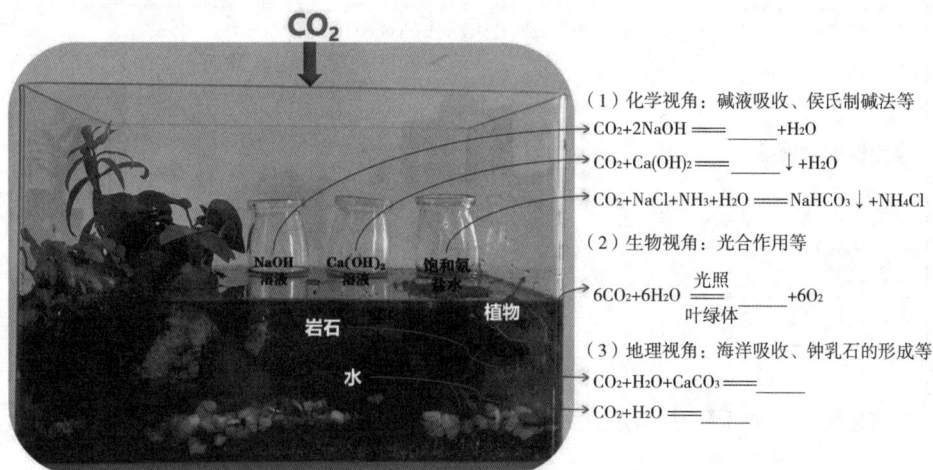

（1）化学视角：碱液吸收、侯氏制碱法等

$CO_2+2NaOH === \underline{\hspace{2cm}} +H_2O$

$CO_2+Ca(OH)_2 === \underline{\hspace{2cm}} \downarrow +H_2O$

$CO_2+NaCl+NH_3+H_2O === NaHCO_3 \downarrow +NH_4Cl$

（2）生物视角：光合作用等

$6CO_2+6H_2O \xrightarrow[\text{叶绿体}]{\text{光照}} \underline{\hspace{1.5cm}} +6O_2$

（3）地理视角：海洋吸收、钟乳石的形成等

$CO_2+H_2O+CaCO_3 === \underline{\hspace{2cm}}$

$CO_2+H_2O === \underline{\hspace{2cm}}$

图 7-37　"模拟碳中和"实验装置设计

3. 处理实验结果中的创新意识

对于所获得的实验现象，能用化学知识解释，设计简明表格进行数据分析，绘制规范、正确、美观的图像和实验装置图；认真分析实验现象产生的原因。已有的知识是新知识的基础，解决问题的目标之一是利用先前解决问题的知识去处理新的问题，这体现了问题解决的连续性和逐步性。同时，解决旧问题后，其结果会融入化学实验创新知识的结构网络中，为新问题的解决打下基础。因此，对实验结果的运用和迁移也显现出学生的创新意识，并且是创新的具体体现。（如表 7 - 20）

表 7 - 20 　处理实验结果的创新意识

创新要素	教师对创新要素的评价标准
实验现象	（1）实验现象直观、明显 （2）能进行正确的理论解释 （3）从现象得出理论
实验数据	（1）设计简明的表格 （2）分析、处理数据得出结论
实验结果的运用	用实验结果解释化学问题
实验结果的迁移	对实验结果进行横向和纵向拓展迁移

任务三：基于碳中和理念设计的"模拟碳中和"实验结果处理的创新

"碳中和"实验借助二氧化碳传感器，测定微型生态圈中二氧化碳的含量，由于实验中的二氧化碳是人为制取通入，因此实验数据只是作为模拟测定，通过表 7 - 21 记录分别装有 $NaOH$ 溶液、$Ca(OH)_2$ 溶液、饱和氨盐水的三个瓶子的实验现象和二氧化碳传感器的读数，感受二氧化碳在微型生态圈中的含量变化，体验"碳中和"过程。从 $Ca(OH)_2$ 溶液和饱和氨盐水变浑浊的进度和二氧化碳的浓度变化说明二氧化碳的吸收与转化，通过模拟微型生态圈让学生置于真实情境中，引导学生在面对二氧化碳排放过量导致气候变暖等环境问题时，要强化自身的社会责任感，积极响应"碳中和"和"碳达峰"政策，践行低碳要求，理解碳中和、低碳行动的意义。

表7-21　实验现象及实验数据记录

	第1天	第2天	第3天	第4天	第5天	……
装有 NaOH 溶液的瓶子现象						
装有 Ca(OH)$_2$ 溶液的瓶子现象						
装有饱和氨盐水的瓶子现象						
二氧化碳传感器读数						

　　学科实践创新意识的培养，离不开教师的引导。教师引导的内容和方式将直接影响学生的学习效果和效率，在学生的实验教学过程中，教师的指导角色是不可忽视的。当我们在跨学科实践活动中分析并明确了整个实验涉及创新意识的各要素和步骤，便可以根据学生的实际情况更科学、合理地安排相应的指导。这样可以使学生在实验过程中有目标、有序地获取更多有效的知识和建构能力，并在解决创新要素问题的过程中实现创新意识的激发与创新能力的增进和训练，使得学生可以在自身知识和技能基础上，在每一个"最近发展区"中加强实验创新意识并训练实验创新能力。

【案例5】

垃圾的分类与回收利用
——学科实践活动"路线图"的设计

　　跨学科，即突破学科边界、在学科之间建立内在联系。跨学科学习旨在引导学生超越学科边界、突破学科与生活的壁垒，进而探究和解决真实问题①。跨学科课程就是围绕一个共同的主题，打破学科界限，把不同学科、不同领域的理论和方法有机地融合，有目的、有计划地设计组织课程内容和教学活动②。所谓跨学科学习是学习者对跨学科能力也就是综合运用两个

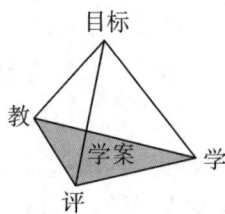

图7-38

① 张华. 跨学科学习的本质内涵与实施路径 [J]. 教育家，2022（24）：8-10.
② 李克东，李颖. STEM教育与跨学科课程整合 [J]. 教育信息技术，2017（10）：3-10，13.

或两个以上学科知识方法指导实践以解决问题或生产知识的能力的学习过程[1]。学案导学是以学案为载体，以教师的指导为主导，以学生的主动学习为主体，师生共同完成教学任务的一种教学模式[2]。学案中的学习任务分别要求学生在课堂教学前、教学中和教学后完成，通过观察、分析学生在教学过程中完成任务的情况，判断目标达成情况，评估教学的有效性，及时调整教与学的策略或进程。因此，学案不仅是引导学生学习的"路线图"，更是实现"教—学—评"一体化的有效路径[3]。如图 7-38 所示。"垃圾的分类与回收利用"是新课标新增的 10 个基础实验与跨学科实践活动之一。由于缺乏教材，在教学内容选择上，基于大概念的理解，对核心素养发展功能的挖掘，设计素养导向的教学目标，据此设计学案，将"学"与"评"任务贯穿在"认识流程""理解流程""应用流程"这一情境明线中，"教—学—评"活动有机结合、形成合力共同为达成目标服务。

一、课程标准要求和教材分析

新课标的学习主题 5 "化学与社会·跨学科实践"，是以"化学与可持续发展"的大概念为统领，并围绕"化学与可持续发展"大概念构建学习内容与结构，依托"化学与资源、能源、材料、环境、健康相关的物质及化学反应"的核心知识，落实跨学科实践活动，培养学生化学、技术、工程融合解决跨学科问题的思路与方法，从而形成应对未来不确定性挑战的能力。这凸显了大概念统领多维课程内容的特点、明确要求各学科用不少于本学科总课时的10% 开展跨学科实践活动，推动其他 90% 课时的教学内容和教学方式改革。

本次实践活动教学是从物质及其变化的视角认识资源的综合利用为核心知识，以垃圾的工业处理流程为主线，紧紧围绕"认识流程—理解流程—应用流程"三个环节设置学生活动。在"认识流程"环节，运用了物理学科的磁选、高压风机等方法引导学生认识并知道为什么要进行原料预处理。在"理解流程"环节，我们制定了模拟烟气吸收的实验，通过讲解化学原理，引导学生理解科学、技术、社会以及环境之间的关系。在"应用流程"环节，运

① 吴旻瑜，万昆，赵健. 跨学科学习是什么？如何做？：以义务教育信息科技课程为例 [J]. 课程·教材·教法，2023（1）：89-95.

② 高变英. "学案导学"教学模式的构建与实践 [D]. 济南：山东师范大学，2006：10.

③ 庞刚志，杨玉琴. "教、学、评"一体化下的学案导学教学实践：以人教版九年级《化学》"水的组成"为例 [J]. 化学教学，2021（10）：53-59.

用生物学科的发酵产生沼气这个信息，让学生简单设计了厨余垃圾回收的工艺流程。同时，按预设评价目标，在每一个环节中落实过程性评价。

二、学情分析

随着 2021 年《中山市生活垃圾分类管理办法》的实施，学生通过学校、社区等多种途径对垃圾的分类有所了解，对垃圾是可以利用的资源等都有了认识。但对于垃圾分类后，如何处理各类垃圾是需要进一步学习的。在上这节课前，分四个小组，让学生对生活中常见的可回收垃圾、厨余垃圾、其他垃圾的回收利用都进行了调查报告及手工实践、制作环保酵素、模拟填埋等，对于有害垃圾也查阅了资料，形成手抄报。课堂上带领学生观看垃圾综合处理基地的视频，让学生进一步学习垃圾处理工艺流程，认识垃圾是一种放错位置的资源，只要我们利用好科技，就能让垃圾变废为宝，成为有用资源。

三、学习目标

（1）对原料预处理、核心技术等跨学科工艺流程环节有初步认识。能说出工艺流程中部分操作步骤的目的，能设计简单厨余垃圾回收工艺流程，初步形成解决问题的思路。

（2）学生通过模拟垃圾填埋认识到直接填埋带来的污染后果，通过模拟烟气吸收能理解用石灰浆吸收二氧化硫的核心反应原理，从而形成化学促进社会可持续发展的正确认识。

（3）学生积极参与垃圾分类实践活动，理解分类是为了更好地利用垃圾，体会有效使用科学技术，以及合作、协同创新解决问题的重要性，增强保护环境的责任感。

四、教学流程

体现"教—学—评"一体化设计的学案导学流程，如图 7 – 39 所示。

教学情境	学案导学	学习任务	目标评价

环节一：
垃圾分类我先行

导学1：课前测试，哪位同学上来对以上九种物质进行分类呢？

学习任务1：各小组完成前置性学习任务并展示

诊断学生对垃圾分类的理解水平

环节二：
认识流程

导学2：引导学生学习易拉罐回收金属铝的工艺流程

学习任务2：基于易拉罐回收金属铝的工艺流程，认识工艺流程模型及基本思路

通过提问、评析，评价学生对原料预处理、核心技术等工艺流程环节有初步认识（水平一）

环节三：
理解流程

导学3：引导学生开展模拟垃圾填埋实验

导学4：通过观看视频了解焚烧垃圾发电厂的工艺流程，引导学生开展模拟实验，加深对工艺流程中核心反应的认识

学习任务3：通过模拟垃圾填埋认识到直接填埋带来的污染后果

学习任务4：基于烟气净化的模拟实验，理解用石灰浆吸收二氧化硫的核心反应原理

基于模拟填埋实验，诊断学生认识到直接填埋带来的污染后果。诊断并发展学生对社会可持续发展的正确认识

基于烟气净化模拟实验，从设计方案、验证操作、现象描述、化学用语等角度评价，诊断学生理解用石灰浆吸收二氧化硫的核心反应，并发展学生对核心反应、核心工艺的认识（水平二）

环节四：
应用流程

导学5：引导学生基于厨余垃圾回收利用的原理，简单设计工艺流程

导学6：课堂检测

学习任务5：基于厨余垃圾回收利用的原理，简单设计工艺流程

学习任务6：课堂测评

基于厨余垃圾回收利用工艺流程的简单设计，诊断学生初步形成解决问题思路（水平二）

通过对体现目标的检测题现场评价，诊断学生学习目标的达成情况及发展学生解决问题能力（水平三）

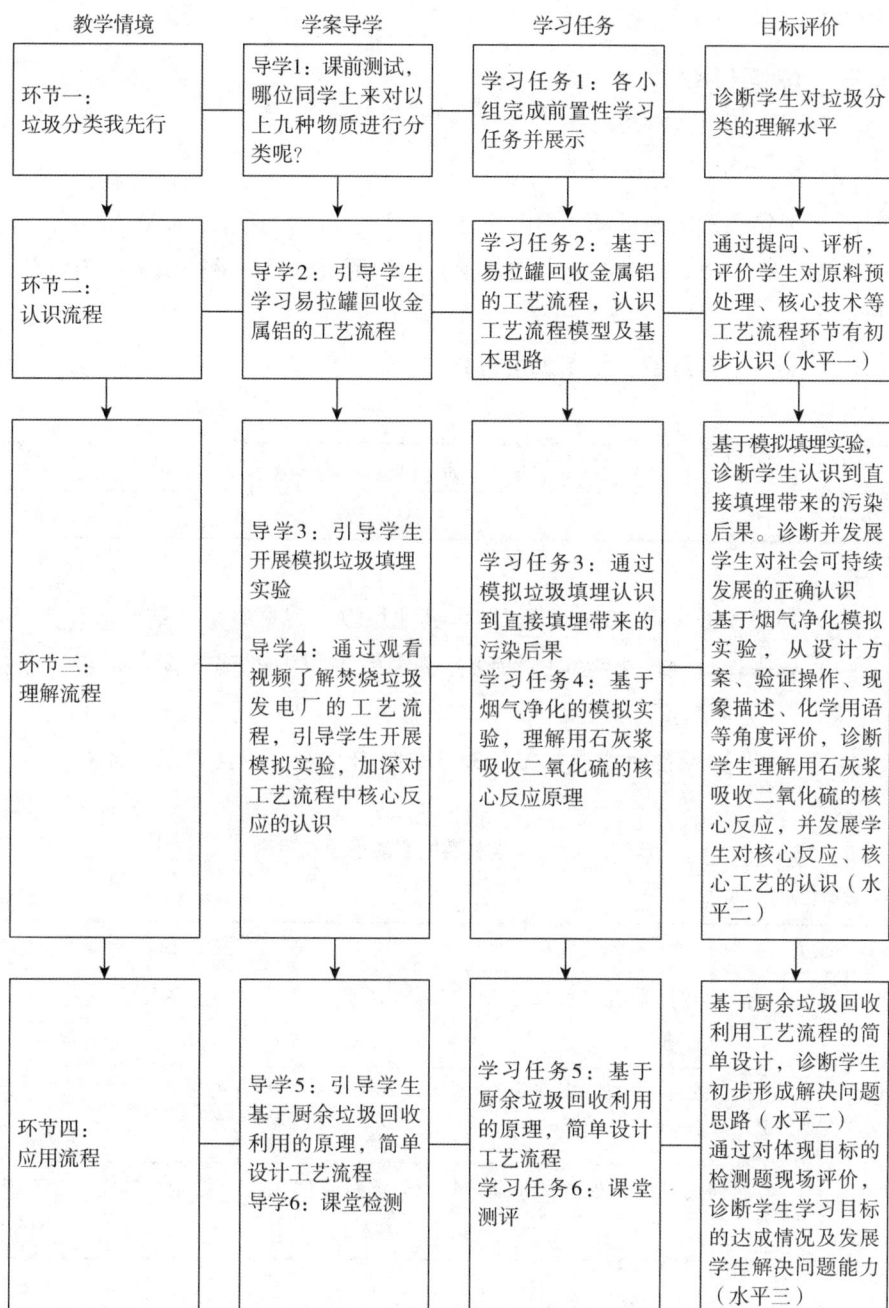

图 7 - 39　体现"教—学—评"一体化设计的学案导学流程

五、学习过程

【学案导学1】前置性学习任务

（1）纸箱、塑料瓶的再利用。小组收集纸箱、快递箱，制作收纳箱、笔筒、垃圾桶等。收集塑料瓶或者塑料桶，制作厨余垃圾固液分离器，自动浇水盆栽等。

（2）制作环保酵素，记录发酵过程。

时间	记录发酵过程中，瓶内的变化情况（颜色、状态等）
第×周	

（3）利用家庭废旧物品，模拟填埋其他垃圾，观察并记录结果。

（4）有害垃圾处理小组实践活动：整理有害垃圾处理的调查报告（手抄报）。

【小组评价】结合前置性学习任务，小组内互评，如表7-22所示。

表7-22　跨学科实践活动小组互评表

组名＿＿＿＿＿＿＿

小组成员	评价内容	学生互评
	他（她）是否能积极主动地参与这次活动？	○能　○还可以　○不能
	他（她）能否与其他小组成员愉快合作？	○能　○还可以　○不能
	遇到困难时，他（她）是怎么做的？	○找同学商议　○独自解决　○不管不问

【情景引入】各小组完成前置性学习任务并展示图片。

【提出问题】展示9种不同的垃圾，问：哪位同学愿意对它们进行分类呢？

【生】正确分类。

（学习评价：学生通过完成前置性任务，已经能对垃圾进行分类，并有了一定认识。）

【学案导学2】认识流程

【展示】展示工业回收金属铝的手抄报。

【实物展示】提供易拉罐、磁铁等物品给小组，小组讨论。

【学案】学习任务2：基于易拉罐回收金属铝的工艺流程，认识工艺流程模型及基本思路。

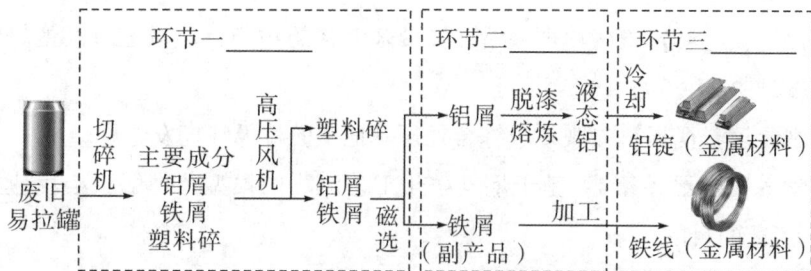

图7-40 易拉罐回收金属铝的工艺流程

（1）高压风机的作用：_____。

（2）磁选的作用：_____。

（3）原料预处理的目的：_____。

【学生汇报】高压风机的作用就是吹走一些质量比较轻的塑料碎片，磁选的作用是用磁铁把铁屑与铝屑分离。

【师生归纳】在工艺流程中，原料预处理的目的是尽可能地除去杂质。

（学习评价：学生汇报比较准确，对磁铁等物理学科知识有一定了解，符合学生的认识水平，达到水平一。）

【学案导学3】理解流程

【学案】学习任务3：模拟垃圾填埋活动。

小组活动方案：塑料瓶代表垃圾填埋场；白色石头代表岩石层，沙土代表土壤土层；浸过墨水的纸巾代表被填埋的垃圾；慢慢往上面喷水模拟下雨（喷洒出的水模拟雨水），如图7-41所示。

（1）现象：_____。

（2）垃圾直接填埋的危害：_____。

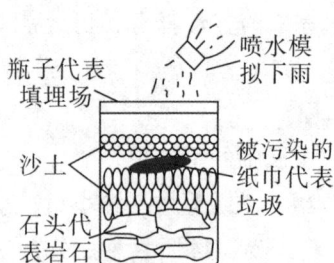

图 7-41　模拟垃圾填埋装置

【评价、过渡】直接填埋会给环境带来怎样的污染，垃圾还有其他更好的处理方式吗？

【观看学习视频】参观垃圾综合处理基地中的垃圾焚烧发电厂。

【学案】学习任务 4：基于烟气净化工艺流程的模型，理解核心反应原理及核心工艺的目的。

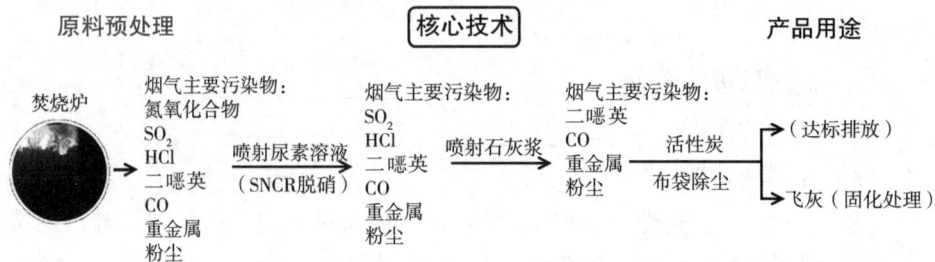

图 7-42　烟气处理技术工艺流程

（1）核心反应：石灰浆吸收 SO_2、HCl 等酸性气体。

写出石灰浆与 SO_2（与 CO_2 相似）反应原理：_____。

（2）核心工艺：

活性炭作用：_____。

布袋作用：_____。

喷射目的：_____。

【学生汇报】学案展示自学结果。

【师】在工艺流程中，核心反应非常关键，在上述工艺中为什么要选用石灰浆，为什么选择喷射的方式来吸收二氧化硫呢？我们通过一个模拟实验来体会一下，如图 7 - 43 所示。

【师生合作演示实验】先在燃烧匙点燃硫，再把点燃的硫放入密封的装置内，塞紧胶塞，反应结束后观察到气球膨胀后收缩，装置内的澄清石灰水没有明显浑浊；松开弹簧夹，观察到注射器内的氢氧化钙溶液喷射入装置内，看到溶液变浑浊，但气球并没有明显变化。

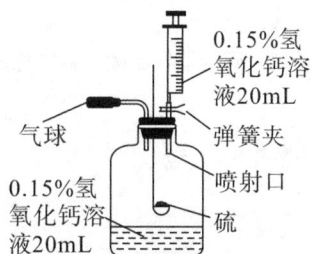

图 7 - 43　模拟吸收二氧化硫实验

【师生评析】这就是酸碱中和反应在工业上的应用，喷射目的是增大接触面积，增强吸收效果。

（学习评价：学生观看工艺流程后，先观察烟气吸收实验，验证石灰水能吸收二氧化硫；再联系红磷燃烧验证空气成分的实验，设计出石灰水模拟喷射的实验方案；最后正确写出反应方程式，并能对实验现象的原因进行分析。）

【学案导学 4】应用流程

【学案】学习任务 5：基于厨余垃圾回收利用的原理，简单设计工艺流程。

【观看学习视频】观看垃圾综合处理基地中的厨余垃圾回收厂。

通过视频可知：厨余垃圾送至卸料仓，通过 LHP 超高压干湿分离技术，再通过挤压，将垃圾分成干组分、湿组分，干组分可用于焚烧发电，而湿组分送至联合厌氧发酵系统进行发酵，产生的沼气也可用于发电，沼渣则可用作绿色有机肥料。请将以下合适操作或产品填至图 7 - 44 的方框中：

① 沼渣　②联合厌氧发酵　③超高压干湿分离　④20% 干组分　⑤80% 湿组分

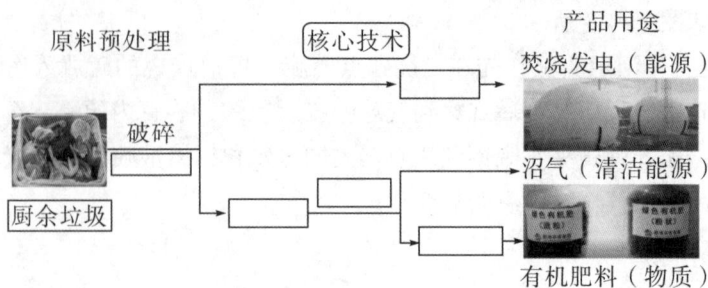

图7-44　厨余垃圾回收利用工艺流程

（1）沼气燃烧的反应原理：_____（用化学方程式表示）。

【师生评析】同学们能根据对原料预处理、核心技术等工艺的理解，选择出合理流程并完成填空。

（学习评价：学生在观看完厨余垃圾回收利用工厂视频后，能正确地把简单设计工艺填入流程图内，诊断学生初步形成了解决问题的思路。并正确写出反应方程式，体验到垃圾的有效利用，体会有效使用科学技术以及合作、协同创新解决问题的重要性，增强保护环境的责任感。）

【学案】学习任务6：课堂检测，基于工业流程原理，尝试解决常见的实际问题。

例题：废弃电路板主要包含塑料、铜、铁和锡（Sn）等成分，为了实现对锡的环保回收，我们设计了以下工艺流程，如图7-45所示：

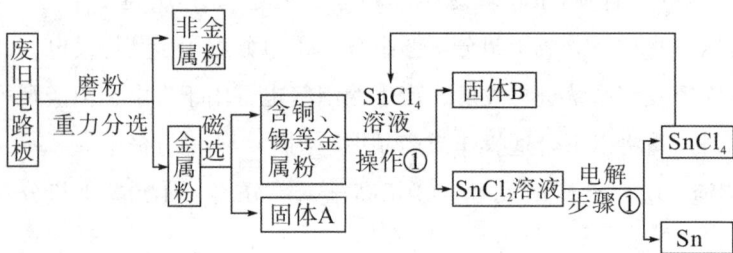

图7-45

已知：$Sn + SnCl_4 \xlongequal{\quad} 2SnCl_2$

（1）固体A主要成分是_____，操作①的名称是_____。

（2）$SnCl_4$ 中锡元素的化合价是_____。

（3）铜的金属活性比锡的_____（填"强"或"弱"）；固体 B 中一定含有的金属元素是_____。

（4）写出步骤①反应的化学方程式_____，属于_____反应（填基本反应类型）。

（5）相比于直接焚烧废旧电路板回收金属，该工艺的主要优点是_____（回答一个）。

（学习评价：通过纸笔测试，在课内实时评价学生实际问题解决能力。）

【总结】通过观看垃圾综合处理基地的视频，了解了垃圾处理的工业流程，体会到垃圾是一种宝贵资源，深切感受到科学技术可以实现让垃圾转化为资源，特别是化学在推动可持续发展中起到的重要作用。

六、教学效果及反思

本节教学按照预定目标，有效利用学案串联各个学习任务，引导学生从现有的经验出发，首先，提前组建学习小组，每个小组除了完成调查报告外，还制作了手工、环保酵素以及模拟填埋等，让学生对垃圾分类、回收有了初步认识。其次，围绕核心素养及课程主题，确立了金属、氧化物及酸碱盐为核心知识，再结合物理和生物学科的知识与方法，以工艺流程为主线，组织跨学科教学内容；结合学业质量和学业要求，从基本理解、简单应用、综合问题解决三个层面，帮助学生形成解决综合问题的思路与方法。在"认识流程"环节，运用了物理学科的磁选、高压风机等方法引导学生认识并知道为什么要进行原料预处理。在"理解流程"环节，设计了模拟烟气吸收的实验，通过解析化学原理，指导学生理解科学、技术、社会及环境间的关系。在"应用流程"环节，运用生物学科的发酵产生沼气这个信息，让学生简单设计了厨余垃圾回收的工艺流程。同时，按预设评价目标，在每一个环节中落实过程性评价。在"教—学—评"一体化框架下，学案导学将教学策略、学习任务和评估融合为一个整体，有效推动了以素养为导向的教学目标的实现。

【案例6】

探究土壤酸碱性对植物生长的影响
——跨学科实践活动的认识与实施

教育部印发的《义务教育课程方案（2022年版）》明确要求：加强课程综合，注重关联，强化学科内知识整合，统筹设计综合课程和跨学科主题学习，加强综合课程建设，完善综合课程科目设置，开展跨学科主题教学，强化课程协同育人功能①。新课标课程内容的五大变化之一是：设置跨学科主题，体现实践性和综合性，这个主题具有明显的跨学科特性，完全体现了新时代义务教育课程改革强调增强课程综合性的基本原则。分科课程发展到一定程度越发体现出综合的必要，体现了分科课程和综合课程的有机统一，这也是目前"新课程方案"中要求在分科课程中开展跨学科主题活动和跨学科实践活动的关键因素。从课标体系理解分析义务教育化学跨学科实践活动的教学，是课程视域下的教师专业发展的专业诉求。

一、从课标体系理解跨学科实践活动

跨学科实践活动理念确立、方向明确，从课标体系理解跨学科实践活动，是教师教学的必然需求。从课标体系理解跨学科实践活动的框架如图7-46所示。

课程性质 —— 课程理念 —— 课程目标 —— 课程内容 —— 学业质量 —— 教学实施

图7-46　课标体系理解框架

从课程性质理解跨学科实践活动，认识化学学科与其他学科的关系。新课标课程性质中明确指出"化学是自然科学的重要组成部分，与物理学共同构成物质科学的基础，是材料科学、生命科学、环境科学、能源科学、信息科学和航空航天工程等现代科学技术的重要基础"。我们要特别注意"与物理学共

---

①　中华人民共和国教育部. 义务教育课程方案（2022年版）［M］. 北京：北京师范大学出版社，2022.

同构成物质科学的基础"的描述,反观高考考试科目,"3+1+2"只设置必选科目为物理和历史,导致选化学的学生减少了,化学学科知识的缺失导致课程协同育人功能受到限制。新课标在课程性质中明确化学学科与其他学科的关系,矫正种种偏差。

从课程理念和课程目标理解跨学科实践活动。课程理念要求重视开展核心素养导向的化学教学,明确要求转变学科育人的方式,推崇"在实践中学习""在应用中学习"及"在创新中学习",进行项目式学习,并着重于跨学科的实践活动。"新课程标准"要求各学科用不少于本学科总课时的10%开展跨学科主题活动,化学课程首次增加10项跨学科实践活动。在保留和优化必要实验的基础上,"跨学科实践活动"强化了各学科间的联系,推动课程的综合实施,并加大了对实践的要求。课程目标中,科学探究与实践的核心素养要求是通过化学课程的实验探究以及基于学科和跨学科实践活动形成学习能力。学生需要运用化学等学科的知识和方法,在解决实际问题和完成综合实践活动中,通过一定的技术手段展示其能力和素质。能从化学视角对常见的生活现象、简单的跨学科问题进行探讨,能用简单的技术与工程的方法,初步解决与化学有关的实际问题,完成社会实践活动。新课标直接把核心素养目标要求具体化,跨学科实践活动应成为破解核心素养"落地"难题的重要举措。

从课程内容理解跨学科实践活动。新课标课程内容有科学探究与化学实验、物质的性质与应用、物质的组成与结构、物质的化学变化、化学与社会·跨学科实践五个学习主题。学习主题内容结构化和核心素养发展进阶如图7-47所示,每个学习主题内容结构化和核心素养发展进阶最终都指向经历重要实践,为了凸显"实践",在课程内容上设立化学价值主题——主题5"化学与社会·跨学科实践"。

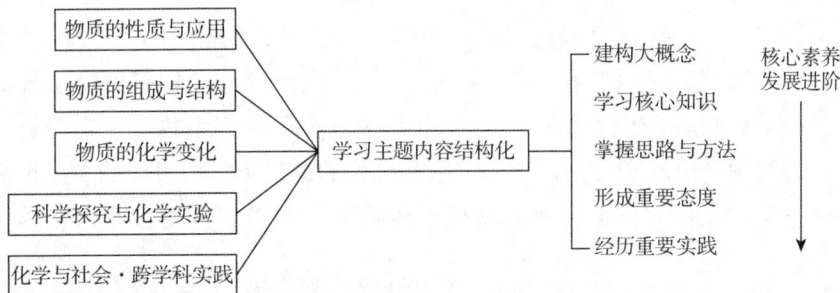

图7-47 学习主题内容结构化和核心素养发展进阶

　　"化学与社会·跨学科实践"主题需要建构的大概念是化学与可持续发展；需要学习的核心知识涉及化学与资源、能源、材料、环境、健康等领域，紧密结合其他主题内容，体现综合性；需要理解和掌握的思路与方法是将化学、技术、工程相结合来解决跨学科问题，从而形成面对未来不确定性挑战的态度和能力，并亲身参与跨学科实践活动。

　　从学业质量理解跨学科实践活动。新课标建立的"学业质量"体系，使基于学业质量标准的教学研究成为教学改革中亟待解决的理论和实践问题。学业质量标准是评价学生化学学业的依据，是教师在教学中开展过程性评价和命制学业水平考试试题的重要依据。学业水平考试明确要求要纳入跨学科实践活动。开展跨学科实践活动真正目的是逐渐推动其他90%课时的教学内容和教学方式的改革，让跨学科实践活动成为教学的常态，并能创造性地探索出跨学科实践活动纳入学业水平考试的路径。

　　从课程实施看跨学科实践活动。课程四要素（课程目标→课程内容→课程实施→课程评价）和教学四要素（教学目标→教学内容→教学实施→教学评价）是吻合的。大力开展核心素养导向教学，有效地促进学习方式转变，重点就在于跨学科实践怎样教。

二、从课程实施理解跨学科实践活动教学

（一）目标与内容的一致性

　　在课程内容的"化学与社会·跨学科实践"主题学习中，明确了学生需要理解的重要概念、关键知识以及实践活动，还包括了分析和解决问题的学科认知方法（思路与方法），以及经历重要实践，形成应对未来不确定性挑战的重要态度。为进一步体现学习主题内容的结构化、功能化，学习目标与学习内容必须达成一致，在跨学科实践活动中，将知识划分为化学学科知识（基础实验、核心知识）和跨学科知识。下文以"探究土壤酸碱性对植物生长的影响"为例分析目标与内容的一致性，说明学习主题内容结构化、功能化，在明确核心知识、思路和方法、重要实践和态度的前提下，对目标的表述也需要整合。表7-23是"探究土壤酸碱性对植物生长的影响"目标和内容的一致性分析。

表7-23 "探究土壤酸碱性对植物生长的影响"目标和内容的一致性

跨学科实践活动	跨学科实践活动的目标	化学学科知识		跨学科知识
		基础实验	核心知识	
探究土壤酸碱性对植物生长的影响	(1) 通过了解土壤浸出液酸碱性的过程，学会测定物质酸碱性的方法 (2) 通过土壤的酸碱性和植物生长的关系，运用控制变量思想和调查研究进行实验探究，学会科学使用酸和碱 (3) 通过调查土壤酸化现状及成因，发展从定性和定量的视角解决实际问题的能力，用pH计测量中和酸性土壤过程中pH的变化，形成对酸的通性、碱的通性和盐的性质的认识思路 (4) 通过解决盐碱地问题，综合应用化学、技术、工程和其他学科知识，树立可持续发展观	常见酸、碱的化学性质	化学：pH的测定方法、常见酸、碱的化学性质	数学：跨学科实践活动的分析和计算；工程、技术：需要考虑pH计的选择、使用等问题

新课标下，教师要重视教材资源的应用，创造性地开发和使用教材，由于目前没有新教材体系，因此以人教版初中化学教材为例，挖掘开展跨学科实践活动的知识体系和情境建议。教师可以根据实际的教学需求和人教版教材的内容，自主研发和设计跨学科实践活动，为学生提供更多的实践机会。人教版教材对"探究土壤酸碱性对植物生长的影响"内容的呈现分析如表7-24所示。

表7-24　人教版教材对"探究土壤酸碱性对植物生长的影响"内容的呈现分析

涉及内容	基础实验	教材知识	探究实验	资料卡片	课外实验	调查与研究	练习与应用
溶液酸碱性对植物生长的影响		熟石灰的用途（下册第72页）			鲜花在白醋和石灰水中变色		
土壤酸碱性对植物生长的影响	实验活动8：酸、碱的化学性质（下册第90页）	农业生产中利用中和反应进行土壤改良（下册第75页）土壤酸碱度与植物种植（下册第63页）		草木灰水的pH（下册第63页）			
酸雨对植物生长的影响	实验活动9：溶液酸碱性的检验（下册第90页）	酸雨对环境的影响（下册第63页）				生活环境中雨水的pH	练习与应用第5题（下册第65页）
化肥的影响及合理施用		化肥使用可能引起土壤酸化化学生产化肥和农药的作用	铵态氮肥的检验				

（二）目标与内容、教学的一致性

1. 新课标中的跨学科情境素材建议

新课标教学提示明确给出了学习活动建议、情境素材建议和教学策略建议，要求给学生提供发展核心素养的学习机会和学习环境。跨学科实践活动类型有：仪器和产品制作类、实验探究类、方案设计类、实地调查类、文献分析类。涉及的情境素材有：弘扬中华优秀传统文化、体现化学学科特点、彰显化学学科价值、展示我国最新科技成果等。对教学情境素材的要求是：强化价值导向、符合学生认知、信息真实可靠、指向问题目标、关联核心内容、蕴含学科思路、体现学科价值。如在教学中选择的情境素材：我国丰富的五色土和土壤酸碱性的概况与测定pH知识相关联、土壤酸化的成因和我国多盐碱地问题直接关联酸碱盐的性质知识，避免跨学科实践活动变成素材的堆砌。

2．新课标中的跨学科教学策略建议

教学策略建议中明确了该学习主题的教学定位，注重综合应用化学知识，在内容和课时整合上，在新课或者复习课中开展跨学科实践活动。事实上，在实际的教学中，更多倾向于在复习课中开展跨学科实践活动，这样既创新复习课的新样态，也能更好地让学生整合知识和运用知识解决问题。故"探究土壤酸碱性对植物生长的影响"被安排在第十单元复习课中进行。

设计和开展具有挑战性的实践任务，让学生经历调研访谈、创意设计、动手制作等多样化的活动——以设置课前前置性学习任务为主，使知识传递发生在课外。《广东省义务教育课程计划表》明确规定化学学科总课时为99课时，跨学科实践活动只有10课时，化学既是启蒙学科又是学业水平考试学科，课时本来很紧张，要开展跨学科实践活动，现有课时是远远不够的，设置前置性学习任务，能够解决课时不足的难题。如调查土壤酸碱性的概况，设计制作土壤酸化问题手抄报，在不同的pH土壤中动手种植水稻和豆芽等。

3．目标与内容、教学的一致性教学分析

教学中，我们以目标和内容为依托设计跨学科实践活动，并将教学情境、问题解决、知识逻辑、任务活动及素养发展等多个维度紧密结合——设定课堂教学任务。知识内化发生在课堂上。把跨学科实践活动的课前前置性学习任务与课堂教学任务有机融合在一起，实现在问题解决过程中核心知识的学习、能力和素养的提升的自然结合。增加活动的开放度，让学生在自主思考、合作探究、交流、总结、反思等过程中，实现知识的内化，真正学会学习。"探究土壤酸碱性对植物生长的影响"的教学逻辑如图7-48所示。

		列1	列2	列3	列4
情境线		我国丰富的土壤资源"五色土"	探究土壤酸碱性对植物生长的影响	我国土壤酸化问题	我国多盐碱地问题
问题线		为何盐碱地寸草不生？	如何通过控制变量探究土壤酸碱性对植物生长的影响？	土壤酸化的原因和改良措施是什么？	盐碱地有哪些改良措施？
逻辑线		学会使用酸碱指示剂和pH试纸检验溶液的酸碱性	了解土壤的酸碱性和植物生长的关系	学会在生产生活中合理使用酸、碱、盐溶液，学会使用pH计测量中和酸性土壤过程中的pH变化	认识盐碱地四维改良法
任务线	前置	调查我国土壤酸碱性的概况	在不同pH的土壤中种植水稻和豆芽	调查我国土壤酸化情况	调查盐碱地的分布情况及应用现状
	课堂	测定土壤浸出液的酸碱性	认识完成探究的基本思路与方法	从定性和定量的视角看待土壤酸化原因及改良措施	以系统化的思维认识盐碱地改良措施
活动线	前置	查阅资料，制作手抄报	合作探究，种植实践	查阅资料，制作手抄报	查阅资料，制作手抄报
	课堂	小组实验	合作讨论	合作讨论，小组实验	视频学习，合作讨论
素养发展线		培养基本的化学实验技能	发展以实验为主的科学探究能力	发展从定性和定量的视角看待实际问题的能力	初步学会以辩证、整体的思维看待实际问题

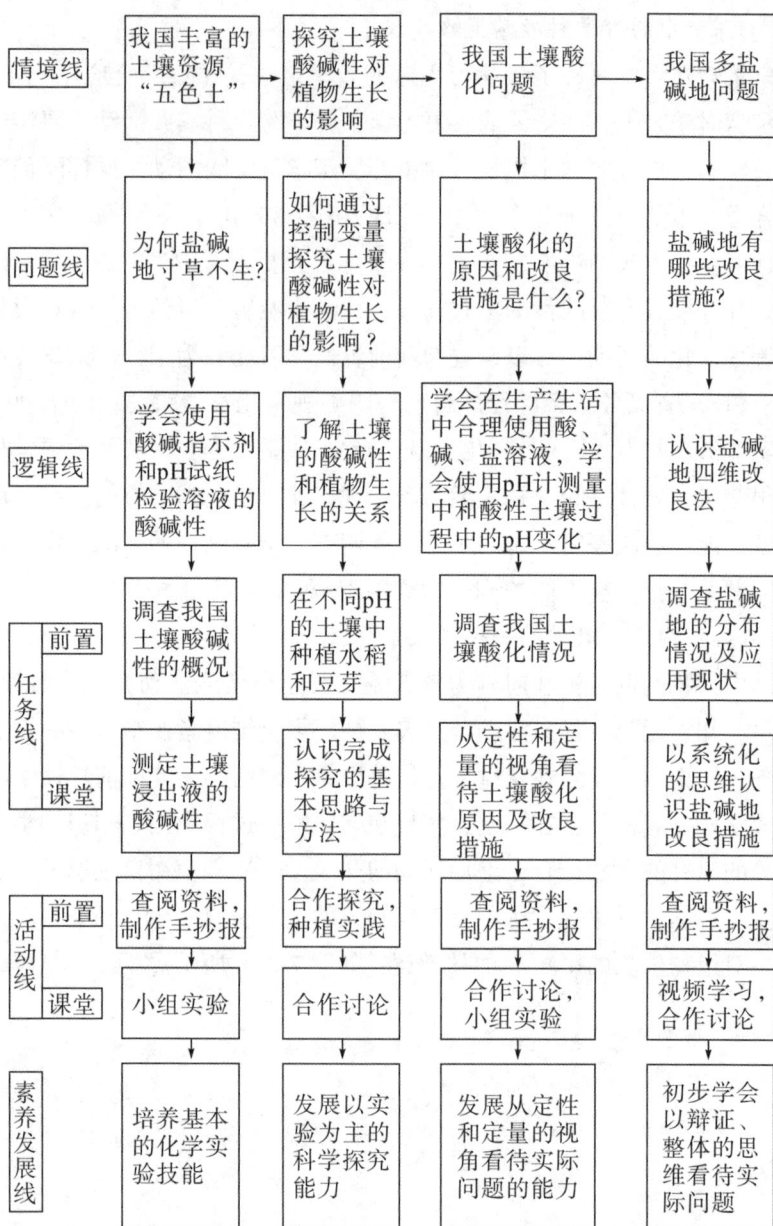

图 7-48　"探究土壤酸碱性对植物生长的影响"教学逻辑

活动1：在认识土壤浸出液酸碱性的过程中学会测定物质酸碱性的方法。

展示我国丰富的五色土资源，从学生的调查手抄报出发重点介绍盐碱地样品，提出问题：为什么盐碱地中植物难以生长？引出学习主题：土壤酸碱性对植物生长的影响，让学生通过分组实验用酸碱指示剂测定土壤浸出液的酸碱性及用 pH 试纸测定酸碱度。

活动 2：在认识土壤酸碱性对植物生长影响过程中运用控制变量思想和调查研究进行实验探究。

引导学生思考会对植物生长造成影响的因素：光照、空气、温度、水分、养分等，提出问题：如何通过控制变量法探究土壤酸碱性对植物生长的影响？学生设计实验方案，播放学生课前动手完成的实践任务：在 pH 为 5 ~ 9 的培养土中种植水稻，在相同环境下观察土壤酸碱性对水稻生长的影响，根据学生的实验结果得出在 pH = 7 培养土的水稻生长情况最好。提出问题：土壤酸碱性如何影响植物生长？通过查阅资料和文献分析得知，土壤酸碱性会影响植物根系的生长，不同 pH 值下会影响营养元素有效性，因此大多数植物适合在 pH = 7 或 pH 接近 7 的土壤中生长。

活动 3：通过调查土壤酸化的现状及成因，发展从定性和定量的视角解决实际问题的能力。

让学生制作调查小报，认识土壤酸化的原因，让学生从化学学科知识角度进行分析，由酸的化学性质出发选择合适的改良剂，并认识过度改良会使得土壤呈碱性，导致土壤中 Fe、Mn 等微量元素含量降低，因此定量测定土壤所需改良剂用量非常重要。演示通过数字化技术将 $Ca(OH)_2$ 滴入酸性溶液中反映改良时 pH 变化特征，计算得出所需 $Ca(OH)_2$ 溶液的体积。让学生分组实验体会用 pH 计感受改良过程中的效果。而在实际应用中，改良酸性土壤除了撒熟石灰外，还提倡将秸秆进行腐熟处理后归还田地，不仅可以带回丰富的有机质，而且含有丰富的 K_2CO_3，可补充钾肥。

活动 4：通过解决盐碱地问题，综合应用化学、技术、工程和其他学科知识，树立可持续发展观。

学生通过调查认识我国多盐碱地问题，自然条件下不适合植物生长，提出问题：盐碱地有哪些改良措施？可以通过改良土壤的方式：淡水浇灌排盐碱、地下埋管排盐碱、南方酸性土改良等，但改良土壤成本高，且不可持续发展，因此引导学生从其他角度思考改良方法：改良作物，使作物适应土壤，播放袁隆平先生耐盐碱海水稻的培育及四维土壤改良法的相关视频，培养学生多角度解决问题的意识。

三、目标与内容、教学、评价的一致性

新课标教学建议中明确要求"教—学—评"一体化。其中最重要的是凸显了评价在课程建构与实施中的作用。拉尔夫·泰勒说过："评价必须建立在清晰地陈述目标的基础上，根据目标来评价教育效果，促进目标的实现。"新课标中的学业质量体系使教学评价具有清晰的标准，纠正为了评价而评价的无效评价。学业质量是学生完成课程学习的学业成就表现，反映了学生完成课程学习的成就，根据学业质量和学业要求可以分为基本理解、简单应用、综合问题解决这三个层次。新课标中化学学业质量描述的每一个具体学习任务表现视为一个评价指标，包括研究对象与问题情境、主要学习内容主题、学科能力活动要素、学科认识方式4个一级维度。研究对象与问题情境维度细分为研究对象和应用场景2个二级维度；学科认识方式维度具体细分为认识角度和认识方式类别2个二级维度，形成基于学科能力及核心素养系统构成模型的化学学业质量评价框架，从而将具体的学习表现任务转变为可观察、可测量、可操作的评价要素。"探究土壤酸碱性对植物生长的影响"跨学科实践活动中的指标设置如表7-25所示。

表7-25　"探究土壤酸碱性对植物生长的影响"跨学科实践活动评价指标设置

学业质量评价一级指标	研究对象与问题情境		学科能力活动要素	主要学习内容主题	学科认识方式	
	研究对象	应用场景			认识角度	认识方式类别
活动 学业质量评价二级指标	1. 物质组成、性质及应用 2. 化学变化规律及应用 3. 实验探究和实践活动 4. 常见的生产生活、社会问题及应用	1. 熟悉教材原型场景 2. 近变式简单场景 3. 远变式复杂场景	1. 学习理解 2. 简单应用 3. 应用实践 4. 综合迁移	1. 科学探究与化学实验 2. 物质的性质与应用 3. 物质的组成与结构 4. 物质的化学变化 5. 化学与社会·跨学科实践	1. 组成 2. 性质 3. 应用 4. 规律 5. 类别 6. 转化	1. 宏观—微观 2. 定性—定量 3. 孤立—系统 4. 静态—动态
活动1 1. 能基于认识土壤浸出液酸碱性的过程，学会用酸碱指示剂和pH试纸检验溶液酸碱性的方法	物质的性质及应用	教材原型				
	盐碱地的酸碱性及检验方法	实验活动8酸、碱的化学性质	1. 学习理解 2. 简单应用	物质的性质及应用	1. 性质 2. 应用	孤立—系统

（续上表）

	学业质量评价一级指标	研究对象与问题情境		学科能力活动要素	主要学习内容主题	学科认识方式	
		研究对象	应用场景			认识角度	认识方式类别
活动2	1.能设计简单的实验探究方案探究土壤酸碱性对植物生长的影响 2.通过运用基本的实验操作技巧和条件控制方法，保证实验探究方案的安全、顺利实施 3.对实验证据进行分析和推理，得出合理的结论	实验探究与实践活动	近变式简单场景	1. 学习理解 2. 应用实践	科学探究与化学实验	1. 性质 2. 应用 3. 规律	1. 孤立—系统 2. 静态—动态
		以"水稻"为例探究土壤酸碱性对植物生长的影响	控制变量法在探究实验中的运用				
活动3	1.初步运用化学观念解释相关事实，主动关注有关土壤资源保护实际问题，并参与讨论 2.体会物质的性质及应用与日常生活的密切联系，能结合土壤酸化问题情境，发展从定性和定量的视角对土壤进行改良的能力	实验探究和实践活动	近变式简单场景	1. 学习理解 2. 应用实践	科学探究与化学实验	1. 性质 2. 应用 3. 规律	1. 定性—定量 2. 孤立—系统 3. 静态—动态
		调查土壤酸化的成因，从定性和定量的视角认识土壤改良	酸碱中和反应中pH曲线变化趋势				
活动4	能综合应用化学、技术、工程和其他学科知识，解决盐碱地问题，合理施用化肥，树立可持续发展观	常见的生产生活、社会问题及应用	1. 近变式简单场景 2. 远变式复杂场景	1. 学习理解 2. 应用实践 3. 综合迁移	化学与社会·跨学科实践	1. 性质 2. 应用 3. 转化	1. 孤立—系统 2. 静态—动态
		认识盐碱地的几种改良方法及优缺点	化学、工程、信息技术在盐碱地改良中的综合运用				

　　跨学科实践活动作为一种新的课程形态存在于化学学科课程中，必将给教师带来新的挑战。跨学科实践教学一定不能"为跨而跨"，应立足学科本体，基于"课标"和"课本"；跨学科实践教学不是"静态的知识传授"，应源于生活，重在实践，最终指向问题解决；跨学科实践教学不能"为教而教"，应成为破解核心素养"落地"难题的重要举措。如何在常态教学中进行跨学科实践活动，需要教师从课标体系出发整体理解跨学科实践活动，让跨学科实践教学成为常态教学。

【案例 7】

海洋资源的综合利用与制盐
——可见的学习理论下化学学科实践

初中化学学科实践是学科课程学习的重要途径和渠道，是解决多元真实化学问题过程中表现出来的综合性品质，它关乎学生如何应对生活中的复杂化学议题和不确定性挑战。发展学生的学科实践能力已成为素养视域下初中化学教育改革面临的关键问题。新课标将"科学探究与实践"作为核心素养的一部分提出具体学习要求"认识实验室科学探究的重要形式和学习化学的重要途径"，"能从化学视角对常见的生活现象、简单的跨学科问题进行探讨、能运用简单的技术与工程的方法初步解决与化学有关的实际问题，完成社会实践活动"，"通过自主学习，与他人合作、分享，反思评价等，初步形成自主、合作、探究的能力"。

可见的学习理论是哈蒂对学生学业成就的元量化分析。"可见"是指学生的学习对教师是可见的，这确保教师能够明确看到哪些因素对学生的学习有重要影响，同时教学对学生也是可见的，这样可以让学生在学习上学会如何自我反思。基于此，本研究以"海洋资源的综合利用与制盐"为例，围绕可见的实践学习"目标、知识、活动和评价"四要素分析框架进行实践探索。

一、实践活动背景

"海洋资源的综合利用与制盐"是主题 5"化学与社会·跨学科实践"中化学与资源、健康领域的产品制作类实践活动。学生在进行该实践活动时已经学习了溶液相关知识，知道如何进行物质的分离与提纯，也有了一定的实验操作能力，但是缺乏在实践中应用已有知识经验解决实际问题的能力，如大多数学生知道利用蒸发结晶可以从海水中获得食盐，但是不清楚在真实制盐场景中为什么要经过"纳潮—高盐度盐泥—制卤—测卤水中的含盐量—晒卤—收盐"一系列复杂的过程。涉及真实的工艺流程需要考虑的因素和调用的角度很多，学生没有经历过真实的生产过程很难理解其中的缘由。因此，学生在完成"海洋资源的综合利用与制盐"的学习后，应能从物质构成和变化的角度分析和讨论资源的综合利用问题；应具备将化学、技术、工程以及跨学科知识融合，遵守可持续发展理念，并能设计出解决实际问题的方案或创造相关作品的能力。

二、实践活动内容

以"海洋资源的综合利用与制盐"为例，具体阐述如何融合各主题核心知识和化学实验活动，呈现学科立场下的化学实验和跨学科立场下的跨学科实践活动的学习内容双融合样态。首先，确定实践活动类别和要求。"海洋资源的综合利用与制盐"是主题5"化学与社会·跨学科实践"中化学与资源、健康领域的产品制作类实践活动。该活动要求学生能够从物质的组成及变化视角，分析和讨论资源综合利用等问题，能够综合运用化学、技术、工程及跨学科知识，坚持可持续发展的理念，规划并创造出解决实际问题的方案和成果。其次，根据实践活动要求确定跨学科大概念和学科大概念。"海洋资源的综合利用与制盐"的跨学科大概念是化学与可持续发展。该实践活动的目的是从海水中获得食盐，解决该问题的关键是分析海水的组成和性质。海水是溶液，从溶液中获得晶体，需要围绕溶液的相关知识进行分析，因此确定该实践活动的学科大概念为溶解的限度。最后，根据大概念合理选择和组织活动内容。该实践活动需要整合化学、地理和生物学科相关知识，其中化学学科"科学探究与化学实验"主题涉及2个基础实验"一定溶质质量分数的氯化钠溶液的配制"和"粗盐中难溶性杂质的去除"，"物质的性质与应用"主题涉及"溶解""结晶""饱和溶液与不饱和溶液""溶解度"等核心概念，在进行结晶教学时可融入课外实验"自制白糖晶体"，"化学与社会·跨学科实践"主题涉及"化学与可持续发展"大概念；地理学科知识涉及海水资源的分布；生物学科知识涉及食盐对人体健康的重要性。在制盐之前引导学生认识海水资源的分布和丰富性；在制盐过程中帮助学生认识溶液组成、溶解、结晶等，学习利用物质溶解性差异分离物质的方法，动手操作溶液配制和食盐制取活动；在制盐之后分析食盐的用途和海水资源的综合利用，感受海洋资源的丰富与魅力，实现海洋资源的可持续发展，增强责任担当。

三、实践活动目标

学习目标是对学生学习发展结果的期待，是组织学习内容、设计学习活动和评价活动的基本依据。学科实践取向的学业质量观蕴含新的学习观、知识观和评价观。基于学业质量体系建构实验指标系统，细化"海洋资源的综合利用与制盐"跨学科实践活动学习指标，其具体分析框架见表 7-26：

表 7-26 "海洋资源的综合利用与制盐"目标分析框架

核心素养	学业质量评价指标	学业要求	学习主题	实践类型	教材所在位置	实践内容	核心知识或核心活动经验	指标编码	具体学习表现指标	预期学习水平
科学探究与实践	N10：能利用溶解性的差异进行物质的分离、提纯	主题一：能正确选取实验试剂和仪器	科学探究与化学实验	基础实验	上册第87页	实验4-2过滤	基本实验操作	A	能说明过滤的基本操作	学习理解
	N10：能利用溶解性的差异进行物质的分离、提纯	主题二：能利用物质的溶解性，设计粗盐提纯、水的净化等物质分离的方案	物质的性质与应用	基础实验	下册第56页	粗盐中难溶性杂质的去除	水和溶液	B	根据实验目的设计实验方案，利用过滤或蒸发方法完成难溶性物质的分离	应用实践
	N21：运用实验等手段，完成简单的作品制作、社会调查等跨学科实践活动	主题五：在跨学科实践活动中，能综合运用化学、技术、工程及学科知识，秉承可持续发展观，设计、评估解决实际问题的方案，制作项目作品，并进行改进和优化，体现创新意识	化学与社会·跨学科实践	跨学科实践活动		海洋资源的综合利用与制盐	粗盐提纯	C	依据物质分离的思路，创新设计分离方法，完成物质分离	迁移创新

具体的目标表述为：

（1）通过感受真实和模拟海水晒盐过程，认识物质溶解和结晶现象。

（2）通过利用物质的性质和考虑真实场景，获得物质分离的方法。

（3）通过海水的综合利用和转化流程，引导学生形成可持续发展的观念。

四、实践活动设计

新课程标准强调，在构建跨领域实践活动时，应深度融合问题解决导向、知识逻辑链和素质提升路径，使得问题的解决与核心知识的获取、能力以及品质的提升自然结合无缝连接。因此，活动设计了三个学习阶段，每个阶段都专注于从问题解决、知识逻辑、学习评估和素质成长四个角度来进行教学，以期达到显而易见的实践学习效果。

环节一：选盐场，探秘海水晒盐。通过三个问题："①为什么洋浦位置适合做盐场？②在盐场中工人们如何从海水中获得氯化钠？③从经济成本角度分析，为什么晒盐还要经过制卤、晒卤等过程？"引导学生结合地理、化学和工程技术知识，认识海水晒盐过程，评价学生是否能基于地理位置、光照、湿度、温度等角度分析洋浦位置适合做盐场的原因，发展学生的科学思维、科学态度与责任素养。

环节二：析原理，动手制取食盐。通过四个问题："①从海水的组成分析，为什么收盐时要留有部分水？②如何模拟配制海水？③海水成分如此多，如何将氯化钠与其他物质进行分离？④蒸发过程中如何提高氯化钠的析出速度与纯度？"引导学生利用溶液组成、性质、浓度和配制、溶解、结晶、溶解度等知识，根据分离和提纯氯化钠的思路，开展两个学生实验活动，评价学生能否基于物质的溶解能力和含量获得分离物质的方法并将其应用于实验室制盐，发展学生化学观念、科学思维、科学探究与实践素养。

环节三：转资源，实现持续发展。通过问题"海水资源如何实现利用与转化"，引导学生认识海洋资源的综合利用，评价学生能否基于海水晒盐原理说出海水晒盐过程中的资源利用和转化，发展学生化学观念、科学态度与责任素养。

具体实践过程如下：

环节一：选盐场，探秘海水晒盐

教师行为	学生实践活动	学生实践评价
[问题] 请同学们观看视频分析，为什么洋浦位置适合做盐场？ [问题] 在盐场中工人们如何从海水中获得氯化钠？ [问题] 从经济成本角度分析，为什么晒盐还要经过制卤、晒卤等过程？	[学生] 认真观看视频，并且将答案写在学习任务单上。 [学生] 学生能从蒸发速度、结晶快慢、成本高低等角度分析原因。	基于地理位置、光照、湿度、温度等角度进行分析。
设计意图：通过盐场位置的选择，鼓励学生利用地理学科的知识解释盐场位置选择的原因。通过分析海水晒盐的流程，引导学生正确认识海水晒盐过程，并能利用所学的知识解释晒盐的每一个流程。		

环节二：析原理，动手制取食盐

教师行为	学生实践活动	学生实践评价
［资料］海水主要成分的溶质质量分数大小。 ［问题］从海水的组成分析，为什么收盐时要留有部分水？ ［教师］根据普通海水中各主要成分的溶质质量分数，计算配制 100g 海水所需氯化钠、硫酸镁、氯化镁、氯化钙、氯化钾及水的质量和体积。 ［问题］如何模拟配制海水？ ［问题］海水成分如此多，如何将氯化钠与其他物质进行分离？ ［资料］海水中各主要成分的溶解度。 ［问题］蒸发过程中如何提高氯化钠的析出速度与纯度？	［学生］根据各主要成分溶质质量分数和海水质量计算出各成分的质量、水的质量和体积。 ［活动］模拟配制 100g 海水。 ［活动］动手制取食盐。	基于物质溶解能力和含量获得分离物质的方法并将其应用于实验室制盐。
设计意图：通过四个问题形成的问题链引导学生认识海水的组成、解析氯化钠与其他可溶于水的物质分离的原理，在认识海水组成中承载了基础实验"一定溶质质量分数的氯化钠溶液的配制"，在解析分离原理中承载了核心知识"溶解度"概念的理解，在动手制取食盐中承载了学生实验"粗盐提纯"和"结晶"概念的理解。		

环节三：转资源，实现持续发展

教师行为	学生实践活动	学生实践评价
［教师］下面请同学们在学习任务单中完成海水资源的利用与转化，感受海洋资源的丰富与魅力。	［学生活动］在学习任务单中完成海水资源的利用与转化。	基于海水晒盐原理，能够说出海水晒盐过程中的资源利用和转化。
设计意图：感受工业生产中海水晒盐的真实场景和实际操作动手制取食盐之后，学生对于海水晒盐流程已经非常熟悉，但是还未能深刻体会到学习海水晒盐的意义。让学生完成学习任务单中海水资源的利用与转化活动，引导学生认识利用和转化物质是化学学科的主要特点，也是实现化学与社会可持续发展的重要途径。		

五、实践活动反思

"可见的学习"理论指出教师的教要对学生可见，学生的学要对教师可见，从而为实现"教—学—评"提供可靠的依据。通过对实践活动"海洋资源的综合利用与制盐"的活动背景、学习目标、学习内容、学习过程和学习评价的分析，进一步说明跨学科实践活动在设计与实施上遵循可见的学习理论、学科实践学习四要素分析框架的可行性和必要性。根据学习目标体系确定学习内容，根据学习内容的融合与重构，设计动态交互的学习过程，在实践过程中学生的表现行为是教师评价学生实践学习和学业成就的证据，根据数据呈现结果反馈教师教的行为和学生学的行为，从而真正为初中化学学科实践学习提供范式。

六、实践活动学案

【学习任务一】　选盐场，探秘海水晒盐
观看视频分析，为什么洋浦位置适合做盐场？
学习评价：基于地理位置、光照、湿度、温度等角度进行分析。
设计意图：真实的情境是激发学生学习兴趣的关键。通过盐场位置的选择，鼓励学生利用地理学科的知识解释盐场位置选择的原因。通过分析海水晒盐的流程，引导学生正确认识海水晒盐过程，并能利用所学的知识解释海水晒盐的每一个流程。在解决真实问题时，引导学生学会从理论和实践的角度思考问题，打破学科壁垒，加强学科间知识的融合，发展学生的科学思维素养。

【学习任务二】　析原理，动手制取食盐
（1）根据普通海水中各主要物质的溶质质量分数，计算配制100g海水所需氯化钠、硫酸镁、氯化镁、氯化钙、氯化钾及水的质量及体积。

氯化钠	硫酸镁	氯化镁	氯化钙	氯化钾	水	水的体积

（2）根据步骤配制海水。

（3）根据资料分析，是让氯化钠留在溶液中还是其他可溶于水的物质留在溶液中？完成表格。

角度	氯化钠	其他可溶于水的物质
溶解能力		
含量		
分离后的状态		
分离方法		

（4）动手制取粗盐。

学习评价：基于物质的溶解能力和含量获得分离物质的方法并将其应用于实验室制盐。

设计意图：通过四个问题形成的问题链引导学生认识海水的组成、解析氯化钠与其他可溶于水的物质分离的原理，在认识海水组成中承载了基础实验"一定溶质质量分数的氯化钠溶液的配制"，在解析分离原理中承载了核心知识"溶解度"概念的理解，在动手制取食盐中承载了学生实验"粗盐提纯"和"结晶"概念的理解。问题链将核心知识和基础实验有机整合，体现了利用物质性质和考虑实际情况分离提纯物质的认识思路，有助于学生形成结构化知识，发展科学思维。

【学习任务三】转资源，实现持续发展

将①预处理、②淡化、③浓海水、④晒盐、⑤苦卤、⑥食盐、⑦杀菌填入方框中。

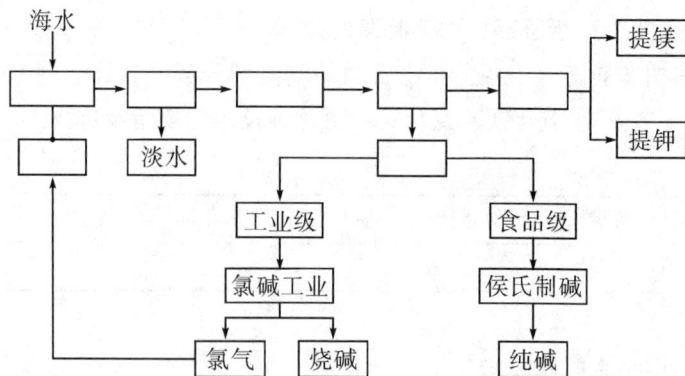

学习评价：基于海水晒盐原理，能够说出海水晒盐过程中的资源利用和转化。

设计意图：感受工业生产中海水晒盐的真实场景和实际操作动手制取食盐之后，学生对于海水晒盐流程已经非常熟悉，但是还未能深刻体会到学习海水晒盐的意义。让学生完成学习任务单中海水资源的利用与转化活动，引导学生认识利用和转化物质是化学学科的主要特点，也是实现化学与社会可持续发展的重要途径。

【案例 8】

制作模型并展示科学家探索物质组成与结构的历程
——基于学业质量的跨学科实践活动设计

义务教育化学课程学业质量是学生在完成化学课程学习后的学业成就表现，以核心素养的目标要求为依据、结合课程内容对学生学业成就的具体表现特征进行的整体刻画。"制作模型并展示科学家探索物质组成与结构的历程"是学习主题 5 "化学与社会·跨学科实践"中的模型建构类综合实践活动，从该主题的学业质量来看，学生在完成"制作模型并展示科学家探索物质组成与结构的历程"的学习后，能从物质的组成及结构视角，综合考虑科学家对物质组成及结构的探索和原子结构模型的发展历程，选择具体的技术与工程方法完成各阶段原子结构模型、水分子模型及用适当的方法展示科学家探索物质组成与结构的历程。由此可见，该实践活动以认识物质的组成与结构为核心，承载着基础实验"水的组成及变化的探究"，融入了物理、数学、历史等相关课程内容，帮助学生进一步建构微粒观、元素观等化学观念，发展"多重表征""模型""尺度和比例"等跨学科概念①。下文以"制作模型并展示科学家探索物质组成与结构的历程"为例，探索基于学业质量的跨学科实践活动设计，并对该涉及进行实践研究的思路如图 7 - 49 所示。

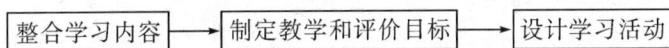

整合学习内容 ⟶ 制定教学和评价目标 ⟶ 设计学习活动

图 7 - 49　基于学业质量的跨学科实践活动设计思路

---

① 义务教育化学课程标准修订组. 义务教育化学课程标准（2022 年版）解读 [M]. 北京：高等教育出版社，2022：83，209.

一、整合学习内容：跨学科概念—学科概念—化学核心知识

"化学与社会·跨学科实践活动"的内容包括"化学与可持续发展""化学与资源、能源、材料、环境、健康""化学、技术、工程融合解决跨学科问题的思路与方法"以及"应对未来不确定性挑战"。但化学跨学科实践活动并不是多学科的简单加成，而是依托于设计者探索跨学科概念在各学科中的支撑点、吻合点，打破学科之间的壁垒，构建跨学科概念、学科概念与学科核心知识的关联，对化学跨学科实践活动内容进行整合，以化学核心知识的学习为抓手，促进化学跨学科实践活动的开展。学习内容整合如图7-50所示：

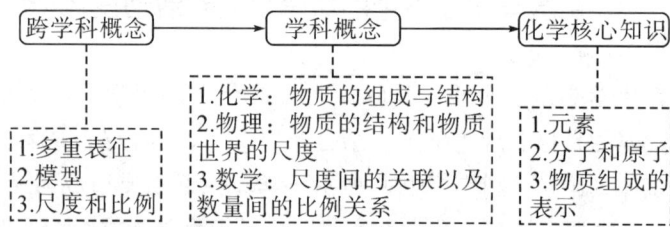

图7-50   "制作模型并展示科学家探索物质组成与结构的历程"学习内容

二、制定目标：跨学科素养要求—学科素养要求—教学和评价目标

基于学业质量的跨学科实践活动旨在发展学生在面对复杂程度高、陌生程度高的真实问题时所需要的综合能力，而非单纯地让学生同时掌握两个或两个以上学科的知识，即学生在经历跨学科实践活动后应获得"跨学科素养"。跨学科素养是学生在面对异质多元的科学问题时综合运用多个学科知识所表现出的有效行动，其态度维度倾向跨越学科边界，其认知机制是多维整合[1]，包括学科融通能力、关键能力、必备品格三大方面，共16个基本要点[2]，如图7-51所示。

---

① 宋歌，王祖浩. 国际科学教育中的跨学科素养：背景、定位与研究进展 [J]. 全球教育展望，2019，48（10）：28-43.

② 蒋少卿. 基于跨界课堂真实情境的学生跨学科素养分级评价 [J]. 中学教学参考，2021，（10）：1-5.

基于此，在确定跨学科实践活动的目标之前，应从跨学科学习的综合要求着手，结合该活动的内容要求、学业质量和学业要求，从中提炼出学习活动目标及评价内容，评价内容应包含评价任务和评价标准。对新课标中有关学业质量的描述以及学业要求进行分析整合后可知，学生完成跨学科实践活动"制作模型并展示科学家探索物质组成与结构的历程"后应达到的学业成就表现如表 7－27 所示。

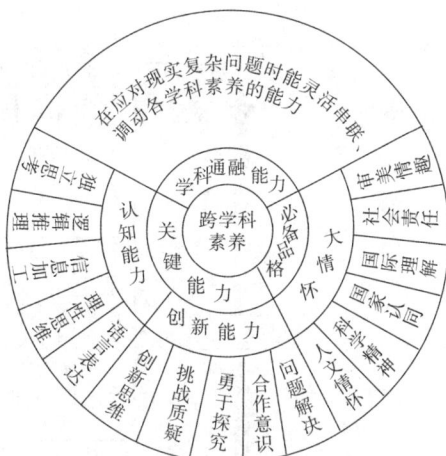

图 7－51　跨学科素养的组成

表 7－27　　"制作模型并展示科学家探索物质
组成与结构的历程"相关的学业质量、学业要求

学业质量	学业要求
1. 在认识物质组成的实际问题情境中，能根据科学家建立的模型认识原子的结构；能从元素与分子视角辨识常见物质 2. 在探索化学变化规律及解决实际问题的情境中，能基于化学变化中元素种类不变的特征，从宏观、微观、符号相结合的视角说明物质变化的现象和本质 3. 在实验探究情境和实践活动中，能根据解决与化学相关的简单问题的需要，运用实验探究的一般思路与方法，设计简单的实验探究方案；能基于物质及其反应的规律和跨学科知识，运用实验等手段，完成简单的作品制作、社会调查等跨学科实践活动；能体会实验在化学科学发展、解决与物质转化及应用相关实际问题中的重要作用，意识到协同创新对解决跨学科复杂问题的重要性	简单应用：在跨学科实践活动中，能综合运用化学、技术、工程及跨学科知识，秉承可持续发展观，设计、评估解决实际问题的方案，制作项目作品并进行改进和优化，体现创新意识 综合解决问题：在跨学科实践活动中，能积极参与小组合作，勇于批判、质疑，自觉反思，能克服困难，敢于面对陌生的、不确定性的挑战

这个活动要求学生有意识地使用化学的核心知识，并主动引用物理、数学等多个学科的相关知识，建构并制作模型，体会人类对自然物质不断探索与认识的历程，从而发展学生的化学观念，培育学生的独立思考、逻辑推理、创新思维、批判质疑等能力。基于以上分析，现制定本活动教学、评价目标如图 7－52、7－53 所示。

| 活动目标 | → | 1.基于已有经验，能从组成、构成、性质、用途等多角度认识和判别物质
2.基于化学史料，能分析得出科学家研究物质组成与结构的一般思路与方法
3.基于研究物质组成与结构的思路与方法，对未知物质进行定性和定量的实验探究 |

| 思路方法 | → | 1.形成利用化学反应研究物质组成的一般思路与方法
2.初步掌握利用模型建构来认识物质微观结构的方法
3.明确物质组成与结构的研究对于认识、创造物质的重要意义 |

| 学科素养目标 | → | 1.化学：能从元素、原子、分子视角初步分析物质的组成及结构
2.化学、物理：基于实验事实进行证据推理、建构模型并推测物质的组成及结构的能力；发展对物质世界的好奇心、想象力和探究欲
3.化学、数学：运用模型解决实际问题 |

| 跨学科素养目标 | → | 学科融合素养、关键能力、必备品格 |

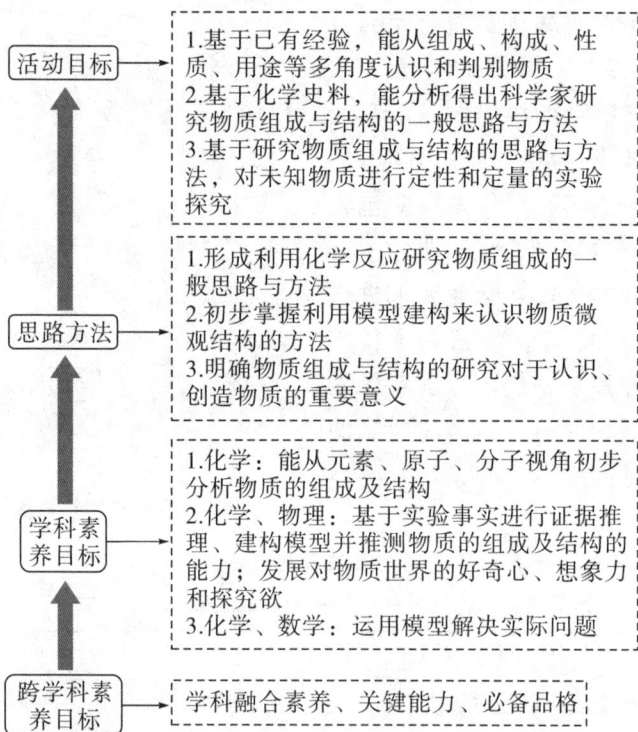

图 7-52 "制作模型并展示科学家探索物质组成与结构的历程"活动教学目标

活动目标	评价内容	评价任务	评价标准
基于已有经验，能从组成、构成、性质、用途等多角度认识和判别物质	诊断能否从多角度认识水并解释水所发生的变化	证明一杯无色无味的液体是"水"	良好：能从组成、构成、性质和用途多角度判别水； 一般：只能从性质或其他单一角度判别水
基于化学史料，能分析得出科学家研究物质组成与结构的一般思路与方法	诊断能否从化学史料中提炼出科学家研究物质组成与结构的一般思路与方法	阅读与水有关的化学史料，分析科学家研究水的组成与结构的思路与方法	良好：能得出利用定性、定量的化学实验研究未知物质发生的变化→验证未知产物→利用元素守恒反推未知物质的思路与方法； 一般：只能得出利用化合反应、分解反应等研究物质组成的方法
基于研究物质组成与结构的思路与方法，对未知物质进行定性和定量的实验探究	诊断能否利用研究物质组成与结构的一般思路与方法对未知物质进行探究	设计方案并实验探究未知物质的组成与结构	良好：能设计定性、定量的实验探究未知物质； 一般：只能设计定性实验探究未知物质

图 7-53 "制作模型并展示科学家探索物质组成与结构的历程"活动评价目标

三、设计学习任务：跨学科实践情境—学科驱动任务—系列子任务

基于学业质量的跨学科实践活动教学，倡导基于任务而不是知识的教学内容设计，跨学科实践活动的关键特征是指向现实世界真实问题的独立学习和实践，以实际问题激发学生的成长，培育学生的批评性思维、创新性思维等高级思维技能。因此，在设计跨学科实践活动中的学习任务时，应该提出跨学科的、真实的驱动性问题，按照问题解决的逻辑，分解成系列子任务1、2、3……在每一个子任务的解决过程中，学生基于多学科视角观察、探究、实践，跨学科地运用知识进行论证说明、建构模型，从而解决驱动问题。根据以上分析，可知跨学科实践活动的实施过程需要经历引入跨学科实践情境、明确学科驱动任务、拆分系列子任务等环节。在引入跨学科实践情境的环节中，教师可以通过创设情境，提出学生在现实生活中需要解决的问题，激发学生进行跨学科实践的兴趣，为引出学科驱动任务奠定基础。在明确学科驱动任务的环节中，教师带领学生从跨学科实践情境中提炼出驱动任务，并进一步引导学生对学科驱动任务进行拆分，得出系列子任务，而后学生通过逐步解决系列子任务，最终解决驱动问题，完成跨学科实践活动目标。活动以化学的发展历程作为背景线索，把学生的学习任务置于科学历史的背景中进行，反思历史上的关键事件，提炼出科学家研究物质的组成与结构的"分合"思想以及"宏微符"视角。此外，在解决子任务的过程中，还需要学生自主调用物理学科中有关分子、原子的知识，以及数学学科中的模型建构。

（一）引入跨学科实践情境

[视频] 经科学家研究，"嫦娥五号"带回的月壤矿物中存在高含量的水。

[师] 科学家如何确定月壤矿物中存在水？研究月壤矿物的成分对于我们探索太空资源有什么意义呢？

[资料] 中国科学院地球化学研究所科研团队对"嫦娥五号"月壤样品开展研究，通过红外光谱和纳米离子探针分析，发现"嫦娥五号"矿物表层中存在大量的太阳风成因水。月壤中可能含有大量的重要矿物资源和能源，研究月壤成分将有助于人类对新能源、矿物资源、新材料进行开发与利用。

（二）明确学科驱动任务

[师] 如何证明一种物质是水呢？我们如何确定组分？

[生] 可以通过物理或者化学方法测定该物质的性质，并与水的性质进行比对。确定该物质的组分，可以通过化学实验测定该物质中含有什么元素，并根据元素的质量比以及元素的相对原子质量确定该物质的组分。

[师] 本节课我们将通过提炼科学家探索物质组成和结构的思路与方法，对未知物质的组成和结构进行探究。

(三) 完成系列子任务

[学生活动] 利用观察、嗅闻等方法初步认识待测液体。

[结论] 这是一杯无色、透明、无嗅的液体。

[资料] 经过测定，已知待测液体在一个标准大气压下的沸点为100℃，凝固点为0℃，常温下的密度为$1g/cm^3$，且几乎不导电。可知待测液体与水的各项物理性质指标十分相近，因此可猜想待测液体是"水"。

[任务1] 除了物理性质外，我们还要从哪些角度证明待测液体是"水"？请阅读下列史实（如图7-54），并分析科学家们分别采用了什么方法和思路研究水的组成？

| 1766年，卡文迪许通过金属锌和稀硫酸反应制得"易燃空气"。同一时期，普利斯特里对"易燃空气"进行研究，发现其密度只为空气的1/11，且在空气中燃烧后产生无色液滴 | 1781年，卡文迪许采用比较纯净的氧气代替原来的空气，发现"易燃空气"在氧气中安静地燃烧，发出淡蓝色火焰，进一步实验后发现两体积"易燃空气"和一体积氧气恰好完全反应，生成物只有水 | 1783年，拉瓦锡重复了卡文迪许的实验。并将水蒸气通过灼热的铁管，获得了"易燃空气"和黑色固体四氧化三铁，因此拉瓦锡认为水不是一种元素，是由"易燃空气"和氧元素结合而形成的化合物。1787年，拉瓦锡命名这种"易燃空气"为氢气，正式提出水不是一种元素，而是由氢元素和氧元素组成的 | 1800年，尼克尔森和卡里斯特尔用"伏打电池"在常温下进行了水的电解实验，成功得到氢气和氧气，进一步证实了拉瓦锡的结论 |

图7-54   科学家们探索水的组成的历程

[师] 卡文迪许、普利斯特里等科学家采用了什么实验思路推断水的组成？

[生] 这几位科学家都是采用氢气与氧气化合生成水的化学反应推断出水

的组成。

　　[师] 拉瓦锡、尼克尔森等科学家采用了什么实验思路推断水的组成？

　　[生] 他们都是采用分解水的化学方法推断水的组成。

　　[小结] 科学家在研究水的过程中，从化合得到水和分解水这两个角度，推断出水是由氢、氧元素组成的。

　　[学生活动] 对待测液体进行通电，并对正、负极产生的物质进行检验。实验现象如图 7 – 55 所示。

图 7 – 55　对待测液体进行通电的实验操作及现象

　　[师] 从以上现象进一步推测正极端产生的气体是氧气，负极端产生的气体为氢气，待测液体是水，但氢元素和氧元素能组成的化合物不仅只有水，还有其他化合物吗？（生回答：过氧化氢。）是的，要证明待测液体是水，我们除了从定性的、宏观的角度证明待测液体是由氢、氧元素组成的之外，还需要从哪些角度进一步寻找证据呢？

　　[生 1] 从定量的角度，测定待测液体生成的氧气和氢气的体积之比为 1.6mL : 3mL，查询该条件下氢气和氧气的密度分别为 0.089g/L、1.429g/L，计算得出气体的质量之比为 0.267g : 2.3g，从而推算得出待测液体中氢、氧元素的质量之比约为 1 : 8，并根据氢、氧元素的相对原子质量，计算得出氢原子和氧原子的个数比为 2 : 1，因此可得出待测液体的组成为 H_2O。

　　[生 2] 还可以利用微观粒子的个数关系推理出待测液体分子中氢、氧原子的个数比。

　　[任务 2] 利用黏土制作模型，分析构成待测物质分子中各原子的数量比。

　　[史实] 展示科学家们探索水的结构的化学史料：

<table>
<tr>
<td>1803 年，道尔顿受质量守恒定律的启发，进行多次实验后，提出了物质是由原子构成的，原子在一切化学变化中不可再分的猜想</td>
<td>1805 年，盖·吕萨克在一次研究空气成分的实验中证实，水可以用氧气和氢气按体积 1:2 的比例制取。1809 年，盖·吕萨克经过多轮假设、验证、修正后，提出气体化合体积定律，即同温同压下，相同体积的气体含有相同数目的原子</td>
<td>1811 年，阿伏伽德罗反对当时流行的气体分子由单原子构成的观点，认为氢气、氧气都是由两个原子组成的气体分子，并修正得出物质是由分子构成的，同温同压下，相同体积的气体含有相同数目的分子这一结论</td>
<td>2014 年，北大团队用扫描隧道显微镜拍摄到了单个水分子的图像</td>
</tr>
</table>

图 7 - 56　科学家们探索水的结构的历程

[生1]　盖·吕萨克认为 2 体积氢气和 1 体积氧气化合得到 2 体积水，推测 2 个氢原子和 1 个氧原子化合得到 2 个水原子，如图 7 - 57 所示。

[生2]　但是在化学变化中原子是不可再分的。

[生3]　阿伏伽德罗认为氢气、氧气和水都是由分子构成的，即 2 个氢分子和 1 个氧分子化合得到 2 个水分子，如图 7 - 58 所示。

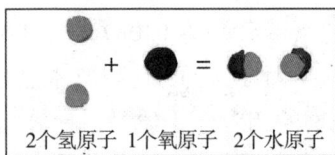

2个氢原子　1个氧原子　2个水原子

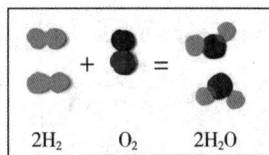

$2H_2$　　O_2　　$2H_2O$

图 7 - 57　微观模拟盖·吕萨克的气体化合定律　图 7 - 58　微观模拟阿伏伽德罗的分子学说

[生4]　经过对待测液体通电分解后，得知产生的氢气和氧气的体积之比约为 2∶1，即氢分子与氧分子的个数之比约为 2∶1，根据化学反应中各元素原子的种类、质量和个数均不变的理论依据，可知构成待测液体的分子中氢原子和氧原子的个数比约为 2∶1，如图 7 - 59 所示，因此可推断出待测液体是水而不是其他物质。

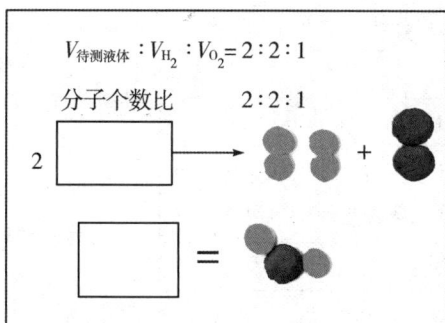

图 7 - 59　待测液体通电过程中的微观模拟图

[小结]　请提炼出研究未知物质的一般思路与方法。如图 7 - 60 所示。

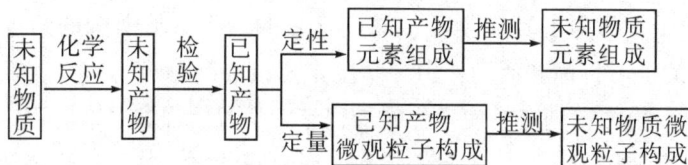

图 7 - 60　研究未知物质的一般思路与方法

[任务 3]　研究人员从黄花蒿植物材料中分离提纯得到某无色针形晶体，可用作治疗疟疾药物，其性质如表 7 - 28 所示。如何确定该晶体的元素组成？

[设计方案]　根据资料推测该待测晶体燃烧后可能得到的产物，并设计实验方案检验产物，从而推理得出待测晶体的组成。

[提出问题]　已确定晶体中含有碳元素、氢元素，如何确定晶体中是否含有氧元素？

[设计方案]　采用定量实验的方法，取一定量的晶体进行充分燃烧后，测定各产物的质量，再根据以下数据进行进一步的元素分析。已知：提取 28.2g 该晶体在氧气中燃烧，生成水质量为 19.8g，二氧化碳质量为 66g，未有其他产物生成，推测该晶体中各原子的个数比。

[分析数据]　基于实验数据，推理得出该晶体除了碳元素、氢元素外，还含有氧元素，且碳、氢、氧原子的个数比为 15∶22∶5，初步推理得出该晶体的化学式为 $C_{15}H_{22}O_5$。

[拓展迁移]　经过研究人员运用质谱法进一步探究，确定该晶体为青蒿素，其相对分子质量为 282，化学式为 $C_{15}H_{22}O_5$，其分子结构如图 7 - 61 所示。

表 7 - 28　某晶体的性质

味道	苦
熔点	156℃ ~157℃
溶解性	在水中几乎不溶，在丙酮等物质中易溶，在乙醇等物质中可溶
危险特性	可燃；燃烧产生刺激烟雾

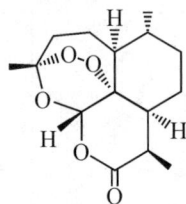

图 7 - 61　青蒿素的分子结构

四、跨学科实践活动反思

对于教师和学生来说，基于学业质量设计、实施并参与跨学科实践活动是充满挑战的。教师为了真实学习、深度学习的发生，从学生的角度为其设计"少而精"的学习目标和活动，引导学生聚焦核心问题进行探究，在实践活动中动手设计、模拟、创造，使学生经历完整的学习历程和思维历程。学生为了深度理解和掌握知识，需要全身心投入，对自我的学习状态进行调控，面对真实问题时能自主调用多学科知识，采用合适的方法和工具，为了使活动顺利进行，与他人形成深入合作的关系，共同克服困难，最终解决问题。然而，本次跨学科实践活动仍有一些不足之处：一是跨学科实践活动中的核心问题不够精准，不能以活动的主体和功能为标准精确筛选出本活动需要解决的核心问题；二是没有注重在跨学科实践活动中对学生的设计能力、动手操作能力、反思改进等方面进行过程性评价。义务教育化学课程学业质量对跨学科实践活动的设计、实施和评价具有指导意义，如何充分利用学业质量对核心素养、跨学科实践活动的内容、方式及过程起桥接作用，值得广大化学教师进行更持续、深入的理论和实践研究。

【案例9】

调查家用燃料的变迁与合理使用
——基于学业质量的化学学科实践学习

新课标学习主题5"化学与社会·跨学科实践"具有鲜明的学科实践与跨学科的特点，推进了综合性学习活动的开展。跨学科学习活动侧重于培养科学态度与社会责任核心素养，树立化学与社会可持续发展观念。

为了确保教师的教、学生的学与学习评价可见，在具体的学科实践活动中，可通过科学制定化学学习目标，使学习目标可见；通过关注学生已有的知识基础，了解学生在学习过程中各阶段的学习状态，结合可见的教学手段使教学过程与学习过程可见；通过将学习主题中的内容要求、学业要求和教学评价进行整体设计，实现学习过程中的精准评价，使学习过程可见。

本文以"调查家用燃料的变迁与合理使用"实践活动的设计为例，阐述如何在学科实践活动中实现教师的教、学生的学与学习评价可见。

一、实践活动的背景分析

根据《义务教育化学课程标准（2022年版）解读》要求："调查家用燃料的变迁与合理使用"项目针对不同时代家用燃料的选择和使用问题开展探究与实践，是调查研究类综合实践活动（如图 7 - 62）。

该项目以燃烧的条件与燃烧的调控为研究对象，涉及学习主题 4 "物质的化学变化"中的核心知识，承载着基础实验"燃烧的条件"，活动涵盖了"化学与社会·跨学科实践"学习主题中的能源和环境相关内容。这将有助于学生深度理解变化观念、资源利用以及可持续发展的重要概念。这个项目要求学生有意识地使用化学的核心知识，并主动引用生物、数学等学科的相关知识，参与各类实践活动，以提高解决现实问题的能力。

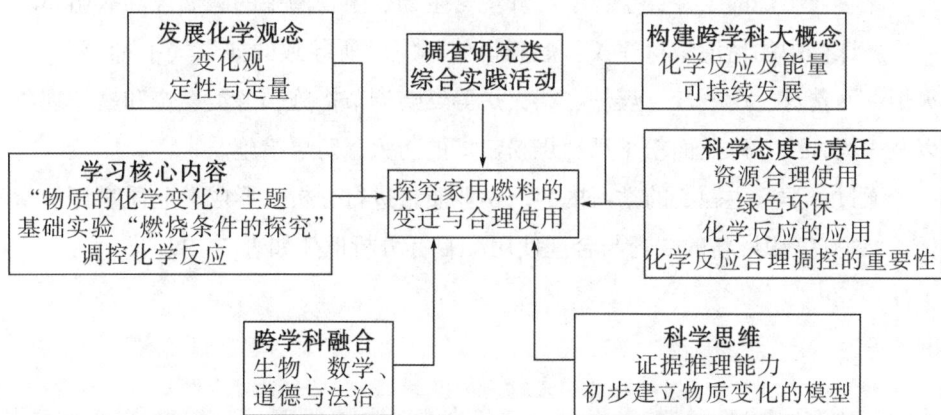

图 7 - 62 "调查家用燃料的变迁与合理使用"背景分析

二、学生认知特征

该项目在学生完成人教版九年级化学教材第七单元的学习后展开。在第七单元中，学生学习了燃烧的条件与燃料的合理利用与开发。通过实验探索，学生了解了燃烧的条件，理解了燃烧和灭火的基本原理以及它们在日常生活中的应用，并初步感受到调整化学反应条件的重要性，能应用控制变量的思维来设计燃烧条件等的实验研究方案。学生在之前关于质量守恒定律的学习中，已初步了解从定性到定量研究反应的规律。

三、实践活动目标分析

根据《义务教育化学课程标准（2022 年版）解读》要求，本项目的跨学科实践活动目标为：

（1）理解物质燃烧所发生的化学变化，及氧气在燃烧过程中的作用；

（2）了解燃烧、缓慢氧化和爆炸发生的条件；

（3）掌握燃烧的条件和调控方法，了解防火和灭火以及预防爆炸的措施；

（4）理解燃料对环境的影响，并学习如何选择对环境影响较小的燃料。

跨学科教学体现为：

化学：燃烧的条件；生物学：环境与生物、生物圈中的碳循环和氧循环。

新课标中的情境素材建议：燃料燃烧不完全所导致的如煤气中毒等危险，火炬、酒精灯、燃气灶、煤炉、柴火炉等燃烧调节措施，各类燃烧和爆炸现象以及灭火方法，以及面粉工厂、煤粉工厂的防火、防爆措施。

通过对学习主题 5 的学习内容、学业质量进行分析，形成学业质量评价指标，"调查家用燃料的变迁与合理使用"目标分析框架如表 7 – 29 所示：

表 7 - 29　"调查家用燃料的变迁与合理使用" 目标分析框架

核心素养	学业质量评价指标	学业要求	学习主题	实践类型	教材所在位置	实践内容	核心知识或核心活动经验	指标编码	具体学习表现指标	实践表征
科学探究与实践	N11：感受物质的多样性，体会物质的性质及应用与日常生活、科技发展的密切联系，认识化学科学对解决实际问题的重要意义	主题二：能通过实验说明氧气、二氧化碳，以及常见的金属、酸和碱的主要性质，并能用化学方程式表示	物质的性质与应用	演示实验	上册第38页	氧气使带火星木条复燃	空气、氧气	B	能利用空气、氧气性质设计气体的检验和鉴别方法	应用实践
	N15：能结合简单的实例说明反应条件对物质变化的影响，初步形成条件控制的意识	主题四：能运用变量控制思想设计燃烧条件等实验探究方案	物质的变化与化学反应	演示实验	上册第159页	燃烧的条件		A	能论证燃烧条件探究活动中的变量控制、自变量调节、对比实验设计、实验现象与实验结论的关系	学习理解
								B	分析自变量清楚、因变量观测指标明确、每一步实验操作针对单一变量调控的简单陌生的反应规律探究中变量控制与对比实验的价值	应用实践
	N19：能根据实验目的选择必要的试剂、常见的实验仪器和装置，运用实验基本操作技能和条件控制的方法，安全、顺利地实施实验探究方案	主题一：能设计简单的实验方案或实践活动方案	科学探究与化学实验	探究实验	上册第162页	灭火的原理	燃烧的条件	A	能论证燃烧条件探究活动中的变量控制、自变量调节、对比实验设计、实验现象与实验结论的关系	学习理解
								B	分析自变量清楚、因变量观测指标明确、每一步实验操作针对单一变量调控的简单陌生的反应规律探究中变量控制与对比实验的价值	应用实践
								C	分析解释多变量化学反应规律探究活动，说明探究任务、探究过程与探究结论的关系	迁移创新

（续上表）

核心素养	学业质量评价指标	学业要求	学习主题	实践类型	教材所在位置	实践内容	核心知识或核心活动经验	指标编码	具体学习表现指标	实践表征
科学探究与实践	N19：能根据实验目的选择必要的试剂、常见的实验仪器和装置，运用实验基本操作技能和条件控制的方法，安全、顺利地实施实验探究方案	主题一：能设计简单的实验方案或实践活动方案	科学探究与化学实验	探究实验		探究氧气浓度对燃烧的影响	燃烧的条件	C	分析解释多变量化学反应规律探究活动，说明探究任务、探究过程与探究结论的关系	迁移创新
						探究可燃物与氧气的接触面积对燃烧的影响	燃烧的条件	C	分析解释多变量化学反应规律探究活动，说明探究任务、探究过程与探究结论的关系	迁移创新

四、实践活动内容整合

　　燃料的使用为人类生产、生活提供了能量，是人类文明发展的重要助力。本课题整合活动内容（如图7-63），从燃烧的条件出发，探究调控燃烧的方法，认识合理使用、调控化学反应的重要性。从能源的合理使用的角度出发，通过调查家用燃料的变迁历史和原因分析，从资源、燃烧产生的热值与对环境影响的角度评估，帮助学生形成合理选择和使用燃料的思路方法，引导学生基于物质性质对物质应用进行分析、解释，促进学生"性质决定用途"观念的形成。从燃烧的生成产物对环境的影响角度，帮助学生初步树立资源循环使用、绿色环保的发展理念。

　　该项目的教学也渗透了由定性到定量转变的思想，利用氧气浓度对燃烧影响的实验探究与蜂窝煤制作的材料配比素材等资料，帮助学生实现对物质变化从定性认识到定量认识的跨越。通过数据的处理、运算和比对，旨在训练学生的逻辑思维能力，逐渐强化量化意识，并使其体验到量化的实用性，认识到定量研究对科学进步的关键作用。

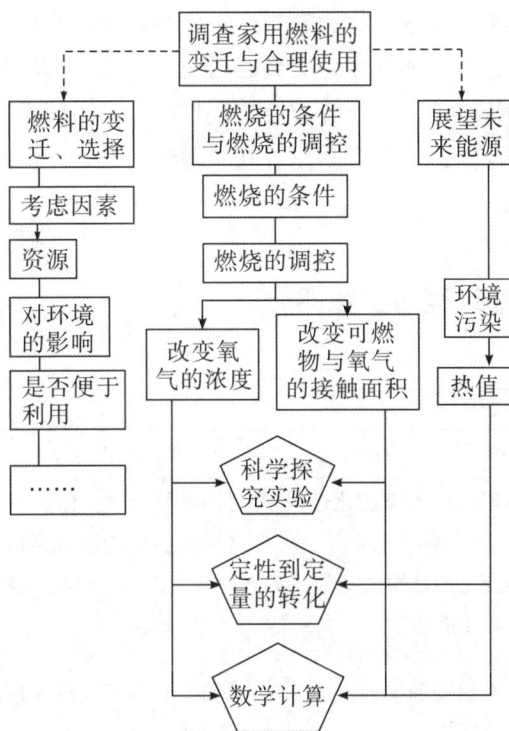

图7-63　"调查家用燃料的变迁与合理使用"内容整合

五、实践活动问题情境设计

本实践活动围绕以下几个问题展开教学活动：

活动1：探寻家用燃料的变迁。让学生在课前通过社会调查、信息技术等手段查找相关资料，了解家庭使用的燃料的变迁历史。了解化学工业发展如何造福人类社会，认识化学反应对人类文明进步的重要性。

活动2：燃料的合理选择。根据提供的资料与查找的信息，从热量、成本、使用是否方便、资源分布与燃烧产物等角度考虑家用燃料变迁的原因，引发学生思考燃料充分燃烧的必要性。

活动3：探究调控燃烧的方法。通过煤炉的使用、蜂窝煤的使用方法引发学生思考和讨论调控燃烧的方法，并通过手持仪器测定氧气的浓度与燃烧程度的关系；通过实验探究可燃物与氧气的接触面积对燃烧的影响。

活动4：寻找更理想的燃料。完善调查内容，根据家用燃料变迁的历程，综合实际考虑，选取合适的未来能源。

本实践活动让学生在理解燃料对生产、生活的重要性后，经历对比、判断燃料种类优劣性的过程，使学生体会到燃料对人类社会的深刻影响。感受化学反应造福人类的独特价值。通过探究燃烧调控的方法，使学生认识到调控化学反应的作用和重要性。最后的环节是寻找更理想的燃料，引导学生关注化学与社会的联系。

六、实践活动过程与实践评价

活动 1　探寻家用燃料的变迁

教师行为	学生实践活动	学生实践评价
【引入】人类学会使用火是人类进化过程中的一大步。 【提问】燃烧是化学变化还是物理变化？ 【提问】人类为什么利用燃烧？	【回答】化学变化。 【回答】因为燃烧是放热反应，人类可以利用燃烧放出的能量。	知道燃烧属于化学变化，能说出燃烧是放热反应。
【提问】你家在用什么类型的燃料？你还见过哪些家用燃料？ 【提问】你知道家用燃料经历了哪些变迁吗？	【回答】介绍自己家所用的燃料。 【结合老师的介绍回答】古代用柴草或木炭、20世纪 60—90 年代用煤、90 年代到现在用石油气和天然气。	
【设计意图】从贴近学生生活实际的角度出发，将化学与生活紧密相连。从学生的日常经验出发，作为课程主题的焦点，以增强学生的学习热情和参与度。		

活动 2：燃料的合理选择

教师行为	学生实践活动	学生实践评价
【提问】虽然性质决定用途，但物质的用途受很多因素影响。合理选择燃料需要考虑哪些因素？	【回答】需要考虑价格、热值、使用是否便利，资源是否丰富、对环境影响等。	能将化学知识与生产生活实际相结合，关注资源使用问题，并参与讨论。

（续上表）

教师行为	学生实践活动	学生实践评价
【介绍】我国是一个"富煤、缺油、少气"的国家。即煤的储量远超于石油和天然气，约占化石能源藏量的94%。 我国煤藏量在全世界排名第四。 煤矿资源的丰富也决定着煤的价格会更低廉，在工业中被广泛使用。	【听讲】	
【引导】请看两幅使用柴火的图片，同学们知道烧柴有什么不足吗？ 【介绍】柴火的来源是住户周边的森林资源，所以烧柴的农户需要在工作休息之余到森林中砍柴备用，随着人们生活水平逐渐提高，生活环境逐渐远离山林，获得木柴也变得较为不易。而且砍伐树木导致森林资源的破坏，也是让人不得不注意的环境问题。同时，烧柴火较难控制，容易导致失火。 【展示】 展示木柴和煤的热值数据对比。 	燃料种类	燃烧放出的热量（kJ/kg）
---	---
木柴	12 000
煤	29 307		【回答】 污染空气、不完全燃烧产生黑烟。 【听讲】	能初步形成节能低碳、节约资源、保护环境的意识。
【提问】你知道为什么选择使用煤而不是木柴吗？ 【提问】在选择燃料的过程中，要考虑哪些因素？ 【介绍】随着化工产业的发展，煤逐渐替代了柴火和木炭。因为煤储量大，是工业中用的最重要的能源，所以煤被称为"工业的粮食"，煤也作为家庭中的重要燃料在20世纪60—90年代被广泛使用。	【回答】因为同等质量的煤燃烧放出的热量比木柴更多。 【回答】资源是否丰富、是否便于利用、对环境的影响、热值都是需要考虑的因素。	

【设计意图】知道人类生存与发展面临能源的危机和不确定性挑战，评估燃料对环境的影响，帮助学生形成合理选择和使用燃料的思路方法，建构变化观念。

活动3：探究调控燃烧的方法

教师行为	学生实践活动	学生实践评价
【介绍】煤炉曾作为20世纪60—90年代重要的灶具，在中山市被广泛地使用。 【展示】煤炉与蜂窝煤的图片。 【介绍】在使用煤炉的年代，每天清晨，大街小巷每家每户都早早地生起煤炉。	【观看】看图片。 【听讲】	
【活动】请一位同学来点燃煤块。 【提问】为什么煤块无法点燃？请回顾燃烧的条件是什么？ 【提问】煤块无法燃烧，是无法满足燃烧的哪一个条件？ 【展示】煤、木柴、干草和纸的着火点对比。 物质种类 / 干草 / 纸 / 木柴 / 煤 着火点 / 183℃ / 250℃~300℃ / 550℃~700℃ 【提问】从以上数据你可以得到什么信息？ 【提问】通过分析以上数据，你认为可以如何点燃煤块？ 【介绍】在生煤炉的过程中，一般在煤炉底部堆叠大量木柴，再用干草（易燃物）引燃木柴，利用木柴燃烧放出大量的热使煤的温度达到着火点，顺利燃烧。 老师也尝试用相似的方法点燃煤炉，先点燃纸，用纸把木柴点燃，等木柴燃烧最旺的时候放上煤块，即可点燃煤块。 【视频】播放教师点燃煤炉的视频。	【活动】学生代表尝试用打火机点燃煤块，发现无论加热多长时间，煤块都无法点燃。 【回答】燃烧需要可燃物、可燃物与氧气接触、温度达到可燃物的着火点。 【回答】有可燃物和空气，煤块不燃烧是因为温度未达到着火点。 【回答】煤的着火点太高了，通常条件下较难点燃煤块。 【回答】先点燃木柴，再用木柴燃烧放出的热量引燃煤。 【听讲、看视频】	1. 能正确说出燃烧的条件。 2. 对燃烧现象的分析解释与综合问题的解决。
【展示】煤、木炭未完全燃烧的图片。 【讲解】在使用煤炉的时候，偶尔会出现如图所示的状况，这种情况在烧烤中也非常常见。这种情况是如何产生的？ 【提问】燃料的不完全燃烧会产生什么危害？ 【提问】从经济和环境保护的角度，使用燃料时应注意什么？	【回答】燃料的不完全燃烧。 【回答】燃烧产生一氧化碳，污染环境。浪费能源和经济成本。 【回答】使燃料充分燃烧。	1. 知道不完全燃烧的产物。 2. 能够在实际问题情境中，从多角度进行分析和解决生活中与化学变化有关的基础问题。

（续上表）

教师行为	学生实践活动	学生实践评价
【提问】观察燃烧的模型，如何使燃料充分燃烧？ 	【回答】根据燃烧的条件，在温度保持不变的情况下，可以通过改变反应物与氧气的接触面积，或氧气的浓度来调控燃烧。	根据模型应用调控化学反应的方法。
【展示】煤炉的构造，放煤块的位置与进空气的位置。 【讲解】在煤块燃烧时，煤炉上方和风门都可以为煤炉提供燃烧需要的空气。 【提问】在燃烧过程中，煤炉中的哪一部分氧气浓度最低？ 【介绍】所以煤炉一般搭配葵扇使用，请大家猜一猜如何使用？作用是什么？ 【视频】请看老师向风门扇风而使煤炉燃烧得更旺的视频。	【回答】通过观察图片得知，煤炉中部氧气浓度最低。 【回答】用葵扇对着风门扇动，使空气更快速地往煤炉中部流动，增大煤炉中部的氧气浓度。	能结合燃烧的条件思考燃烧的调控方式。
氧气浓度与燃烧的程度有什么关系呢？我们来进行实验探究。 【探究实验活动1】 实验目的：探究氧气浓度对燃烧的影响 实验步骤： 步骤1：组装好实验装置，将带有氧气浓度传感器的胶塞塞在装有蜡烛的集气瓶口，测量集气瓶中氧气的浓度数值。 步骤2：取两个相同的小蜡烛，一个放在空气中，另一个放在装有空气的集气瓶中，同时点燃两根蜡烛。 步骤3：将带有氧气浓度传感器的胶塞塞在装有蜡烛的集气瓶口，以放在空气中的蜡烛为对照组，对比观察集气瓶中蜡烛燃烧的变化及传感器测得的集气瓶中氧气浓度的变化。	【探究实验】 分组完成探究实验。 【汇报实验结果】 实验结论1：空气中的氧气浓度为21.1%。 实验结论2：当氧气浓度越小时，燃烧越弱。 实验结论3：当氧气浓度低于14%时，无法继续燃烧。	能自主完成实验探究，并根据实验现象和数据得出结论。
【展示】从煤矿中挖出的煤块的图片。 【介绍】蜂窝煤是将煤打碎成煤粉后，和黄泥黏土以一定比例混合，经模具压制和晒干后形成的。 【展示】制作蜂窝煤过程的图片。 【提问】为什么要将煤块粉碎成煤粉后再制作成蜂窝煤？	【听讲】 【回答】增大可燃物与氧气的接触面积。	能根据客观事实推测相应的化学反应原理。

（续上表）

教师行为	学生实践活动	学生实践评价
可燃物与氧气的接触面积如何影响燃烧的程度？我们来进行实验探究。 【探究实验活动2】 实验目的：探究可燃物与氧气的接触面积对燃烧的影响。 实验步骤： 步骤1：观察两种小木条的外形。 步骤2：用同一盏酒精灯点燃两种小木条，对比小木条的燃烧情况。	【探究实验】 分组完成探究实验。 【汇报】 实验现象： 从外形观察，分叉小木条是由普通小木条裁剪而成的。 同时点燃两种小木条，分叉的小木条相对普通小木条更易点燃，且燃烧得更旺。 实验结论： 可燃物与氧气的接触面积越大，燃烧越剧烈。	能自主完成实验探究，并根据实验现象和数据得出结论。
【讲解】同学们是否知道为什么要在蜂窝煤中混入黄泥？ 【提问】观察表格中的数据，有什么收获？ 【介绍】将煤粉和泥土混合后晒干，泥土疏松的结构可使煤粉与氧气有更大的接触面积。 所以，在蜂窝煤的基础上，技术人员对蜂窝煤中煤粉与泥土的含量做出调整，适量增大了泥土的含量，使可燃物与氧气的接触面积变大，燃烧得更旺也更充分。 【视频】火力发电的煤在10秒钟就能完成整个放热过程。 【提问】请观看视频并描述其中调控燃烧的原理。 【讲解】相比于固体燃料的燃烧，气体燃料的调控更容易。 【提问】家中的燃气灶如何调控燃烧？ 【展示】煤气灶的内部结构图。介绍燃气灶先将燃气和空气进行预先混合，使燃气和空气保持足够的接触面积，使燃烧更充分。 煤气灶的背后有进气管和风门调节阀，可以用于粗略调节可燃物与氧气的比例，使燃气更充分燃烧。 【提问】在使用燃气灶时，发现锅底是黑的，可以如何调节燃气灶？	【回答】不了解。 【回答】泥土的含量越高，烧开一壶水的时间越短。 【听讲】 【回答】将煤研磨成煤粉，在锅炉中加入煤粉后再鼓入大量的空气，使煤粉在空气中充分扬起，增大了煤粉与空气的接触面积，使燃烧更充分。 【回答】通过旋转燃气炉的旋钮，就可以打开或关闭燃气，或调控燃烧的旺和弱。 【回答】可以将风门调大。	初步学习定量调控物质转化的方法。 1. 能结合实例认识调控化学反应的重要性。 2. 从定量角度认识化学变化，分析真实的生产生活问题。 3. 正确书写化学方程式。 4. 正确理解化学方程式的微观含义。 5. 能利用数学方法分析、计算化学反应中的量的关系。

（续上表）

教师行为	学生实践活动	学生实践评价
【实际应用】 假设液化石油气以丙烷（C_3H_8）计算，等体积的丙烷和甲烷充分燃烧，耗氧量更大的是 _____。 若将液化石油气改为天然气，灶具的进风口要 _____（填"调大"或"调小"）。 注：常温常压下，气体体积与气体内分子个数成正比。	【练习】 <table><tr><td>化学方程式</td><td>$C_3H_8 + 5O_2 \xrightarrow{点燃} 3CO_2 + 4H_2O$</td></tr><tr><td>丙烷与氧气体积比</td><td>1：5</td></tr><tr><td>化学方程式</td><td></td></tr><tr><td>甲烷与氧气体积比</td><td></td></tr></table> 写出甲烷燃烧的化学方程式，并对比两种气体燃烧的体积比。	
【提问】 燃气泄漏，为什么会导致爆炸？	【回答】 可燃性气体与氧气在有限空间里充分混合，达到爆炸极限且遇到了明火。	
【提问】 爆炸极限是什么意思，请以甲烷为例说明。	【回答】 甲烷的爆炸极限（在空气中的体积分数）是5%～15%，即甲烷在空气中占5%～15%体积时，甲烷和氧气的接触面积足够大，发生剧烈燃烧，产生大量热量导致爆炸。	
【提问】 如何预防爆炸？	【回答】 将甲烷在空气中的体积分数降低或提高到爆炸极限的范围以外，减少甲烷和氧气的接触面积。解决方案是开窗通风，减小单位体积内燃气的含量。	

（续上表）

教师行为	学生实践活动	学生实践评价
【归纳总结】 	【总结】 燃烧的条件： 1. 需要可燃物； 2. 一定浓度的氧气； 3. 温度达到可燃物的着火点。 调控燃烧的方法： 1. 改变氧气的浓度； 2. 改变可燃物与氧气的接触面积。	通过观察、实验，能初步形成对事实进行归纳概括、分析综合的科学方法。

【设计意图】使学生能从物质的变化、用途等视角认识物质的变化，形成对调控化学反应的规律性认识，通过实例理解合理使用化学反应的重要性。使学生建立关于化学变化以及基于化学反应的系统化视角、思考方式和方法，塑造理性利用化学反应的态度和责任感，并总体上构建物质变化和转化的宏观概念。

活动4：寻找更理想的燃料

教师行为	学生实践活动	学生实践评价
【提问】知道老师为什么没有把煤炉带到课堂上来吗？煤炉在密闭空间使用可能存在哪些隐患？ 【总结】选择燃料，需要考虑对环境的影响。	【回答】1. 燃烧不充分产生一氧化碳造成人中毒或产生大量浓烟。 2. 因为煤中含有硫和氮元素，燃烧产生的二氧化硫、二氧化碳会污染空气，也容易形成粉尘。 3. 煤的燃烧调控较不方便，有可能引发火灾。	知道含碳燃料不完全燃烧的产物。
【介绍】煤作为"工业粮食"，被广泛应用于工业生产与农村生活中。但因为散烧煤燃烧产生的严重的环境污染问题，农村用煤已被叫停。因农村用煤对煤的环保质量无法保证、对产生的废气也无法处理。 【提问】使用煤的时候可以有哪些改进措施，请从环境保护角度来回答。	【回答】 使用脱硫煤，燃烧尾气集中排放。	知道煤的燃烧对环境的影响。
【活动】 学生讨论并归纳总结各种化石燃料中含有的元素及燃烧产物。	学生讨论各种化石燃料中含有的元素及燃烧产物。	根据质量守恒定律，从反应物中含有元素推出反应产物。

（续上表）

教师行为	学生实践活动	学生实践评价
【介绍】自然界中的碳循环和氧循环本来处在平衡中。但近 100 年化石燃料的大量燃烧，使大气中的二氧化碳含量不断升高，造成天气异常、大量物种消失。 【提问】我国出台了哪项政策应对这种情况？ 【介绍】碳达峰在某一个时点，二氧化碳的排放不再增长，达到峰值，之后逐步回落。碳达峰是二氧化碳排放量由增转降的历史拐点，标志着碳排放与经济发展实现脱钩。	【回答】2030 年前二氧化碳排放量达到峰值。	了解关于节能减排的政策法规，理解选择清洁能源的重要性。
【介绍】2021 年北京一公司已开始销售富氢天然气灶具，氢能源的民用技术又得到了长足的发展。 【视频】2023 年可再生能源制氢有望实现平价。	【听讲】	
【提问】选择氢能源除了考虑环境污染问题外，还要考虑哪些要素？ 请计算甲烷和氢气燃烧的热值，对比数据，作出结论。 【提问】氢能源还应用在哪个产业？	【回答】 【完成计算】 　燃烧放出的热值比较： 每 16g 甲烷燃烧，放出热量为： $CH_4 + 2O_2 \xrightarrow{\text{点燃}} CO_2 + 2H_2O + 802kJ$ 能量 每 2g 氢气燃烧，放出热量为： $2H_2 + O_2 \xrightarrow{\text{点燃}} 2H_2O + 285.8kJ$ 能量 【总结】氢气燃烧所释放的能量更多。 【回答】火箭助推器的燃料就是液氢。	1. 能完成简单的计算。 2. 能分析数据并基于事实得出结论。

【设计意图】关注燃料的合理选择，了解化学反应造福人类的独特价值，初步梳理资源循环使用、绿色环保的发展理念。促进学生对化学反应及能量、可持续发展等大概念的理解。

小结板书：

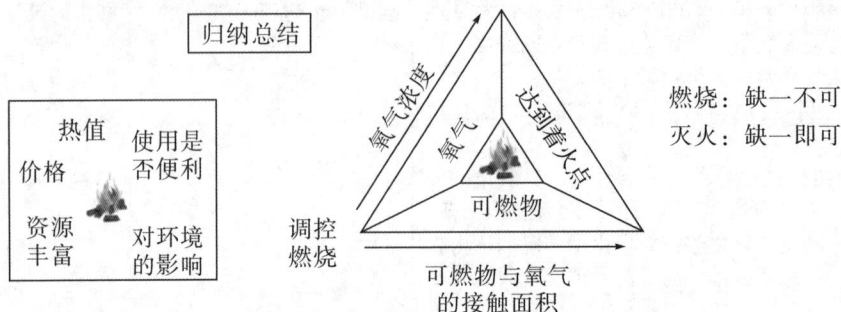

七、基于"可见的学习"理论活动学习单

"调查家用燃料的变迁与合理使用"活动学习单

班级：_____　　　姓名：_____

课前任务： 家用燃料变迁的调查

【核心知识】 燃烧的条件与灭火的原理

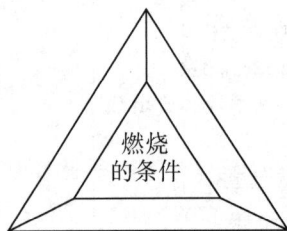

燃料：三个条件_____。

灭火：破坏_____即可。

【探究实验活动1】

实验目的：探究氧气浓度对燃烧的影响。

作出猜想：氧气浓度越小，燃烧_____。

实验方案：

步骤	现象	传感器数据记录
步骤1：组装好实验装置，将带有氧气浓度传感器的胶塞塞在装有蜡烛的集气瓶口，测出集气瓶中氧气的浓度数值。	—	空气中氧气浓度为_____ _____。
步骤2：取两个相同的小蜡烛，一个放在空气中，另一个放在装有空气的集气瓶中，同时点燃两根蜡烛，对比燃烧情况。	在空气中的蜡烛_____。	—
步骤3：将带有氧气浓度传感器的胶塞塞在装有蜡烛的集气瓶口，观察蜡烛燃烧的变化及传感器测得的集气瓶中氧气浓度的变化。	蜡烛持续燃烧了一段时间，火焰_____，最终_____。	集气瓶中氧气浓度逐渐_____。当蜡烛熄灭时，集气瓶中氧气浓度为_____。

实验结论1：空气中的氧气浓度为_____。

实验结论2：当氧气浓度越小时，燃烧越_____。

实验结论3：当氧气浓度低于_____时，无法继续燃烧。

【探究实验活动2】

实验目的：探究可燃物与氧气的接触面积对燃烧的影响。

作出猜想：可燃物与氧气的接触面积越大，燃烧_____。

实验方案：

步骤	现象	结论
步骤1：观察两种小木条的外形。步骤2：用同一盏酒精灯点燃两种小木条，对比小木条的燃烧情况。	分叉的小木条_____。普通的小木条_____。	可燃物与氧气的接触面积越大，燃烧_____。

实验结论：猜想_____（填"正确"或"错误"）。

【实际应用】

假设液化石油气以丙烷（C_3H_8）计算，等体积的丙烷和甲烷充分燃烧，耗氧量更大的是_____。

化学方程式	$C_3H_8 + 5O_2 \xrightarrow{\text{点燃}} 3CO_2 + 4H_2O$
丙烷与氧气体积比	$1:5$
化学方程式	
甲烷与氧气体积比	

若将液化石油气改用天然气，炉具的进风口要_____（填"调大"或"调小"）。

注：常温常压下，气体体积与气体内分子个数成正比。

【燃料的选择】

燃料中的元素和燃烧产物

燃料种类	含有主要元素	其他元素	燃烧产物
煤	C		
石油			
天然气		S、N	

燃料的热值对比

燃烧放出的热值比较

每16g甲烷燃烧，放出热量为：

$CH_4 + 2O_2 \xrightarrow{\text{点燃}} CO_2 + 2H_2O + 802kJ$ 能量

每2g氢气燃烧，放出热量为：

$2H_2 + O_2 \xrightarrow{\text{点燃}} 2H_2O + 285.8kJ$ 能量

燃料种类	燃烧放出的热量（kJ/kg）
木柴	12 000
煤	29 307
甲烷	
氢气	

八、实践评价量表

自我评价表

评价维度	我的自评	实践评价		
		A	B	C
实验设计		在设计的实验方案中,能关注到实验目的,但不能设计对比实验	在设计的实验方案中,能关注到实验目的,设计对比实验,但未关注自变量与因变量的设计	在设计的实验方案中,能关注到实验目的,能设计对比实验,关注到自变量与因变量的设计
实验实施		能顺利完成实验,但未注意到需要控制变量	能顺利完成实验,注意到需要控制变量,但未找准研究要素和控制要素	能顺利完成实验,准确地完成控制变量的要求
实验报告		准确描述实验现象,但无法建立实验现象与实验目的之间的关系	准确描述实验现象,只能简单说出实验现象与实验目的之间的关系	准确描述实验现象,利用实验证据对假设进行完整论证
协同合作		体现小组合作,有简单的任务分工	分工较为明确,每个成员有具体的职责,成员合作完成任务	分工明确合理,成员之间积极协同解决问题,及时沟通,并根据项目情况调整分工任务
总结归纳		汇报思路不清晰,无法总结出本节课的思维模型	能简单总结出本节课的思维模型,但未能清晰描述各要素之间的关系	能总结出本节课的思维模型,理解并清晰呈现各要素之间的关系

说明:A、B、C代表不同的表现水平,从A到C,水平依次递增。

九、实践活动学习反思

跨学科实践活动需要实现多学科知识的融合互通。教师在进行跨学科实践学习主题活动的组织时,需要明确实践活动的活动指标,整合学习内容,设计具有开放性和挑战性的实践任务并重视实践评价。在实践的过程中,需要注重将问题解决、知识应用与学生的认知发展紧密结合，在真实场景中让学生充分体验和实践，以激发他们运用多学科知识和技能综合解决现实问题的能力。素材的选择应该凸显化学学科的科技成就，深度融合多学科的共性价值观和学科意蕴，将项目内容以最具育人价值的方式呈现。如此，便可实现学科实践活动与跨学科实践活动的融合，使学习过程的学习目标、内容、过程和方法都清晰可见。

【案例10】

调查我国航天科技领域中新型材料、新型能源的应用
——可见的学习理论下化学学科实践

跨学科实践活动，在没有统一标准教材的情况下，应如何实施学科实践学习教学呢？本文从整合内容、问题情境、实践活动、活动评价四个方面构建教师行为和学生行为动态融合分析框架，实现可见的学习过程教与学的高度统一。以"调查我国航天科技领域中新型材料、新型能源的应用"项目为例，结合我国航天科技领域发展史，以及教材中"燃料的合理使用""化学材料"相关内容及其内在联系，该项目设立"飞向太空：我国航天领域燃料推进剂发展进程""飞向太空：运载火箭外壳中的材料""入驻太空：航天器中的能源与材料""遨游畅想：遨游太空的步伐及未来畅想"四个核心活动内容。创设"飞向太空我设计"趣味情景，以问题链的形式调动学生参与实践活动，并以学生形成遨游太空燃料和材料选材科学设想为学习成果，在每个环节中实施评价，体现内容、教学、学习均可见的学科实践学习过程。

一、实践活动背景

仰望星空，载人航天、探月探火、卫星导航……进入21世纪20年代，中国航天成就举世瞩目。"调查我国航天科技领域中新型材料、新型能源的应用"项目，是针对"化学与可持续发展"及"化学与能源、材料"主题而设计的。属于化学与社会领域的调查类实践活动，具有重要的现实意义。该项目以航天科技领域中的新型材料、新型能源为研究对象，探究化学与社会发展的密切关系，理解化学不仅研究物质还创造物质。该内容也体现了化学与其他学

科的交叉与渗透，如与生物、物理、地理等学科的交叉与渗透。推动学生发展化学观念（如转化观），进一步形成跨学科的大概念，如"可持续发展"和"系统与模型"。该项目使学生置身于前沿热点问题中，引导学生从多层次思考问题，发展融合科学、技术、工程解决实际问题的能力，强化社会责任、国家认同。

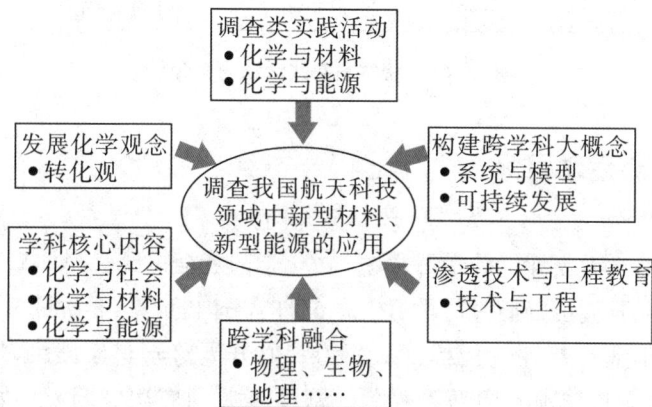

图 7-64 跨学科实践活动背景分析与育人价值

二、实践活动内容

回顾中国航天事业 70 年大事件，都绕不开材料和燃料（能源）两个关键因素，而深入分析航天材料与航天燃料的发展进程，我们会发现二者是相辅相成、相互促进的。本项目以"航天燃料与航天材料的关系"为核心，从飞向太空、入驻太空、遨游畅想等角度，逐步建立并深入了解二者的联系。

飞向太空：我国航天领域燃料推进剂发展进程——推进剂由偏二甲肼＋四氧化二氮，演变为液氢＋液氧的优劣势与所需条件。

飞向太空：运载火箭外壳中的材料——"黑火箭"谷神星背后的材料进步及其进步对航天燃料的意义，初步形成航天材料与航天能源的联系。

入驻太空：航天器中的能源与材料——我国航天器所使用的太阳能电池板变迁的原因，以太阳能电池板材料为载体，体现材料与能源的联系。

遨游畅想：遨游太空的步伐及未来畅想——目前科技在遨游更遥远的太空上的局限性，以及提出更优秀的航天材料与能源的发展方向与选材建议。

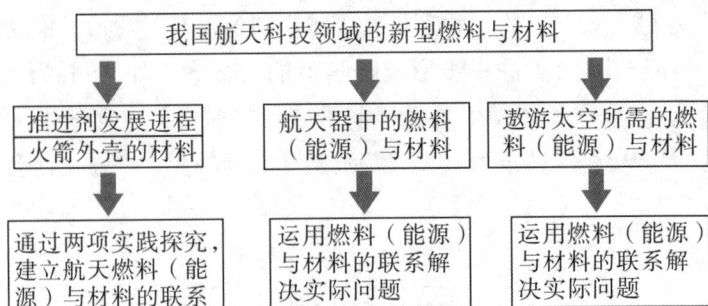

图 7-65　跨学科实践活动内容分析

三、实践活动目标

　　教师为什么教新课标的学习主题 5：化学与社会·跨学科实践，学生又应该学会什么，我们可以通过对学习主题 5 的学习内容、学业质量、学业要求进行分析形成学业质量评价指标，从而给我们开展跨学科实践活动指明方向，"调查我国航天科技领域中新型材料、新型能源的应用"目标分析框架如表7-30 所示：

表 7-30　"调查我国航天科技领域中新型材料、新型能源的应用"目标分析框架

核心素养	学业质量评价指标	学业要求	学习主题	实践类型	教材所在位置	实践内容	核心知识或核心活动经验	指标编码	具体学习表现指标	预期学习水平
科学探究与实践	N17：能体会化学反应在金属冶炼、石油化工、药物合成、材料研制、能源开发、资源利用和生态环境保护等方面的应用价值	主题一：探究水的组成及其变化	科学探究与化学实验	演示实验	上册第91页	实验4-4氢气在空气里燃烧	水的组成	A	能说出氢气燃烧的主要现象	学习理解
								A	能说出检验氢气纯度的主要方法	学习理解
		主题一：结合物质的组成及变化等相关知识，分析解决真实情境中的简单实验问题	科学探究与化学实验	演示实验	下册第5页	实验8-1比较合金和纯金属的硬度	金属的物理性质和某些化学性质	A	能通过相互刻画等实验手段，比较常见金属和合金的硬度	学习理解

（续上表）

核心素养	学业质量评价指标	学业要求	学习主题	实践类型	教材所在位置	实践内容	核心知识或核心活动经验	指标编码	具体学习表现指标	预期学习水平
科学探究与实践	N17：能体会化学反应在金属冶炼、石油化工、药物合成、材料研制、能源开发、资源利用和生态环境保护等方面的应用价值	主题五：列举生活中常见的能源与资源	化学与社会·跨学科实践	跨学科实践		运载火箭外壳中的材料	能源与材料	A	能从资源和能源、物质及其变化视角，说明论证资源、能源的应用及其特点（例如：甲烷、乙醇、氢气、化石燃料）	学习理解
								B	能从资源和能源安全使用、可持续发展、物质及其化学反应的角度，对资源或能源使用中的现象、问题进行分析	应用实践
	N22：能体会实验在化学科学发展、解决与物质转化及应用相关实际问题中的重要作用，意识到协同创新对解决跨学科复杂问题的重要性	主题五：在跨学科实践活动中，能综合运用化学、技术、工程及跨学科知识，秉承可持续发展观，设计、评估解决实际问题的方案，制作项目作品，并进行改进和优化，体现创新意识	化学与社会·跨学科实践	跨学科实践		航天器中的能源与材料	能源与材料	B	依据能源、资源的应用情况，推测物质的性质及其化学反应	应用实践
						遨游太空所需要的能源与材料设想		B	一定背景下资源、能源改进或开发方案的设计	应用实践
								C	对陌生资源、能源问题进行系统研究（例如：设计未来的燃料）	迁移创新

四、实践活动设计

"我国航天科技领域中新型材料、新型能源的应用"调查报告为项目作品，通过四个活动让学生全面认识中国航天的发展历程与未来发展方向，树立民族自豪感与自信心。通过新型材料与新型能源在航天领域的应用，更深入地理解化学与社会的关系，感受化学是一门有实用价值的自然科学。

活动1：飞向太空：我国航天领域燃料推进剂发展进程——通过观看我国航天领域的发展史视频，以及对比分析偏二甲肼＋四氧化二氮和液氢＋液氧推进剂体系的优缺点，了解航天燃料选择所需考虑的因素。思考：为什么科学家很早就知道液氢＋液氧推进剂明显优于偏二甲肼＋四氧化二氮推进剂，但在很长的历史中，甚至现如今仍以偏二甲肼＋四氧化二氮为主？理解航天燃料的选择，需要综合考虑多方面因素。

活动2：飞向太空：运载火箭外壳中的材料——通过了解我国主流的镁铝合金火箭外壳素材，以及新颖的"黑火箭"谷神星素材，进行实验对比体积相同的镁铝合金与碳纤维在质量、硬度和抗腐蚀性上的差异。思考：黑色材料碳纤维为什么更优于长期使用的镁铝合金材料？建立航天材料与航天燃料之间的联系。

活动3：入驻太空：航天器中的能源与材料——了解常见的单晶硅太阳能电板，以及我国空间站核心舱上所使用的新型氮化镓材料太阳能电板。思考：氮化镓材料在应用上有什么优势？建立了能源与材料的联系后，放眼空间站领域，让学生运用二者的联系解决问题。

活动4：遨游畅想：遨游太空的步伐及未来畅想——通过观看科幻电影《独行月球》中的月球飞车片段，与实际中火星车和月球车的服役行驶里程进行对比，认识目前科技在遨游太空上的局限性。思考：遨游太空，材料和燃料（能源）需要满足什么条件？

1. 教学目标

①通过查阅资料认识我国航天领域在火箭升空和太空飞行中的能源使用情况；

②通过查阅资料认识我国航天领域在火箭升空和太空飞行中的材料使用情况；

③通过认识航天材料与能源间的紧密联系，发展辩证地看待问题的思维；

④基于当下放眼未来的设计视角，发展学生的创新思维。

2．教学思路

学科实践学习过程分析框架如图7-66所示。

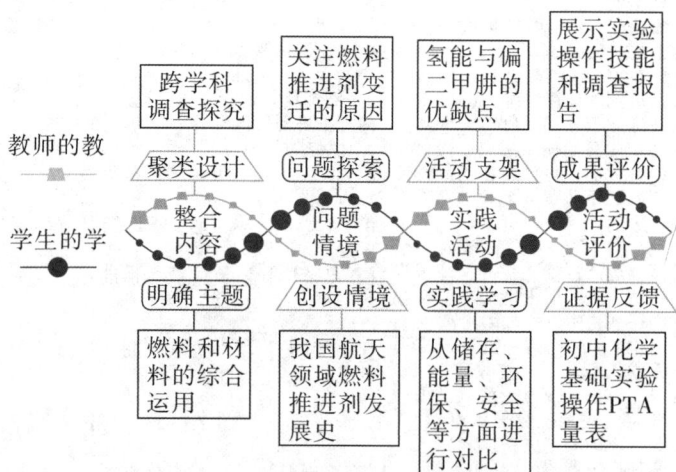

图7-66　学科实践学习过程分析框架

3．教学过程

教学环节	教师活动	学生活动	设计意图
环节一：飞向太空：我国航天领域燃料推进剂发展进程	【播放视频】认识我国航天领域发展历程。 【提出问题】要飞向太空需要哪些支持？ 【查阅资料】调查我国航天领域常用推进剂，了解三个具有里程碑式的推进剂种类。	【观看视频】初步了解我国航天史。 【回答问题】 火箭如何飞上太空？ 高推力的燃料　高性能的材料 【完成调查表】 第一颗人造卫星"东方红一号"：燃料 偏二甲肼 C₂H₈N₂／助燃剂 四氧化二氮 N₂O₄ 第一次载人飞天"神舟五号"：燃料 偏二甲肼 C₂H₈N₂／助燃剂 四氧化二氮 N₂O₄ 第一座空间站"天和核心舱"：燃料 液氢 H₂／助燃剂 液氧 O₂	通过化学史料学习，强化学生爱国意识。 学生主动参与调查，在活动中学习。 通过对比物质的性质区别，认识运用上的差异，体现性质决定用途的化学思维。

（续上表）

教学环节	教师活动	学生活动	设计意图
环节一： 飞向太空： 我国航天领域燃料推进剂发展进程	【调查要求】分析两种推进剂的区别和共性。 对比1：分析两种推进剂在毒性上的区别。 对比2：分析两种推进剂在热值上的区别。 【查阅资料】截至目前，两种推进剂的使用情况。 我国航天史50余年，直到近几年才开始使用液氢＋液氧作为推进剂，并且现在仍继续使用偏二甲肼＋四氧化二氮作为推进剂。 【提出问题】为什么液氢＋液氧推进器性能更优异，却很少使用，除了航天能源本身，我们还需要考虑什么因素？ 对比3：对比两种推进剂常温下的状态。 得出结论：液氢＋液氧推进剂性能更优异，但是更难储存，对材料的要求更高。 两种推进器的区别： 3. 状态 A. 偏二甲肼＋四氧化二氮，常温下均为液态，对储存室材料性能要求较低。 B. 液氢＋液氧，沸点极低，H_2为$-253℃$，O_2为$-183℃$，对储存室材料性能要求较高。 共性：认识两种推进剂的易燃易爆特性。 【播放视频】认识偏二甲肼与四氧化二氮接触即可爆炸。 【实验活动】 制取氢气，将氢气通入肥皂水中，吹成肥皂泡，再点燃肥皂泡，模拟氢气爆炸实验。 【氢气爆炸实验】 反应原理：$Zn + H_2SO_4 = ZnSO_4 + H_2\uparrow$ 实验操作：先检查装置的气密性，然后装入锌粒和稀硫酸，将制得的氢气通入肥皂水中，再用木条点燃由氢气吹成的肥皂泡。	【查阅资料】讨论得出结论。 两种推进器的区别： 1. 毒性 A. 偏二甲肼＋四氧化二氮，均有剧毒。 B. 液氢＋液氧，本身无毒，产物为水，无毒。 【查阅资料】讨论得出结论。 两种推进器的区别： 2. 燃烧的热值 A. 偏二甲肼＋四氧化二氮为4.25×10^7J/kg。 B. 液氢＋液氧为1.43×10^8J/kg。 B＝3.4A 【得出结论】液氢＋液氧推进剂有更优异的性能。 【思考问题】激发继续探究的欲望。 【查阅资料】通过状态分析两种推进剂储存上的不同要求。 【思考】燃料选择会影响储存室材料的选择。 【观看视频】认识偏二甲肼与四氧化二氮接触便可爆炸。 【进行实验】实验制取氢气，通入肥皂水中，并引爆肥皂泡。 【分析共性】两种推进剂都容易爆炸。 【得出结论】选择航天能源，不能只考虑能源本身，还应该考虑航天材料的选择。 发明更优秀的航天材料 ↓ 提供支持 使用更优秀的航天能源	巧设问题串，发挥教师主导地位，使得课堂层层递进，初步形成综合考虑能源与材料的观念。 进行实验操作，在实验中体会氢气易爆特性。

（续上表）

教学环节	教师活动	学生活动	设计意图
环节二： 飞向太空： 运载火箭外壳中的材料	【提出问题】要将航天火箭送上太空，火箭外壳应该具有怎样的优良性能？ 火箭外壳需要哪些优良性能？ 耐腐蚀　耐高温 硬度大　质量轻 【提出问题】以上优良性能之中，最重要的是哪一个？ 【视野拓展】认识我国航天领域常用的镁铝合金的优良性能。 【查阅资料】黑色的"谷神星一号"火箭。 【提出问题】"谷神星一号"火箭为什么是黑色的？它的材料是什么？ 【进行实验】用电子秤称量两块面积相同的镁铝合金与碳纤维的质量。 【视野拓展】介绍碳纤维在生活中的应用。 【提出问题】在选择航天材料时是否需要考虑航天能源？ 【总结】 航天能源与航天材料的关系： 航天材料性能更好→航天能源更优质 航天材料更轻→航天能源效率更高	【学生讨论并回答问题】 【查阅资料】回答：质量轻。 认识镁铝合金的优良特点。 【运载火箭外壳中的材料】 火箭外壳需要哪些优良性能？ A．耐腐蚀　　B．耐高温 C．硬度大　　D．质量轻 中国航天事业奠基人钱学森先生曾说过：航天器上一个零件减少一克重量都是贡献。火箭的90%重量是燃料，火箭材料越轻，火箭推进的效率越高。 "长征五号"外壳：最薄的地方甚至只有0.3mm，厚度只有1.2～2mm。 【查阅资料】回答：碳纤维。 碳纤维外壳 在具有高强度等优良性能的同时，碳纤维材料重量只有传统火箭金属材料重量的60%。 【进行实验】 【得出结论】碳纤维比镁铝合金更轻。 【回答问题】选择更轻的航天材料，可以使燃料更加高效。	由学生提出观点后再由教师引导总结，体现学生在活动中的主体性。 通过实验使抽象的概念更加形象生动。 以介绍日常生活应用为载体，使得碳纤维在航天领域的应用更加贴近生活。 发展辩证地看待问题的思维角度，发展综合考虑问题的能力。
环节三： 入驻太空： 航天器中的能源与材料	【引入】展示我国空间站的图片。 【提出问题】除了空间站的舱体外，空间站最大面积的部分是什么？ 【提出问题】在空间站中，主要利用什么能源？ 【播放视频】认识我国航天领域太阳能电池板的新型材料。 【模型运用】结合上一部分能源与材料的关系内容由学生进行回答。使用砷化镓做新型太阳	【学生回答】太阳能电池板。 【学生回答】 　　　　　太阳能电池板 太阳能　━━━━━→　电能 【观看视频】比较砷化镓与硅做太阳能电池板的优势。 【回答问题】更高效的太阳能电池板能够获得更多的太阳能，为空间站提供更充足的能源。	建立能源与材料的联系后，放眼空间站领域，让学生运用二者的联系解决问题。 展现我国高科技领域的成就，提升学生国家认同感和自豪感。

（续上表）

教学环节	教师活动	学生活动	设计意图
环节三： 入驻太空： 航天器中的 能源与材料	能电池板材料对航天能源有什么帮助？	【优质的太阳能电池板材料】 最新型太阳能电池板（砷化镓GaAs）比传统太阳能电池板（硅Si）重量轻50%，电转化效率提升两倍。	
环节四： 遨游畅想： 遨游太空的 步伐及未来 畅想	【引入】入驻空间站不是我们的终点，而是我们的起点。人类对宇宙充满了探索精神，我们的目的是去往更远的星球，那么你对遨游太空有什么畅想？ 【播放视频】了解《独行月球》中月球飙车的场景。	【思考】带着疑问进入下一环节学习。 【观看视频】认识科幻电影中的外星之旅。	以有趣的科幻电影引入，引起学生兴趣。
	【提出问题】目前，我们能够在月球上面这样飙车吗？ 目前我们在其他星球上有哪些航天器呢？	【查阅资料】 【资料1】2019年1月3日，"玉兔二号"登陆月球，截至2022年7月6日，累计行驶1 239.88米。 【资料2】2021年5月22日，"祝融号"登陆火星表面，截至2022年5月5日，累计行驶1 921米。 【能量转化】太阳能→电能→机械能 【学生讨论得出结论】 以太阳能作为能源的效率太低，不足以让我们去往更远的星球遨游。	通过查阅资料，发现现实与科幻领域的巨大差距，有助于学生得出结论。
	【查阅资料】认识我国登月航天器与火星航天器。		从多种能源角度认识目前航天领域能源的局限性，引发学生对未来航天能源的思考。
	【提出问题】 "玉兔二号"与"祝融号"的主要能源是什么？为什么在外太空一年多只能走几公里？	【回答问题】飞向月球需要携带更多的推进剂。	
	【查阅资料】 分享我国载人登月计划及"神舟九号"飞船的大小。 【中国载人登月工程】 周建平总设计师给出了一个时间：2030年以前，我国将完成载人登月。 【提出问题】"神舟九号"飞船为什么这么大？ 【提出问题】月球是距离我们最近的一颗星球，去往月球都需要携带这么大的飞船，那么	【讨论总结】推进剂在化学反应的过程中被不断消耗，去往更远的行星不可能无限量地携带推进剂，所以靠化学反应提供的能量不足以带我们到更远的地方。 【学生讨论并回答】 飞往更远的太空，飞船使用的能源应符合什么条件？ A. 推进力大　　B. 损耗低 C. 可持续　　　D. 可控制	结合学生的思考，即时给出实际案例予以承接，强化学生认知。

（续上表）

教学环节	教师活动	学生活动	设计意图
环节四：遨游畅想：遨游太空的步伐及未来畅想	去往更远的星球，是否要将火箭做到无限大？有没有可能？这说明了什么问题？ 【提出问题】你觉得要飞往更远的星球进行遨游，所需要的推进能源要有哪些特点？ 【视野拓展】石墨烯光推进现象。 【视野拓展】介绍石墨烯材料的结构性质和用途。 【石墨烯在航天领域中的广泛应用】 石墨烯是从石墨中分离出来的单层的石墨片，厚度与一个碳原子的直径相当，仅为0.335nm。石墨烯具有优异的光学、电学、力学特性，在材料学微纳加工、能源、生物医学和药物传递等方面具有重要的应用前景，被认为是一种未来革命性的材料。	【观看视频】认识到石墨烯做推进剂的优势。 	介绍高新材料石墨烯，认识我国在材料领域的成就。
总结	通过飞向太空、入驻太空和遨游畅想等环节，带领学生认识航天领域选择能源和材料是密不可分的，需要互相考虑的。		进行课堂总结，理清思路，凝练思维。
课后实践			课后趣味应用，在娱乐中学习，利用化学理论知识对科幻素材进行猜想。

五、教学反思

我国航天科技领域中新型材料、新型能源的应用项目实践与化学和社会相关内容紧密结合，其中关于新型材料与新型能源，并没有将其割裂，而是在教学过程中不断深化二者之间的联系，分为两条线单独讲述，引导学生从学科知识的角度以及科学技术和社会发展相互作用的角度去看待本次的实践活动。整个跨学科实践学习过程体现内容可见、教师的教可见、学生的学可见三个维度。通过构建教师行为（明确主题→创设情境→活动支架→证据反馈）和学生行为（运用知识→问题探索→实践学习→成果评价）动态融合分析框架，实现可见的学习过程教与学的高度统一、动态生成，是很好地体现"可见的学习"下的实践活动学习的范例。

后 记

在着手撰写《实践的模样：初中化学学科实践学习分析与应用》的过程中，我怀揣着对教育的深切期许：教育的本质，在于点燃智慧的火花，而非单纯的知识传输，是让学生在实践的沃土中萌芽、成长。本书力图跨越应试教育的樊篱，展现化学科学的无限魅力，鼓励师生携手探索，共赴一场发现之旅，使学习成为主动构建知识体系、解决实际问题的生动实践。

面对现有教育环境下的重重挑战，我深感任重而道远，但每当目睹学生们在实验中闪烁的求知目光，聆听他们因新知而兴奋的讨论，我的信念便更加坚定不移。我们追求的，远不止于传授给学生化学方程式与周期表，而是培养一种对未知世界充满好奇、敢于质疑、勇往直前的科学探索精神。

本书不仅仅是一本关于操作技能和实验活动的手册，它更是一面旗帜，呼唤教育理念的深刻转型——从单纯追求分数转变为注重素养培养，从孤立的学科知识学习走向跨学科综合素养的全面提升。我们期盼，本书能够成为一股力量，激励教育者与决策者反思现状，携手推动教育改革，共创一种开放包容、多元化、富有创新精神的学习生态。

在此，我向所有在应试压力之下依然坚守教育理想的朋友致以崇高的敬意。是你们，用行动证明了教育的真谛在于唤醒每个孩子的潜能，让他们在实践的征途上成长，在实践中收获果实。我们共同行走在这一非凡的教育旅途上，以实践描绘未来，用热忱照亮希望的田野。撰写本书的过程，尽管充满艰辛，却也洋溢着无尽的欢乐。我力求透过文字，传达化学实验教学的核心价值、实践学习的有效策略，以及跨学科整合的先进思想。每一章节、每个案例，都是对"实践出真知"这一核心理念的生动演绎，印证了通过亲手操作，学生才能真正感悟化学的魅力，让理论在实践中焕发活力。

回顾这段研究与写作之旅，我心存感激。感谢我的家人、同事、团队无私贡献，让我的教研工作充满了活力与创新。特别是团队的每一位老师，从集体备课的热烈讨论，到实验设计的精益求精，每一步都凝聚着集体的智慧。特别感谢那些默默耕耘在教学一线的老师们，是你们宝贵的实践经验，使得本书内容更加贴近实际，具备更强的实用性和指导性。

由于水平有限，本书必定存在疏漏，敬请读者朋友不吝指正，以使本书更为完善。

邱惠芬

2024 年 8 月